Viewing Caste from the Bottom in Contemporary Urban India

現代インドのカーストと不可触民

都市下層民のエスノグラフィー

Maya Suzuki
鈴木真弥

慶應義塾大学出版会

目次

表記について

表記は原則として、『新版　南アジアを知る事典』（辛島昇ほか監修、平凡社、二〇一二年）に従った。ヒンディー語のローマ字表記は、補助記号付きのローマ字による翻字を用い、斜体で示した。表記法は原則として、デーヴァナーガリー文字の学術的慣例に従った。

本書で登場する地名や団体名は実名で記した。個人名は、公人や本人から承諾を得ている場合に限り実名とし、それ以外は仮名で示した。読みやすさのために敬称は割愛した。

なお、本書に掲載した写真はすべて筆者が撮影したものである。

第1章

カースト、不可触民差別は過去のものか？

1　社会的現実としてのカースト

二〇〇五年一〇月九日、首都デリーの国会議事堂からほど近い憲政記念館にて、ある集会が開かれた。集会の目的は、同年八月三一日にハリヤーナー州の小都市ゴーハーナーで起きたバールミーキ・カースト[1]の襲撃事件（「ゴーハーナー事件（Gohana Atrocity）」とよばれる）に対する抗議の表明であり、その活動方針をめぐる話し合いであった。主催は「全インド・ヴァールミーキ・マハーサバー」というバールミーキのカースト組織によるもので、「自分たちの権利、洗練された文化、そして民主主義を」というバナーのもとに二〇〇人以上が集まった。同カースト出身者で指導的立場にある国会議員、州議会議員、法律家、社会活動家、教員、研究者、宗教家、自治体の清掃労働者組合の代表らが壇上で次々にスピーチをおこない、バールミーキ・カーストの団結と抗議運動への積極的な参加をよびかけた。

新聞・テレビの各種報道に加えて、人権NGOの報告書によれば、ゴーハーナー事件はカースト間の争いとされる。地主のジャート・カースト[2]がバールミーキの集住地区を襲撃した[3]。暴徒の数は、一五〇〇から二〇〇〇人に及ぶと推定される。約六〇家屋が家財の略奪や破壊にあい、放火された。事態をさらに悪化させた理由として、地元警察の対応の遅れも指摘されている。被害者とその支援団体の主張によると、当局は事件前からこうした集団的暴力事件が発生する可能性を把握していたにもかかわらず、しかるべき予防措置を講じてこなかったという。先の一〇月集会では、適切な対処を怠ったとして、ハリヤーナー州政府、警察および中央政府に厳しい批判がなされた。首都から九〇キロメートルしか離れていない地方小都市で生じた襲撃事件がインド社会に与えた衝撃は大きく、事

写真1－1　ゴーハーナー事件の抗議集会でスピーチをする人びと

写真1－2　ゴーハーナー事件の抗議集会の参加者

（写真1－1・1－2ともに2005年10月9日、デリーの憲政記念館「パテール・ハウス」にて）

件の被害状況は国内外のメディアを通じて報道され、ゴーハーナーという小さな町の名前も広く知れ渡ることになった。

今日のカーストと不可触民差別(4)に関して、ゴーハーナー事件は、少なくとも二つの特徴を示唆している。第一に、かつては慣習的に黙認されてきた不可触民に対する暴力や差別行為は、もはや六〇年以上前に施行されたインド憲法により明確に否定、禁止されているにもかかわらず、いまだ存続していることであり、第二に、暴力を受けた側の不可触民は受け身の被害者として沈黙したままではなく、時にはカースト団体のような組織による抗議活動をおこない、自分たちの権利を公然と主張する行為主体者として、存在をアピールしている。さらに、こうした現象の共通性として、暴力行為や抗議、要求活動は、いずれも「個人」ではなく、「カースト」単位でおこなわれていることも注目に値する。「カースト」や「不可触民」という集団範疇は過去のものではない。カースト帰属が生得的に決定される社会において、カーストにかかわる慣習は個人に外在して個人に強制力をもつ社会的現実である。不可触民の人びとが抗うのはそうした社会的現実であり、本書が示すように清掃カースト出身者は日常的に様ざまな制約を経験している。

筆者は、二〇〇五年二月にデリーでフィールド調査を開始して以来、先述のゴーハーナー事件をはじめとする不可触民カーストにたいする暴力事件と、それに対抗する不可触民のカースト組織に注目してきた。かれらの活動は、暴力事件への抗議のほか、政府への要求、カーストにかかわる特定の記念日や祝祭に際して観察される。筆者自身も、インフォーマントを通じて、集会に加わる機会を得られた。本書は、そのようにして積み上げられた現地調査および文献調査の成果であり、現代インドにおけるカーストと不可触民をめぐる問題を再考することを目指すものである。イギリスからの独立以降、自由、平等そして民主主義が制度上保障された社会において、カーストと不可触民差別の問題はどのように変化しているのだろうか（あるいは変わらないのだろうか）。この章では、本書で扱うテーマを網羅的に概観し、問題の所在を明らかにしておきたい。

一九四七年八月一五日、二〇〇年近くに及んだイギリスの植民地支配から独立を果たしたインドは建国意欲に燃えていた。独立前夜におこなわれた初代首相ジャワーハルラール・ネルー（Jawaharlal Nehru、一八八九－一九六四）の有名な演説、「運命との約束（tryst with destiny）」では、インドが克服しなければならない課題として「貧困、無知、病弊と機会の不平等の終焉」が語られた。それから六〇年以上の年月が経過した現在、その「約束」の成果が多方面から問われている。ノーベル賞経済学者のアマルティヤ・セン［Sen 2005＝2008］は、ネルーが課題として示した主要な三分野について、すなわち①政治面（民主主義の実践）、②社会面（社会的不平等と後進性の除去）、③経済面（経済的進歩と公正）をそれぞれ評価しながら、各分野の結びつきや関連性についても注目する必要性を説いている。①の民主主義の実践については、種々の問題を抱えながらも、インド政治は選挙を通じておおむね長期的、安定的に継続されてきたことは世界的にも知られている。③の経済成長に関しても、独立後数十年は停滞気味であったが、一九八〇年代に入ると進展をみせはじめ、さらに一九九一年に経済自由化政策が導入されると、とりわけ情報技術やサービス産業の分野において目覚ましい発展を遂げた。二〇二二年には中国を凌ぐ人口最大国になるとも推測され、拡大し続ける国内市場の潜在力を武器に世界経済の中枢国としても台頭しつつある。このように、政治と経済においては比較的に堅調な進展が認められる一方、②の社会的不平等や格差の是正は際立って遅れている。識字率、貧困率が示すジェンダー間、カーストや宗教を含む各社会集団間、都市と農村部にみられる不均衡な発展の状況は、複雑に絡み合う社会的諸要因に起因している。本研究は、そうした要因の一つとしてカーストを捉え、今日のインド社会に与える影響に着目する。

先述のネルー演説で示されたように、国内政策の目標の一つは、宗教・人種・カースト・性別・出生地にもとづく差別を撤廃し、国民間の平等な発展を実現させることにあった。その根幹を成す憲法が制定され、国が指定した「後進階級」とされる諸集団にたいして種々の社会経済政策が実施されてきた。独立初期の政策立案者にとって、カーストは前近代的な概念、慣行であり、カーストにもとづく不平等や格差、そして不可触民制（不可触民差別）の問題は、福祉政策および国民の教育、経済的発展にともない必然的に解消されると期待されていた。インド憲法の第一七条は、カーストによる差別や不可触民制を禁止している。加えて、政府は被差別カーストやそのほかのマイノリティを対象に教育や住宅支援などの施策を講じ、留保制度（後述）を導入してエンパワーメントの促進に取り組んできた。

しかし、筆者が調査地デリーで出会ってきた多くの人びとが認めるように、カースト間の対立や発展格差、不可触民差別の問題はいまだに根深く存在している。こうした見方は、先行研究によっても支持されているところである。旧態依然とした「伝統的な暴力（traditional violence）」といわれるような、居住地の隔離、井戸の使用、学校や道路など公共施設からの排除、宗教施設への立ち入りの禁止、服装の制限、共食（食事を共にすること）の拒否といった不可触民にたいする制約は、全般的に緩和されつつあるものの、完全に消滅したわけではない。とくに農村部での慣行が報告されている［Shah et al. eds. 2006］(5)。

近年の暴力の傾向としては、不可触民のなかでも社会経済的に上昇した層にたいする上位カーストの嫉妬や不満による暴力事件（atrocities）の増加がある［Thorat 2009: 128-150］(6)。これは「伝統的暴力」と区別して、「現代的暴力（modern violence）」ともよばれる［Mendelsohn and Vicziany 1998: 45］。両者の違いは何か。独立以降、不可触民やマイノリティの社会経済状況の改善に貢献した国策のひとつに「留保制度」がある。留保制度は、いわゆるアファーマティブ・アクション（ＡＡ）に類するもので、中央・州議会の議席、公務員の採用、高等教育の入学において人口比に相当する留保枠を特定集団の出身者に限定して与える制度である。元不可触民とされる人びとは指定カースト（Scheduled Caste、ＳＣ）と一括されて対象集団に含まれている。留保制度の社会的効用と是非をめぐって激しい論争が今日まで続いているが、この制度によって、各不可触カースト内で大学に進学し、専門職に就職する新たな層が形成されつつあることも事実である。コンクリート建ての家に住み、車を所有し、子どもを有名私立学校に通わせるなど、ミドル・クラスの生活スタイルを送る人びとも少なくない。「現代的暴力」は、こうした新しい現象に対抗するバックラッシュと理解することができる。本書の冒頭で論及したゴーハーナー事件も、これに該当すると考えられる。留意すべき点として、「伝統的暴力」と「現代的暴力」の線引きは明確ではなく、「伝統的暴力」とみられる場合でも、その発端は「現代的暴力」と共通していることも少なくない。

以上の論点をふまえて、本書は現代インドのカースト、不可触民問題を包括的に解明することをめざしたい。具体的には、不可触民のなかでもとりわけ厳しい差別を受けてきたとされる清掃カースト（カースト名はバールミーキ）の事例を中心に、首都デリーを調査地としながら、かれらの社会経済的状況、差別からの解放と地位向上をめざす実践を考察する。

清掃カーストとされる社会集団は、ヒンドゥー社会で最も「不浄」とされる清掃（屎尿処理や道路清掃）を生業としてきたことで、「不可触民のなかの不可触民」といわれるほど厳しい被差別的状況に置かれてきた。カースト起源は実証的に明らかにされていないが、イギリスによる統治時代に設立され始めた都市自治体の清掃業に従事させる目的で、農村から移住させられたいくつかのカースト集団が「清掃カースト」を形成したのではないかという見方が有力である［Prashad 2000; 篠田 一九九五］。

インドが独立以降、政治的・経済的・社会的に変容するなかで、清掃カーストの社会環境も変化してきたことは確かである。急速な都市化にともない、インフラ整備が急務の課題とされ、下水道敷設の拡充や従来の汲み取り式便所（乾式便所（dry latrine）とよばれる）から水洗便所への転換も政策を通じて進められてきた[7]（第4章で詳述）。これにより、清掃カーストは、従来の手作業による屎尿処理という危険で不衛生な労働環境から「解放」された。清掃カーストを差別する根拠（不浄なものを扱う職業性）が失われたことで、彼らにたいする蔑視や侮蔑的態度は改善されると見込まれるが、現実は大きく異なっていた。清掃業から離脱した者でさえも、差別・偏見に苛まれている。

他の不可触カーストと比較しても、清掃カーストの社会経済的発展は著しく立ち遅れていることが多くの先行研究で指摘されている（第3章で後述）。このような清掃カーストの厳しい状況は、どのように理解したらよいのだろうか。本書においては、従来のカースト研究、不可触民研究では十分に取り上げられてこなかった都市に生きる不可触民を対象とすることで、現代におけるカースト、不可触民差別の持続性や変容を読み解く。不可触民カーストの内的多様性、賤業とのかかわり、カースト的アイデンティティの形成などの動態的な側面についても検討していく。

2　清掃カーストに関する研究の成果と課題

今日のインドにおける社会的不平等の問題を検討する際に、避けて通ることができないのは「カースト」と総称される社会的結合の形と、それにもとづく社会制度を意味する「カースト制」の理解である。まずカーストの基本的な特徴を説明し、先行研究の論点と課題をまとめることにしたい。

(1)　カーストとは何か

カーストとは、結婚、職業、食事などに関して様ざまな規制をもつ排他的な人口集団である。各カースト間の分業によって保たれる相互依存関係と、ヒンドゥー教的価値観によって上下に序列化された身分関係が結び合わさった制度をカースト制とよぶ。

カーストと称される現象や不可触民の存在は、古くからインドを訪れる旅行者、植民地官僚、学者たちの関心的であった。「カースト（caste）」という語は、かつてポルトガルの航海者がインドで目にした社会慣習にたいして与えた「カスタ（casta）」に由来する。その「カスタ」は、ラテン語で「カストゥス（castus）」の「混ざってはならないもの、純血」から派生し、「血筋、人種、種」を意味する。カーストの来歴自体はそれほど古いものではなく、インド固有のものとみなされるのはイギリスとフランス両国が覇権争いをする一八世紀末にかけてという見解が有力である。その意味で、カーストとしてくくられる現象は、インドに存在していたものの、その概念名称自体は、ポルトガルのインド来航以前にさかのぼることはなく、ヨーロッパとインドの接触によって、そしてその後の植民地支配の歴史のなかで形成された［藤井 二〇〇七：一］。

ヨーロッパ人によって名づけられたカーストという概念には、在地社会の二つの概念が含まれている。それは、「ヴァルナ（*varna*）」と「ジャーティ（*jati*）」である。

ジャーティ（生まれの意）とは、職業の世襲、複数の内婚集団、共通の慣習、一定の地域社会を基盤とした出生による一次的な社会集団である。食事の規制などを設けることで他集団と自らを区別し、各集団間には身分上の序列関係が認められる。このようなジャーティの存在が歴史史料によって確かめられるのは紀元後一〇世紀頃からとされる［小谷 二〇〇三：一一七］。また、各ジャーティ間には序列性だけでなく、モノとサービスの交換関係も存在し、村落共同体に代表されるような社会的分業にもとづく安定的な社会システムという側面も指摘されている。(8)なお、本研究でカーストというときはこのジャーティを意味する。

一方、ヴァルナ（色の意）は、紀元前一五〇〇年から一二〇〇年にかけてインド亜大陸に進出したアーリヤ人が、自分たちよりも肌の色の黒い先住民と自集団を区別するために用いられた言葉ともいわれている。ヴァルナは、古代インドのサンスクリット古典籍に記された社会階層概念である。浄／不浄の観念によって階層化された頂点のバラモン（祭官・学者階層）、クシャトリヤ（王侯・武士階層）、ヴァイシャ（商人・平民階層）、シュードラ（上位三階層に奉仕する階層）と下るにつれて不浄の度合いが増す四階層によって構成される。この社会理論は紀元前八世紀から七世紀に成立し、紀元後数世紀には、これらの下にさらに不可触民（第五のヴァルナともいわれる）というカテゴリーが付け加えられて五ヴァルナ制となった。(9)一般に、日本で知られるカーストはこのヴァルナを指している場合が多いが、すでに述べたように、元々ヴァルナはヴェーダ文献や法典によって伝えられたバラモンの教義・理念にすぎず、実体的なものではなかった。しかし、地域単位で機能していたジャーティが中世（八世紀頃）から形成されるようになると、次第に五ヴァルナ制の階層理念にある程度対応しながら身分的に位置づけられていった（しかし、その序列は固定的で厳密なものではない）。

理念としてのヴァルナ制が実体化し、現実のインド社会を規定するようになったのは、植民地支配の際に、古代サンスクリット文献が積極的に参照、利用されるようになった一九世紀以降と考えられている［Bayly 1999; Cohn 1997; Dirks 2002; 藤井 二〇〇三］。そこでは、植民地政策から現地社会への一方的な影響だけでなく、インド人側もカーストに関連する政策にたいして積極的に反応し、自らを変容させていったことは見過ごされてはならない。小谷［一九九六：九］が指摘するように、いささか逆説的なことではあるが、インド社会は植民地支配下にますます「カースト的」な社会になっていったのである。カースト的身分とはそもそも国家的身分というよりも、長い歴史と慣習によって形成された社会的身分と考えられるが［小谷 二〇〇三：一八］、重要な点として、植民地政府と独立後のインド政府によってカーストという社会集団は公的に認知され、その概念規定や範疇は、福祉政策などの介入による影響を大きく受けた。したがって、今日のカーストを検討するとき、こうした歴史的変容をふまえることが非常に重要である。

カーストが、インド亜大陸の固有の社会組織や慣行として断片的に記されていくようになるのは一六世紀の大航海時代にさかのぼる［藤井 二〇〇三：一章］。さらに、その記述がインド全域に及び、体系的に整理され蓄積され始めたのは、イギリスによる植民地支配が本格化した一九世紀後半以降とされる。植民地統治の一環として導入された徴税目的のための地租査定事業、国勢調査（Census）、地誌（Gazetteer）、民族誌調査の編纂において、現地社会の土地所有形態やカーストなどの社会集団とその慣行、宗派に関する詳細な情報が植民地行政官の人類学者によって収集された(10)。かれらによって、従来の文献調査中心のカースト研究から現地調査に重点を置く手法が次第に確立された。しかし、植民地官僚による研究は、根本的に「カーストを植民地支配に利用できるのか否か」という観点から脱することが困難であったことも事実である［藤井 二〇〇七：二三－二四］。結局のところ、一九世紀末から二〇世紀初頭にかけて、インド住民を記録した民族誌調査は、地租査定と並んで、「良き統治」、「効率的な支配」のために不可欠な作業であった。イギリスは、耕作地だけでなく、現地社会の社会集団や慣習、宗教についても徹底して調べ上げ、得られた情報を分類し、測量し、査定し、記録するという行政作業に、パラノイア的ともいえるほどの時間と尽力を費やした［Appadurai 1996; Cohn 1987; 田辺 二〇一〇］。そうして蓄積された知識は価値中立的とよべるものではなく、当時のイギリスによるインド社会観が反映されていた。収集された情報は、イギリス側の利害にもとづいて利用され、植民地行政において制度化されていった［藤井 二〇〇七：八〇］。これらの植民地事業は、本来、曖昧で体系化されていなかったカースト集団やカースト制の概念を実体化させることにもなった。在地社会のインド人は植民地支配による新たな状況に対処すべく、カースト団体を結成して要求事項を政府に求めるなど植民地事業は社会全体に多大な影響を与えた。

(2) カースト研究の三つのアプローチ

質・量ともに膨大なカースト研究史について、カースト概念の捉え方、方法論の違いから以下の三つに分類することができる。

① ヒンドゥー教の宗教的価値体系に依拠する身分のヒエラルヒー、民族誌上の範疇としてのカースト

カーストは、インド研究の中心的なテーマであり続けてきた。研究史的にみれば、カーストをヒンドゥー教の観

念と結びつけてインド固有のものとするか、一般に広く存在する階層社会の一形態とするかの論争があった。立場の違いは、カーストを「民族誌上の範疇」として、あるいは「社会学上の範疇」として捉えるかの差として現れる［関根 一九九四：三七五］。前者は、カーストをヒンドゥー教という宗教とその価値体系（イデオロギー）に根ざすものと考える。そこでは、カーストをヒンドゥー教に固有のものとして捉え、ヒンドゥー教徒以外には存在しないとされる。

独立後のカースト研究は、証明することのできないカーストの起源論からカーストの構造・機能論へシフトした。一九五〇年代以降には、村落調査などの本格的な学術的調査もおこなわれるようになり、カースト間の分業関係や主従関係に着目する研究が盛んに取り組まれた(11)。

カースト間のサービスの授受関係からインド社会を捉える試みとして、北インド村落のカースト間分業関係を「ジャジマーニー制」と名づけたアメリカ人宣教師ワイザーによる先駆的な研究が示されたが［Wiser 1936］、独立後は概念の有効性について批判的検証がなされている。

このような相互依存的なカースト間関係が注目されるにつれ、異なるカーストを秩序づける原理についても熱心に議論がなされた。互酬的なやり取りをおこなうカースト間に序列が存在することは確認されていたが、それを決定づける価値体系への関心が高まった。

まず、カーストの原理をヒンドゥー教とその価値体系に求めた代表的な研究に、フランスの構造人類学者ルイ・デュモンのカースト論がある［Dumont 1966］。インド社会観に多大な影響を及ぼし、独立後のカースト研究の流れを決定づけた。構造主義的カースト論とも称されるかれの議論によると、カースト制度の基礎にはヒンドゥー教の浄／不浄の対立観念がある。浄の役割をになうバラモンを頂点としたヒエラルヒーの原理が、社会の諸要素を全体との関係において序列化する。一方、最も不浄とされた不可触民は相互補完的に機能して全体に奉仕する。なぜなら、上位カーストの浄性が維持されるためには、不浄を取り除く役目を果たす不可触民の存在が不可欠になるからである。このようにして、バラモンから不可触民までがひとつのイデオロギーにより体系化、序列化され、社会が全体として機能する。デュモンは、宗教原理をインド社会の基礎とすることで、世俗の政治権力、経済力はあくまでも二次的、没価値的なものとして切り離し、浄／不浄の両極をゆるがさないとした。こうしたデュモンのカースト論、インド社会論は、その対極に近代西欧の個人主義的平等性を置くもので、インド特殊論への傾向が強い。

浄／不浄観を原理とするデュモンのカースト論は、これまで多くの論争を生んできた。まず異を唱えたのが、アメリカ人人類学者のマッキム・マリオットである［Marriot 1976］。マリオットは、浄／不浄の原理だけでは、実際にフィールドで観察されるカースト序列を説明できないこと、原理に適合しない現象（政治経済的な力、価値）を二次的なものにすぎないとみなすデュモンの主張を批判した。ヒンドゥー教的世界における当事者の視点や価値を重視すべきとの見方に立つエスノソシオロジー（民族社会学）的カースト論と称されるマリオットの議論では、デュモンのトップダウン的な視座、つまりバラモンの支配イデオロギーがインド社会全体に浸透しているというバラモン重視の思考（バラモン・モデル）を指摘し、宗教／政治の二分法ではなく、観察されるすべての行為の意味を一元的（monism）に捉え、バラモン的な価値におさまらない多元的モデルを提唱した。しかしながら、マリオットも、カースト・ヒエラルヒーがヒンドゥー社会全体の枠組みとして存在することを前提にしている点で、静態的な文化枠組みに依拠しているデュモンと変わらない［田辺　一九九四：三五五－三五六］。

そのほかにも、デュモンの理論では二次的な重要性しか与えられなかった権力の中心性に注目し、支配と従属（奉仕）の関係でカーストを理解しようとする立場がある。これによると、カースト世界の中心はバラモンではなく、デュモンが副次的と排除した権力者、王族や村の富農、村落の有力カーストなどが位置することになる。カースト世界の中心に権力者を位置づけるこのような立場は、クシャトリヤ・モデルとみなされる。近年の研究には、王権と支配の関係性に着目した王権論［Dirks 1987］、吉・凶イデオロギーから、「中心－周縁モデル」でカースト関係を読み解く研究［Raheja 1988］、聖なる力（シャクティ）の議論［Tanaka 1991］などがあり、浄／不浄だけではないオルタナティブな概念に重点を置く研究が蓄積されている。

② オリエンタリズム、[12] 植民地官僚によって再構築されるカースト

これまで述べてきたように、主として人類学の領域ではカーストの機能・構造とその基層にあるイデオロギーを追究する研究が発展していった。一九八〇年代に入ると、歴史学からもカースト概念を問い直す新たなアプローチが試みられた。それは、いまわれわれが理解しているカーストをインド古来より存続してきたインドの特殊な慣習として捉えるのではなく、植民地官僚やオリエンタリストたちの「想像」に依拠して歴史的・社会的に再構築されたものと考える見方である。

こうした研究が出現する背景として、研究史的にも重要な貢献を果たした「サバルタン研究」について言及しておかなければならない。従来のインド近代史研究におけるエリート主義的な歴史記述への批判から、『サバルタン研究』シリーズがデリーで刊行され始めたのは一九八二年であった。サバルタン研究は、同時代のポストモダニズム、ポスト植民地主義、オリエンタリズム批判などの近代の知のあり方を問い直す学問的潮流にのり、インド研究以外の研究者にも多大な影響を及ぼした。サバルタン研究の貢献は、研究対象を「サバルタン」（辞書上の意味では「下位の」だが、ここでは階級・カースト・年齢・性別・職業などにもとづいた従属的状況を意味する）諸階級の従属性に

関する歴史・政治・経済・社会の学術的議論に加えて、かれらの「態度・イデオロギー・信仰体系」に広げたことであった［井坂 二〇〇二：二五八；Guha ed. 1982］。サバルタン研究の前・後期で論調は変容していくものの、マイノリティを研究対象として、多様な素材（個人のインタビュー、自伝、文学、パンフレット、ビラ、歌、絵画、画像等）を収集し、それらを他の資料（植民地権力の言説、ナショナリストの言説）と対照させながら、言説の絡み合いを探ろうとする手法は維持されている。後述する不可触民研究、清掃カースト研究で論及する研究のいくつかはサバルタン研究の系譜に位置づけられる。

サバルタン研究の発展は、カースト研究にも大きな影響を与えた。これまでインド社会論の前提とされてきたカーストを含む諸概念が問い直されたのである。これにより、カーストをめぐる言説は近年急速に相対化されつつあり、カーストが歴史的構成物であること、固定されたものではなく政治権力を含む様ざまな要因によって構造化されたものだという理解が、実証的研究によって有力になってきている［Cohn 1997; Bayly 1999; Dirks 2002; 藤井 二〇〇三；Inden 1990］。

この立場の研究では、今日のわれわれが思い描くカーストはイギリスの植民地支配下において、とりわけ植民地体制の確立に関与し、サンスクリット古典籍の解釈作業で重用されたバラモンのカースト観が実体化したものであるという側面が強調された。デュモンが理論化したバラモンを最浄とするカースト体系は、植民地支配によって創造された（「伝統」の実体化）と考えられる。カーストの歴史性を論じる藤井は、理論と実体のズレを捨象してカーストを論じることに異議を唱えている［藤井 二〇〇七：二］。

このように、カーストを植民地支配との関係から解明しようとする研究によって明らかにされた論点のなかで、とくに清掃カーストとの関連から重要と思われるのは以下の点である。それは、カーストと職能集団が一体化されるようになった歴史的経緯についてである。すでに述べてきたように、植民地期の帝国諸事業（国勢調査、地誌作成等）においてインド人の人口動態や属性を記述する際に、積極的に用いられたのがカーストという枠組みであった。その際に、カーストをどのように定義するのかをめぐって判断の手がかりと考えられたのが、「職業」による分類であった。(13) カーストは職業と不可分な関係にあるという主張のもとで、序列化するランキングの概念が導入され、食事や婚姻習慣にかかわる情報が収集された。このような概念規定と記述様式は、植民地行政官のリズレイによってマニュアル化され（『インド民族誌調査の手引き（Manual of Ethnography for India）』、一九〇三年）、植民地期を通して民族誌調査と国勢調査の規範となった［藤井 二〇〇三：六九］。

以上、②の立場をまとめるならば、今日のカーストは植民地支配と切り離せない関係にあるということである。イギリスは支配基盤を確立する際に、カーストの概念を強調化して解釈し、定義し、さらに英語という外来の言葉で記述した。蓄積された在地社会の「知識」は、報告書の形式で再生産され、評価がなされ、保存された。ただし、この「インド社会をカースト化させる」プロセスは、イギリスの利益のみに沿って進められたわけではない。インド人側もこのカースト再構築の動きに主体的に関与していたことも留意すべきである。

③　「文化的集団」、「エスニック集団」として競合する社会学上の範疇としてのカースト

カーストを構造主義的、関係主義的に捉えるのか（①の立場）、植民地時代につくられた近代的産物とみなすのか（②の立場）の議論をふまえつつ、近年のカーストをめぐる現象に着目して新たな視角を提示しているのが、カーストを「文化的」集団とみる立場（③の立場）である。

①の立場である「ヒンドゥー教のイデオロギーにもとづく儀礼的で序列化された「システム」」としてのカースト理

論が次第に有効性を失い後退していくなかで出現し始めた③の視角は、個々のカーストを互いに競争し合うものとして捉え、「文化的な違い」として自らのカースト帰属を主張する現象に注目しているのが特徴である［Chatterjee and Sharma eds. 2003; Fuller 1996; Gupta 2000; Gupta ed. 2004; Khare ed. 2006; Natrajan 2012; Sharma 1999］(14)。これを、カーストの「関係性」から「実体性」への移行とみなして、カースト制の「変容」、「柔軟性」あるいは「崩壊」と位置づけるのかは議論の分かれるところであるが、ひとつの変化と捉えるならば、すでにデュモンが諸カースト間の「相互依存から競争へ」と表現したものとも重なる［Dumont 1980: 226-228］。「カースト制度無きカースト社会」の成立に向かう変動過程と指摘する研究もある［Fuller ed. 1996; 小谷 二〇〇三：一三二－一三三］。

このような議論が生まれた背景には、政治社会領域におけるカーストの「実体化（substantialization）」と「政治化（politicization）」とよばれる現象の顕在化がある。カーストの実体化を促すものとして注目されるのが、「カースト団体（caste association）」とよばれる地域を越えた同等の複数のカーストから成る二次的なカースト集団（生まれによって帰属する一次集団のカーストとは区別される）の出現であり、それらによる活発な団体的圧力行動である(15)。カースト団体の成立は清掃カースト内部にもみられ、詳細は第７章で検討する。カースト団体は、とくに政治の場において「カースト・ポリティクス」と称されるほど重要なアクターとみなされている。こうした動きは、二〇〇〇年代半ばから再燃した留保制度拡大の論争、そして二〇一一年国勢調査における個人のカースト属性を記述する項目の導入などの政策と連動して加速している。その結果、カースト的区分が個人にとって「肯定的」なアイデンティティの一部となり、それを熱心に主張し、強調することでカーストが実体化していくという状況が生まれているのである。これは「カーストのない社会」をめざした建国当初の国家理念と「矛盾」する事態、そして民主主義の「パラドクス」とみるべき現象なのであろうか。

図表1－1　カースト学説の整理

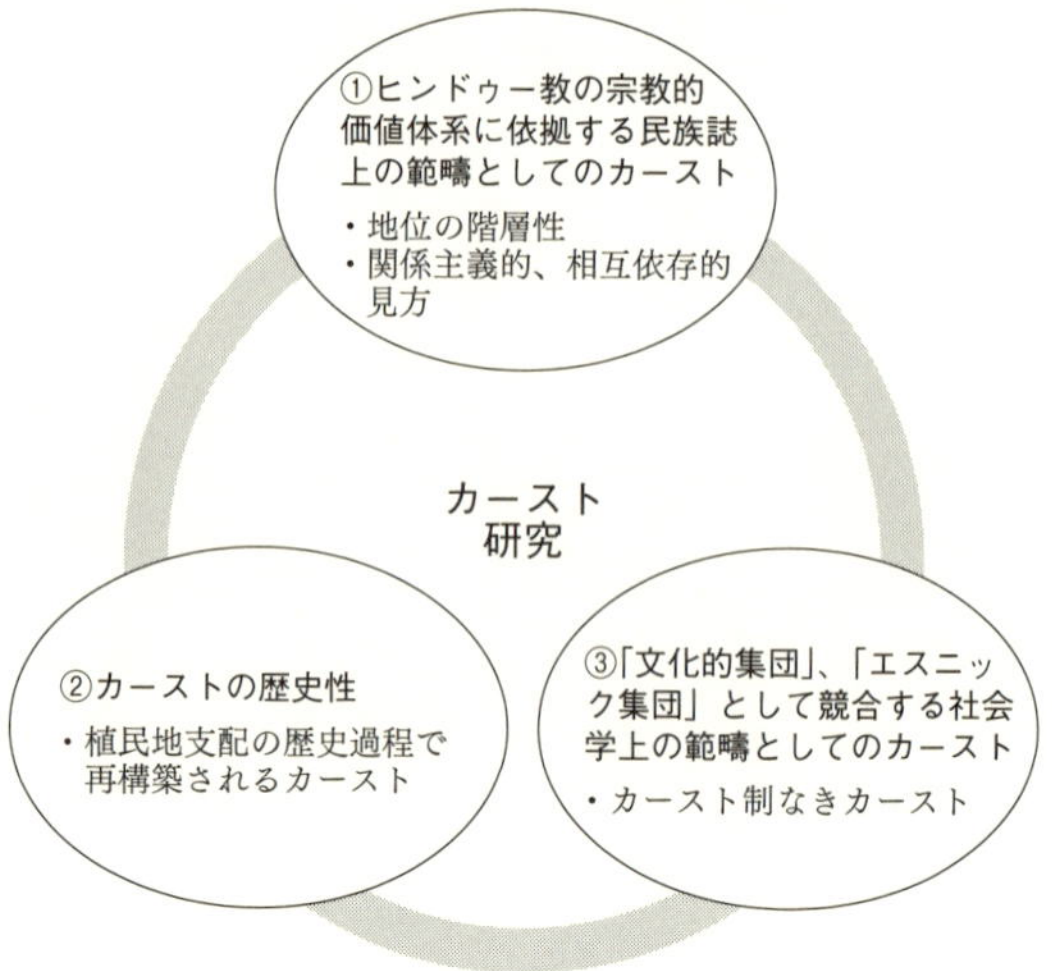

（出所）筆者作成。

カースト・ポリティクスの現象と関連して、一九九〇年代以降、大衆政治の時代を迎えたインドでは、従来まで支配的であった国民会議派による一党支配体制（「コングレス・システム」とよばれる［Kothari 1964］）が後退する一方、長いあいだ周縁化されていた低カーストや不可触民などマイノリティの活発な政治参加がみられるようになった。独立後の民主的な政治システムや人権概念の浸透により、マイノリティの人びとは平等や社会正義の実現を主張して、現行の政策に異議申立て（dissent）をおこない、自集団への資源分配を要求し始めている。そこでみられるのは、カーストやジェンダーという社会的区分を他集団との差異（difference）として積極的に表明する手法である。そのなかでもカーストは、集団を結束させるための集合的アイデンティティを構築する枠組みを提供している(16)。

以上の見方をまとめるならば、非関係主義的なカースト、つまり「システムなきカースト」として現在のカーストを捉え、それぞれのカーストが個々に自立して存在するとみるのが③の立場である。しかし、③を支持する論者のなかにも、個々のカーストが存立するという現象を「エスニック集団」と同一視するのか［Fuller 1996: 26; Jaffrelot 2000; Mayer 1996; Washbrook 1982］、あるいは「エスニック集団」とみるには慎重な姿勢をとりつつも、「文化的集団」としてのカーストの特質に注目する立場［Sharma 1999; Natrajan 2012］によって分かれている。エスニシティ論への移行は、現時点では早急と思われるが、③の立場はカーストを特殊論から一般論へ向かわせる可能性を有している点で、今後の研究動向に注目したい。

以上、カースト学説を三つのアプローチに分けて検討してきた。ここで強調したいのは、どれか一つの理論に偏るべきではなく、それぞれのカースト論が実際のインド社会でどのように関係しあい、接合がみられるのかということを注意深く考察することが重要だということである。

(3) 不可触民（ダリト）研究

不可触民制は広義のカースト制に構造的に包摂されるものであり、両者は分かち難く結びついている。身分制としてのカースト制は消滅したかにみえる今日のインド社会においても、不可触民にたいする差別や社会的不平等は、様ざまなかたちをとりながら存在する。不可触民差別の程度や、差別的行為の内容、その慣行が及ぶ地理的範囲は地域によって異なるものの、不可触民が歴史的、社会的、経済的、政治的に剝奪されてきた被差別集団であることは共通した認識である。経済的弱者という点では、低カースト（シュードラ・ヴァルナに属するカースト）と類似した状況に置かれながらも、「蔑視され、スティグマを負った、不浄のコミュニティ」とラベリングされている点で、低カーストとは社会的位置づけが質的に異なる。(17)

一九五〇年代以降の不可触民研究において、まず大きな問題とされたのは、「ヒンドゥー教の価値理念（浄／不浄、輪廻思想等）やカーストのヒエラルヒーは、不可触民内部においても共有されているのか」という問いであった。これに応答する試みは、三つのアプローチに分けられる。①「断絶論（対抗文化論）」、②「合意論（模倣文化論)」、そして③「両義的立場論」である［Sharma 1999: 49; 田辺 一九九四］。
①「断絶論」の代表的な論者には、デュモンのトップダウン的な視座に異議を唱えて、ボトムアップな視点の重要性を説いたアメリカ人人類学者のジョアン・P・メンチャー［Menchar 1974; Channa and Mencher eds. 2013］がいる。彼女は、バラモン支配のイデオロギーに盲目的に追従する不可触民像を否定し、不可触民内部のオルタナティブな価値観に注目する必要性を説いた。そのほかに、不可触民の政治意識の高まりに注目した研究［Gough 1973］、ヒマラヤ農村部の調査に依拠して、不可触民が自身の「不浄」とされた社会的位置づけを拒否する事例を取り上げたベルマン［Berreman 1963］、不可触民の独自の文化を見出す意義を主張したコレンダの研究［Kolenda 1964］がある。これらの研究では、不可触民が支配文化に意識的に対抗と断絶を図ろうとしながらも、抑圧されているがゆえにそれを明確なかたちで表現しえていない（その術をもっていない）という指摘もなされている。
続いて、南インドの不可触民を調査したモファット［Moffat 1979］が②「合意論（模倣文化論）」を発表すると、そのモデルをめぐって激しい論争が起きた。モファットは、先述の①「断絶論」の主張者にたいして、不可触民の文化を自己完結的なものであるかのように描くことで、かれらの固有性を強調することになり、大きな文化との連続性を軽視していると批判した。デュモン理論の継承者とみなされているモファットは、不可触民自身もバラモンのイデオロギーを内面化していると主張し、それを示す現象として、不可触カースト内部にもヒエラルヒーがあること、カースト間の排他性などを指摘した。

最後の③「両義的立場論」とは、①「断絶論」と②「合意論」の対立の克服を試みるものである。これはフィールドで観察される不可触民の曖昧で矛盾する態度から手がかりを得ている。不可触民の人びとはカースト制を否定しながらも、同時に、序列化された階層認識もある。たとえば、自分よりも下位の不可触民カーストにたいして差別的ふるまいをすることは、決して珍しいことではない。実際、こうした序列意識ゆえに、不可触民カースト間での連帯意識は形成されにくい。こうした状況をふまえて、ドゥリエージェの研究は不可触民自身が支配的なヒンドゥー・ヘゲモニーをどのように解釈・再解釈しているのかに着目する［Deliege 1992, 1993］。「ケガレ」観念から不可触民の生のあり方を読み解く関根［一九九五］の研究もこの流れに位置づけられよう。

清掃カーストのアイデンティティ形成やカースト意識を分析するにあたって、ヒンドゥー教のイデオロギーやカースト・ヒンドゥーと完全に断絶しているという見方（①断絶論）、あるいは同化しているという見方（②合意論）は適当でないように思われる。本書の立場は、どちらかといえば③「両義的立場論」の考え方を取り入れている。清掃カーストの人びとの主観的認識に接近を試みることで、かれらがインド社会と自分たちをどのように捉えているのかをできる限り記述するように努めた。

(4) 清掃カースト研究

不可触民に属する清掃カーストの社会的地位は非常に低く、被差別状況の苛烈さは、しばしば小説の題材に取り上げられるほどである。(18) 以下、先行研究を概観する。

まず、インド独立前の貴重な資料としては、イギリス植民地官僚の研究者（民族学者）による国勢調査や民族学調査の報告書がある。当然のことながら、植民地政府が作成した資料という性格上、「学術的」研究とみなすには保留すべき点もあるが、清掃カーストの起源や慣習を知る手がかりを与えてくれることは確かである。(19)

独立後は、中央・州政府が清掃カースト向けの福祉政策を実施する目的で設置した「清掃人の労働と生活状況に関する調査委員会」の諸報告書が基礎資料となりうる。アカデミックの分野では、チャマール（皮革カースト）など他の不可触民カーストに関する研究量に及ばないが、人類学・歴史学・社会学的観点からの研究が少しずつ積み重ねられつつある。

清掃カースト研究が多くない理由として、対象へのアクセスの「難しさが」が第一に考えられる。インドの高等教育は、上位カースト出身者が教員、研究者、博士課程学生層を高い割合で占める傾向にあることから、不可触民カースト（とくに最下層の清掃カースト）を研究テーマとして積極的に選ぶことは稀である。(20) 調査者と被調査者の関係性、ラポール形成が重視されるフィールド調査においては、なおさら回避される（近年ではインタビュー調査を取り入れた研究も増えつつある）。他方、興味深いことだが、清掃カースト側が被差別の歴史ゆえに、上位カースト出身の研究者・調査者にたいして懐疑的な態度をとることは珍しくない。とくに清掃カースト側から水を差し出される場面は、調査者の内面が試されるある種の「儀式」となる。これについて、不可触民女性のフィールド調査をおこなった山下［一九八六］も同様のエピソードを記している。「アウト・カーストの家で水を受け取り、それを飲む行為は、その人の出自を明示するか、カーストの掟を破る意思を伝えることになる」［山下 一九八六：四一］と一般に考えられているからである。

初期の清掃カースト研究は、「清掃カーストとは、どのような人々なのか」という問いに応えることから始められた。代表的な研究には、自身も清掃カースト出身者の社会学者シャームラール（Shyamlal）による西インドのラージャスターン州ジョードプルのバンギー（清掃カースト）研究［Shyamlal 1984, 1992, 1999］、サッベルワール［Saberwal［1976］1990］による北西インドのパンジャーブ州における三つのカーストのモービリティ研究、篠田［一九九五］の西インドのグジャラート州アーメダバードの都市自治体に雇用される清掃人の生活・労働環境に焦点を当てた研究、三宅［一九九五］の東インドの西ベンガル州カルカッタとハウラーの清掃労働者の居住地区の聞き取り調査に依拠した論考などがある。

信仰形態については、パンジャーブ州のシク教に改宗した清掃カーストの宗教的アイデンティティや自己認識をめぐる研究がある［長谷 一九九四］。信仰に関連して、イギリスに移民した同カースト出身者の精力的なヴァールミーキ詩聖崇拝運動は、グローバル化がカースト慣習に及ぼす影響を検討するうえでも興味深い事例である［Leslie 2003］。

清掃カーストのエスノグラフィーでは、北インドのウッタル・プラデーシュ（ＵＰ）州の農村女性を対象とした人類学者コレンダ［Kolenda 2003］の研究がある。四〇年間に及ぶフィールド調査は、同カーストの中長期的動向を把握するうえでも貴重な先行研究となっている。

歴史学の立場からは、デリーの清掃カーストの社会史を扱ったPrashad［1994, 2000］の研究がある。先述のサバルタン研究の系譜に位置づけられ、独立前後の国勢調査や地誌、清掃人の生活・労働環境に関する希少な政府報告書にあたって、清掃カーストの歴史を詳述している。その他、デリーの清掃カースト研究は［Karlekar 1982; Sharma 1995］を確認するのみである。清掃カースト研究の調査地域の大半は、北インド（パンジャーブ州、ＵＰ州、ビハール州）、西インド（グジャラート州、ラージャスターン州）、東インド（西ベンガル州、インド国外ではバングラデシュも）に比較的集中している。筆者が確認した限りでは、南インドの事例はほとんど扱われていない。こうした地域的傾向は、清掃カースト成立の歴史性、地域性を示唆しているように思われる。

近年の不可触民、清掃カースト研究で注目すべき動向は、かれらの「語り」に着目する研究が出始めてきたことである。清掃人を含む五六人の不可触民から収集したライフストーリーに焦点を当てて被差別的状況からの解放を検討したフランコ他の研究［Franco and Ramanathan 2004］、清掃カースト出身者による自伝を分析した論考［Ganguly

2009〕などがある。これらは、不可触民の「生」に接近する質的調査の試みであり、今後の発展が期待される。

注目すべき現象として、教育を受けた不可触民出身者の増加により、かれらの手による自伝、「コミュニティ」史が現地語で精力的に出版されている。たとえば、清掃カースト出身者では、アンベードカル主義者・活動家のダース（Bhagwan Das、一九二七－二〇一〇）の作品〔1956; [1973] 2002; [1981] 2007; [1996] 1998〕、ヴァールミーキ（Om Prakash Valmiki、一九五〇－二〇一三）の作品〔1997; 2008; 2009〕が有名である。ヴァールミーキの半生をつづった自伝『残飯（*Joothan*）』（[1997] 2003）はヒンディー語から英語に翻訳され、国外にも読者を得ている。次いで、二〇〇八年にはバールミーキの「歴史」を記した『清掃の神様（*Saphāī Devatā*）』をヒンディー語で出版し、出自コミュニティを作品テーマに取り上げる積極性がみられる。

3　カースト、不可触民問題の現代的特質と本研究の視座

以上、近年のカースト研究、不可触民研究、清掃カースト研究の動向を概観してきた。先行研究の成果をふまえて、本書の視座を提示する出発点としてカースト、不可触民問題の現代的特質を整理し、清掃カーストの事例から考えることの積極的意義を明らかにしておきたい。

第一に、現代インドのカースト、不可触民問題の特質として注意すべきことは、カースト的区分が人びとのアイデンティティの一部として顕在化してきていることである（これについては、先述の「カースト研究」で取り上げた③のアプローチが注目するところである）。「カースト間の不平等や差別のない社会」をめざしたインド政府が実現に向けて法整備や政策に取り組んできたことは確かであり、その取り組みが一定の成果を上げてきたことは、国勢調査

などの統計的数値からも確認することができる。(21) にもかかわらず、なぜインドからカーストがなくならないのだろうか。

その原因の一つとして、これまでの不可触民政策の方法的問題を指摘しておきたい。社会的弱者層である不可触民にたいして国家が特別な支援をおこなう場合、まずその受益層が誰であるかを特定する必要がある。そこで用いられた基準が、「カースト」であった。さらにこのカースト基準は、植民地時代の枠組みをほとんどそのままに踏襲していることから、もはや今日の実態から大きく乖離していることは否定できない。カースト基準を取り入れている政策の代表例が留保制度である。同制度では、政府が対象となる社会集団を指定しているが、SC対象者のアイデンティファイには、地元行政でカースト帰属の認証を受けた証明書（SC Certificate、写真1－3）が必要となる。

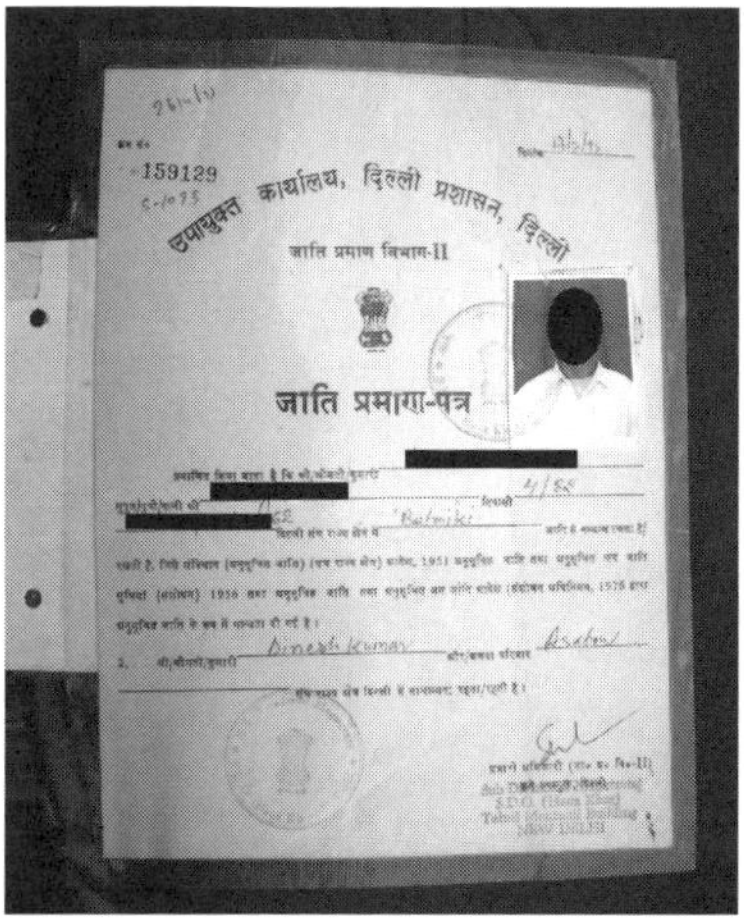
159129
उपायुक्त कार्यालय, दिल्ली प्रशासन, दिल्ली
जाति प्रमाण विभाग-II
जाति प्रमाण-पत्र
[redacted]
[redacted]
[redacted]
Balmiki
Dinesh Kumar

写真1－3　バールミーキのSC証明書
（2006年8月20日デリー）

つまり、「公定カースト」としての集団範疇が存在しているのである。第3章で論じられるように、不可触民は、政府によってSCとして新たにカテゴライズされ、公的に認知されたカースト集団なのである。

このように「カーストを使って、カースト、不可触民問題を解決する」という政策手法に問題のあることは、かねてから指摘されてきたことである。しかし、現行の政策動向をみる限り、抜本的な見直し（カースト基準を廃止するなど）は図られそうもない。むしろ、受益対象集団を拡大する傾向にあるといえよう。近年の、低カーストに該当するとされる集団にたいする留保措置の導入はその例である。

そこで、本書ではカースト的区分の実体化という現代的問題を政策との関連から考察したい。政策の基層にあるインド政府のカースト観、不可触民問題の解決の思想を見直す必要性があると考える。具体的には、独立運動の指導者ガーンディーのカースト観、反不可触民制の思想が、独立後の不可触民政策に与えた影響に注目することで、その成果と問題点を検討する。

第二のカースト、不可触民問題の現代的特質としては、独立後の発展から取り残された清掃カーストの状況からみえてくる問題がある。それは、「伝統的」職種とのつながりである。政府による不可触民の地位向上のための福祉支援によって、独立後のかれらの生活環境は大きく改善された。そこで次第に明らかになってきたことは、全体的に向上しているというよりは、カースト間に発展の格差がみられること、そしてその格差が拡大しているのではないかという問題である。先進的なカーストと、後進的なカーストを決定づける要因は何か。この問いを、本研究は不可触民の「生業」に着目することで検討したい。「清掃カースト＝清掃職能集団」という支配的な見方は、かれらの発展にどのような影響を及ぼしているのだろうか。

最後に、カーストと不可触民問題の現代的特質として、スティグマのような内在的問題についても述べておかなければならない。今日の不可触民差別は、消滅しつつあるというよりも「見えにくいもの」という特徴がある。一九八九年の「指定カーストと指定部族（暴力阻止）法」の施行により、あからさまな暴力や侮蔑的表現は処罰の対象となっている。不可触民自身も法の存在を認識しており、日常生活でそのような問題に頻繁に出くわすことはあまりない。しかし、田辺［二〇一〇：四一九］が指摘するように、実際は多くの場合、現代インドにおいてカースト差別を否定することはカーストの存在そのものを否定することではない。その結果、人びとの「配慮」はカーストにまつわる問題が表面化しないよう気をつけることに向かう。まさにこの「配慮」は、人びとの内面レベルでのカーストへのこだわりや差別／被差別意識が根強いことの表れである。本書では、清掃カーストの人びととのインタビューから、かれらの内面的問題についても検討する。

４　本書の構成

本書は、全8章で構成される。続く第2章では、筆者のフィールドの概要を述べる。調査地デリーの特徴と、調査対象の清掃カースト集団の人口推移からバールミーキに注目する理由を説明する。都市部で外国人女性がカースト調査をおこなうことの困難さについても記している。

清掃カースト問題の全体像を俯瞰することなしには、かれらの現状を理解することは難しい。そこで、第3章では、歴史的経緯をふまえた不可触民と清掃カーストの位置づけについて概観する。その起源と名称の多様性から、どのようにしてカースト集団と認知されてきたのかを示し、とくに、一九三〇年代からイギリス植民地行政によって導入されたＳＣ概念が、いわば公に認められた不可触民の名称・集団概念として新たに登場した背景を説明する。さらに、ＳＣという名称で範疇化された不可触民が、独立後の福祉政策を通じて制度化された結果、どのような成果が得られたのかについて国勢調査に依拠して考察し、清掃カーストの後進性と不可触民カーストに内在する発展格差の問題を浮き彫りにする。

第４章では、これまでのカースト制批判と不可触民解放の運動・思想的潮流を整理した後、そのなかでも代表的なＭ・Ｋ・ガーンディーとＢ・Ｒ・アンベードカルのアプローチを取り上げて、両者の論争の内容、そして独立インドのカーストと不可触民関連の諸政策に与えた影響を論じる。同章の後半部では、ガーンディーの思想がどのように実践されたのかを検討するために、ガーンディー主義者のＮＧＯ活動を現地調査に依拠して分析する。この章で清掃カースト問題に取り組むガーンディー・アプローチの問題点が示される。さらに、同様の問題を現行の福祉政策も抱えていることを論じるために、ガーンディーの手法との共通性に着目しながら、清掃カーストを対象とする支援政策について、その進展状況を考察する。

第5章では、首都デリーで筆者が実施した世帯戸別訪問調査に依拠して、デリーの代表的な清掃カーストであるバールミーキの社会経済的状況を把握する。とくに、第3章で参照した国勢調査からは明らかにされないカースト内婚の状況、清掃業従事者の実態（雇用形態など）、移住歴状況などを確認する。

第6章は、カースト問題を構造的に変革させるものではなかったガーンディーのハリジャン運動や福祉政策の検討において、浮き彫りにされた清掃カーストの日常的な困難（転職など）を具体的に捉えるために、バールミーキの人びとへのインタビューを参照して、出自カーストゆえに経験する生きづらさと抵抗のかたちを描写する。「ダリト性（dalitness）」すなわち被抑圧的状況の自覚・意識は、ダリトに生まれつき備わっているものではない。それは、個人の様ざまなライフステージ（就学、就職、結婚など）における出来事を転機として現出する。さらにカースト成員が集う特定の日に集団的アイデンティティが顕在化することもある。同章で提示される論点と高学歴のバールミーキのあいだで顕著な「ロール・モデル意識」の生成は、続く第7章で検討する運動を導く原動力になっていることが理解されよう。

第7章では、実際にバールミーキの人びとがカーストによる格差や不可触民差別から脱するためにどのような取り組みをおこなっているのかという問いのもと、現地調査から詳細に検討する。前半で現代ダリト運動の特徴を概観したうえで、インド全体を統一する「ダリト運動」というものは存在せず、むしろ個別のカーストごとに運動が分散化している傾向とその担い手に「エリート・ダリト」とよびうる層が形成されている状況を指摘する。そうしたなか、バールミーキの運動は、宗教的救済や既存の政治勢力への依存から、次第に法廷の場に運動拡大の可能性を見出していることが明らかにされる。バールミーキの人びとは、なぜ法廷闘争という戦術を取り入れたのだろうか。さらに、ポスト・コロニアルな状況の根本的課題のひとつとして、カーストが人びとの主要なアイデンティティとして機能し続けている現状を、留保政策の改正を支持する事例から検討する。

最後に第8章で、各章の論点と成果を整理したうえで、本研究から導き出すことのできる含意を論じ、バールミーキの挑戦のゆくえを展望する。

注

（1）　バールミーキは、「清掃カースト」として知られており、いわゆる不可触民に属する。本書で「清掃カースト」という場合、おもに道路清掃のほかに便所、排水溝、下水道などの清掃を「伝統的」職業として従事する社会集団を一括して指す。しかし、清掃カーストの集団としての位置づけは、都市と農村部、時代区分、とくに都市自治体（municipality）の成立前後の状況によって異なる。独立以前から一貫して存続してきた「カースト集団」、あるいは「職能集団」として扱うことを問題であるとする立場もある。一般に、先行研究では「清掃人（sweeper, *saphāi karamcārī*）」、「屎尿処理人（scavenger）」、カースト（いわゆるジャーティー。カーストとジャーティーの用語については後述）名の「バンギー（*Bhangī*）」の呼称が使用される。本書では、便宜上「清掃カースト」と一括して表記する。ただし、個別にデリーの清掃カーストを論じる場合には、「バールミーキ（*Balmiki*）」のカースト名を用いる。

バールミーキは、同義のサンスクリット語に由来する「ヴァールミーキ（*Vālmiki*）」をパンジャーブ語で発音したものである。パンジャーブ語の影響が大きいデリーでは、「バールミーキ」の発音が浸透しているので、本書でもそのように表記する。

(2) ジャートは中位カーストに属するが、北インドでは土地所有層を形成する「支配カースト(dominant caste)」であることが多い。「支配カースト」は、インド農村部におけるカーストの動態に着目したインド人社会学者のシュリーニヴァース(M. N. Srinivas)が提示した概念である。地域社会の政治経済的権力を独占的に有することで、地域内の優勢的な地位を占める特定のカースト集団を指す。支配カーストの特質には、大土地所有層、人口的な多数派、当該地域での高い地位を得ている、西洋教育を受けて行政職やその他の近代的な職業に就いていることが挙げられる[Srinivas 1959, 1987]。

(3) 集会参加者からの聞き取りと、人権NGOの「ダリトの人権のための全国キャンペーン(National Campaign on Dalit Human Rights、NCDHR)」の事実調査委員会報告書より。

(4) 今日、「不可触民」は差別用語として忌避されている。その代わりに、行政用語では「指定カースト(Scheduled Caste、SC)」、被抑圧的状況に抗する自らの名乗りとしての「ダリト(*dalit*)」、M・K・ガーンディー(一八六九―一九四八)が提唱した「ハリジャン(神の子、*harijan*)」などが使われている。本書では以下二つの理由により、「不可触民」の呼称を使用する。

一つは、本研究の視座にかかわるもので、現在においても被差別の経験と日常を生きていかざるをえない清掃カーストの状況に焦点を当てて議論するという試みにもとづく。このような問題の焦点化は、不可触民を美化する「ハリジャン」、行政用語という性格上、「中性的」な立場を装う「SC」などの呼び名では実現されにくい。

「不可触民」の呼称を採用するもう一つの理由は、近年の先行研究や不可触民出身の活動家によって頻繁に用いられる「ダリト」をなぜ使わないのか、という問いにもかかわるが、調査対象のバールミーキの状況を鑑みた理由によるものである。実際に、調査地のバールミーキのあいだで「ダリト」の自称はめったに聞かれることがない。この背景には、不可触民カーストの内部においてもヒエラルヒーや差別があること、バールミーキのような最下層のカーストにとって「ダリト」は不可触民の一部の先進カーストを意味する呼称でしかないこと、そうした先進カーストと自集団を区別化しようとする意図が読み取れる。こうした事情により、本書は(最適な呼び名とはいえないが)「不可触民」を用いる。

(5) 「伝統的暴力」の実態に関しては以下の報告がある。一九九一年五月六―二六日にかけて、マハーラーシュトラ州マラートワーダー地域内の四県から選定した九五村落を対象に、地元の州議会議員とカレッジ関係者によって不可触民への差別的慣行に関する調査がおこなわれた。調査項目には、不可触民のヒンドゥー寺院への立ち入りや、上位カーストの家に入ることが許されているかどうか、葬儀場の共同利用の有無などが含まれる。調査の結果、調査村のうち、七五村落（全体の八〇％）では不可触民のヒンドゥー寺院立ち入りを拒否していること、水供給や葬儀場の区別、村のお茶屋で出すカップをカースト・ヒンドゥーと区別する実態が明らかにされた［"Dalits Barred from Most Temples," *Times of India*, September 3, 1991］。

二〇〇九年には、ユニセフと協働するインドのＮＧＯによる調査も報告された。マッディヤ・プラデーシュ州の四県から二四村落を対象に、不可触民のヘルスケア・サービスの普及、学校教育の状況に関する実態調査を実施した。調査村落の七八％の不可触民児童が教室で前列に座ることができず後ろの方に移動させられること、公立校の給食サービスの際に、不可触民児童の容器は自宅から持参するか他の生徒とは別の容器を使うよう強いられること（四〇％）、学校での清掃が課される（七九％）、などの差別行為が教育現場でおこなわれていることが報告されている。ヘルスケアに関しては、政府の産院施設は上位カーストによって運営されているため、不可触民の患者が訪れても診察してもらえないこと、診察時に助産婦や医師から賄賂を要求されること、注射などの医療行為中に医師が身体的接触を避けようとするため医療事故が起きやすいこと、などの問題が明らかにされた［"Apartheid Funded by the Indian Tax-payer," *Hindusthan Times*, May 5, 2009］。

（6）国立犯罪統計局（National Crime Records Bureau）のホームページを参照（http://ncrb.nic.in/、二〇一〇年一二月二五日アクセス）。

（7）二〇一一年の国勢調査によると、水洗式便所の保有世帯は全体の三六・四％にすぎない。穴掘り式の便所（pit latrine）は九・四％、それ以外の汲み取り式の乾式便所などは一・一％、保有していない世帯は五三・一％にのぼる［http://censusindia.gov.in/2011census/hlo/Data_sheet/India/Latrine.pdf、二〇一五年九月一日アクセス］。二〇〇一年のデータは、水洗式便所一八％、穴掘り式の便所一一・五％、それ以外の汲み取り式の乾式便所など六・九％となり、保有していない世帯は六三・六％であった［*Census of India 2001, H series*: 35］。二〇〇一－一一年にかけて、便所の水洗化は進んでいるようだが、便所自体を保有しない世帯の割合にそれほど目立った変化はみられない。

（8）カースト間の分業を概念化した研究には、一九二〇年代の北インド農村調査にもとづいたＷ・Ｈ・ワイザーの「ジャジマーニー制」[Wiser 1936]がよく知られる。ジャジマーニー制とは、村落社会の一定範囲で、そこに生活する複数のカーストがモノやサービスの授受関係を形成している分業システムのことである。最近の研究では、このようなシステムが村落社会全体に及んでいたというよりは、個別的な一対一の分業関係も重層的に機能していたという指摘がなされている[小谷 二〇〇三:一一九−一二二]。

(9) 不可触民をシュードラの下に置いたことで、シュードラ差別は緩和された。一方、不可触民への差別が強化されることになった。このことから、不可触民の存在により、ヴァルナ制の枠組みが安定化したと考えられる。古代インドの「四ヴァルナ制」と中世インドの「五ヴァルナ制」については[小谷編 一九九四:序章]を参照。

(10) 国勢調査と民族誌調査に携わった代表的な植民地行政官には、ネスフィールド(John C. Nesfield)、イベットソン(Denzil C. J. Ibbetson)、リズレイ(H. H. Risley)、エンソーベン(R. E. Enthoven)、ブラント(E. A. H. Blunt)、ハットン(J. H. Hutton)、オマリー(L. S. S. O'Malley)らが有名である。リズレイに関しては、三瀬[二〇〇〇]の研究がある。

(11) 一九五〇年代から六〇年代にかけて展開されたカースト研究では、カーストの変容過程を理論化する試みがみられた。インド人社会学者のM・N・シュリーニヴァースは、「西洋化(westernization)」と「サンスクリタイゼイション(sanskritization)」という概念を用いて、インド社会の変動過程を分析した[Srinivas 1966]。

シュリーニヴァースの研究によれば、社会上昇を試みるカーストは、規範的な価値をもちながら社会的に卓越した地位にいる集団の慣行や生活様式を模倣し(「サンスクリタイゼイション」)、一方で、模倣される側は「西洋化」を試みるという。彼の理論が大きな反響をよんだとき、本来の対の概念であった「西洋化」が捨象され、「サンスクリタイゼイション」の概念ばかりが強調され、また現代インドでは情報の流通が質量ともに変化したこともあり、社会動態解析に有効な概念とはいえないとの指摘もある[藤井 二〇〇七:四五−四六]。

(12) 元来、「オリエンタリズム」は近代ヨーロッパの文学・芸術にみられる東洋趣味、欧米の東洋学・東洋研究を意味する用語であった。しかし、一九七八年のエドワード・サイード(E. W. Said)の『オリエンタリズム』刊行後、この言葉は「ヨーロッパの東洋(オリエント)にたいする支配の思考様式」と批判的に位置づけるサイードのオリエンタリズム論を指して一般に用いられるようになった。

(13)　一八八五年にラホールで開催された「北インド民族誌会議」では、一九世紀前半から断続的に作成された民族誌調査票の統一形態が定められた。そこでは、インド社会の記述単位としてカーストとトライブを設定することが改めて確認され、カーストの定義を世襲的な職能集団とみなして、職業とカーストを結合させて各集団を序列化するランキングの概念が導入された。実際の国勢調査でカーストの職業分類が導入されたのは、一八八一年にさかのぼる［藤井 二〇〇三：五三－八〇］。

(14)　デュモンのカースト研究に代表されるインド特殊論に早くから異議を唱え、カースト現象にみる地位の不平等を社会学的な概念で捉え直し、比較研究の重要性を強調したのがベレマン（G. D. Berreman）であった。かれは、インドのカーストとアメリカの黒人・白人関係（人種概念）との比較を試みた［Berreman 1963; Berreman ed. 1981］。

(15)　カースト団体は、その特質から一九世紀後半から二〇世紀初頭まで、そして独立以降のものとに分かれる（第7章で後述）。

(16)　人類学者のアパドゥライは、こうした状況を「手続き上の一時的なマイノリティから、実体としてのマイノリティへの価値の移動」と指摘している［アパドゥライ 二〇一〇：九二］。

(17)　ケガレ観念という独自の視点からインド社会を読み解く人類学者の関根［二〇〇六］は、「カースト差別」と「不可触民差別」とを分けて考える必要性を主張する。双方は連動している側面を保ちつつも、その差別のあり方には明確な区別が存在する。カースト差別が低カーストというシステム内部の他者に対する相対的な差別であるのにたいして、不可触民差別はシステムの内外の境界に立つ外部性、他者性を帯びた者への絶対的な差別であると関根は捉える。相対的な「不浄」観念と絶対的な「ケガレ」観念を区分することで、それぞれの差別を構成する差別者・第二の被差別者（低カースト）・第三の被差別者（不可触民）という三者の関係性を指摘する［関根 二〇〇六：二九四－二九五］。

(18)　日本語に翻訳された小説に、M・R・アーナンド（山際素男訳）一九八四『不可触民バクハの一日』がある。アーナンド（一九〇五－二〇〇四）は、英語でインド社会を著したインド人作家の第一人者。T・S・ピライ（山際素男訳）一九八六『清掃夫の息子』も翻訳されている。

(19)　植民地期の報告資料をもとに編纂されたのが、シン［Singh 1996］の『People of India』である。清掃カーストに含まれる諸カーストの情報が収録されている。なお、チャマール（皮革カースト）の研究［Briggs 1920］にみられるような、清掃カースト単独のまとまった研究は植民地期におこなわれなかった。

(20) この見解は、筆者自身の留学経験にもとづいている。インドのジャワーハルラール・ネルー大学院で、二〇〇一－〇三年に社会学修士課程、さらに二〇〇六－〇八年に社会学博士課程で学んだが、留学中に清掃カーストを研究テーマにするインド人学生・研究者に出会うことは皆無であった。

(21) 経済と教育分野の統計資料が豊富であるのにたいして、身分制度の根幹にかかわるカースト内婚の変化や、カースト間の社会関係を直接示す資料はほとんどない［押川 一九九五：二二一－二二三］。また、カーストに関する憲法規定はそれにもとづく差別を禁止しているのであって、同じカースト同士の結婚などの社会的慣習を規制しているわけではないことにも注意すべきである。

第2章

デリーの横顔

1　デリーの概観

本書は、インドの首都デリー（デリー連邦首都直轄地）を調査地として清掃カーストの現状を具体的様相のなかで検討する。

デリー（北緯二八度、東経七七度）は、北インドのちょうど真ん中に位置する。地理的状況をみると、ＵＰ州とハリヤーナー州の州境に接し、東をヤムナー川、西と南をアラヴァリ山地の最北にあたるデリー丘陵に囲まれたいわゆるデリー三角地にある。防御上の有利性をもつだけでなく、広大なインダス・ガンガー（ガンジス）平原の分水帯に位置し、東はベンガル、南はデカン高原、西はアラビア海と中央アジアと、各地をつなぐ重要な貿易、戦略的要地を占めてきた。

一九一一年に英領インドの新首都として建設され、独立後も首都としてインド政治の中心を担ってきたデリーは、一九五六年に連邦直轄領となり、長らく州議会にあたる立法府（Legislative Assembly）をもたなかった。しかし、デリー市民による議会設置運動が一九八〇年代後半に盛んになり、第六九次憲法改正によって一九九二年二月一日に「デリー首都圏（National Capital Territory of Delhi）」と称され、議会、首相（Chief Minister）を長とする内閣（Council of Ministers）を有し、州に準ずる「デリー準州」として行政機構をもつようになった［佐藤 二〇〇六：一九〇］。

行政的にはデリー（面積一三九八㎢）、ニューデリー（面積四三㎢）、デリー軍事区（面積四三㎢）の三つに区分される。国勢調査の区分ではさらに細かく、九つのディストリクト（district）とその下部区分から成る。

植民都市の典型として、デリーは二つの構造に分かれ、「オールドデリー」とよばれる中心部から北にかけて人口過密な伝統的市街地と、英領期に開発された「ニューデリー」という大統領官邸、国会議事堂などの官庁施設から南に向けて住宅や商業施設が立ち並ぶ新市街地を基本としている。最近のデリー首都圏域は、人口増加の影響によりヤムナー川の東、西のハリヤーナー州境にまで外延的に拡大し続けている。二〇一一年の国勢調査によれば、総人口はおよそ一六七五万人で、いわゆる不可触民カーストとされるSCの人口比は一六・七％（二七三万人）である。デリー全体の識字率は八六・三％（SCは七八・九％）と全国平均（七四・〇％）よりも高く、二〇〇一年の数値よりも上昇している。宗教構成は、二〇〇一年の結果によるとヒンドゥー教（八二％）、イスラーム教（一二・七％）、シク教（三％）となっている。

近年のデリーは、政治の中心地というだけでなく、急速に発展しつつあるインド経済の拠点都市としても位置づけられる。一九九一年の「新経済政策」による外資の導入以降、デリーでは製造業やオフィスの進出が目覚ましく、商工業の著しい成長をみせている［由井　一九九九］。

総人口は、国内主要大都市（ムンバイ、コルカタ、チェンナイ、バンガロール）のなかでムンバイに次ぐ規模である。過去一〇年間の人口増加率をみると、二〇〇一年の国勢調査では国内最高値（四七％）であったが、二〇一一年の調査結果では二一・一％に減少している。その理由として、二〇〇一年以降、とくにイギリス連邦内の総合競技大会であるコモンウェルス二〇一〇年大会開催の数年前に、ヤムナー川沿い、南デリー、ニューデリー中心部をはじめとするデリーの様ざまな地域で大規模に施行されたスラム撤去政策が挙げられる。筆者の調査もこの時期に重なるが、デリーの至る所で地下鉄や道路拡張の工事がおこなわれ、交通渋滞も年々激しさを増していたことを記憶している。南デリーで訪れたあるスラムでは、「いつまでここに住めるのかわからない。明日にでも（撤去をする政府の）ブルドーザーが来るかもしれない。あなたの調査に協力すれば何かしてくれるの？」と筆者に詰め寄る人もいて、スラム全体に緊張感が漂っていた。デリー都市住宅改善局（Delhi Urban Shelter Improvement Board）によれば、三万二〇〇〇家族にたいしては再定住支援がなされたが、そのほかに退去を命ぜられた人びとの行方については不明である。(1) デリーの人口密度は、国内で最も高く（一万一二九七人／㎢）、近隣州からの人口流入が激しい。

その一方で、市街地の開発が急激な人口増加に追いついていないことから、デリーでは住宅供給不足の問題が常態化している。さらに雇用の面では、経済都市でありながら、就業率（三三・三％）が全国平均（三九・八％）より低く、二〇〇一年の数値と比較してもわずか〇・五ポイントと低い上昇率にとどまる。激増し続ける人口に十分な雇用を供給できていないのが現状である。このようなデリーの都市環境の急激な変化は不可触民にどのような影響を及ぼしているのだろうか。

(1) デリーの地理的特徴

本項ではデリーの地理的特徴を明らかにするために、ディストリクトのレベルに分けて各地域をみてみよう。なお、最新の二〇一一年国勢調査の結果は公開準備段階のため、とくにSC関連の詳細なデータはすべて開示されていない。こうした事情により、本項の参照データは、若干古くなるが全体的傾向は共通すると推測される二〇〇一年の数値にもとづく。

デリーの九つのディストリクトの概要をまとめたのが図表2－1である。以下、各ディストリクトの特徴を記す。人口密度が高いのは、オールドデリーを含む「中央ディストリクト」、ヤムナー川を挟んだ東の「北東ディストリクト」と「東ディストリクト」である。とくにデリー東部は隣接するUP州からの移民が急増しており、一九九一

図表2－1　デリーのディストリクト概要（2001年）

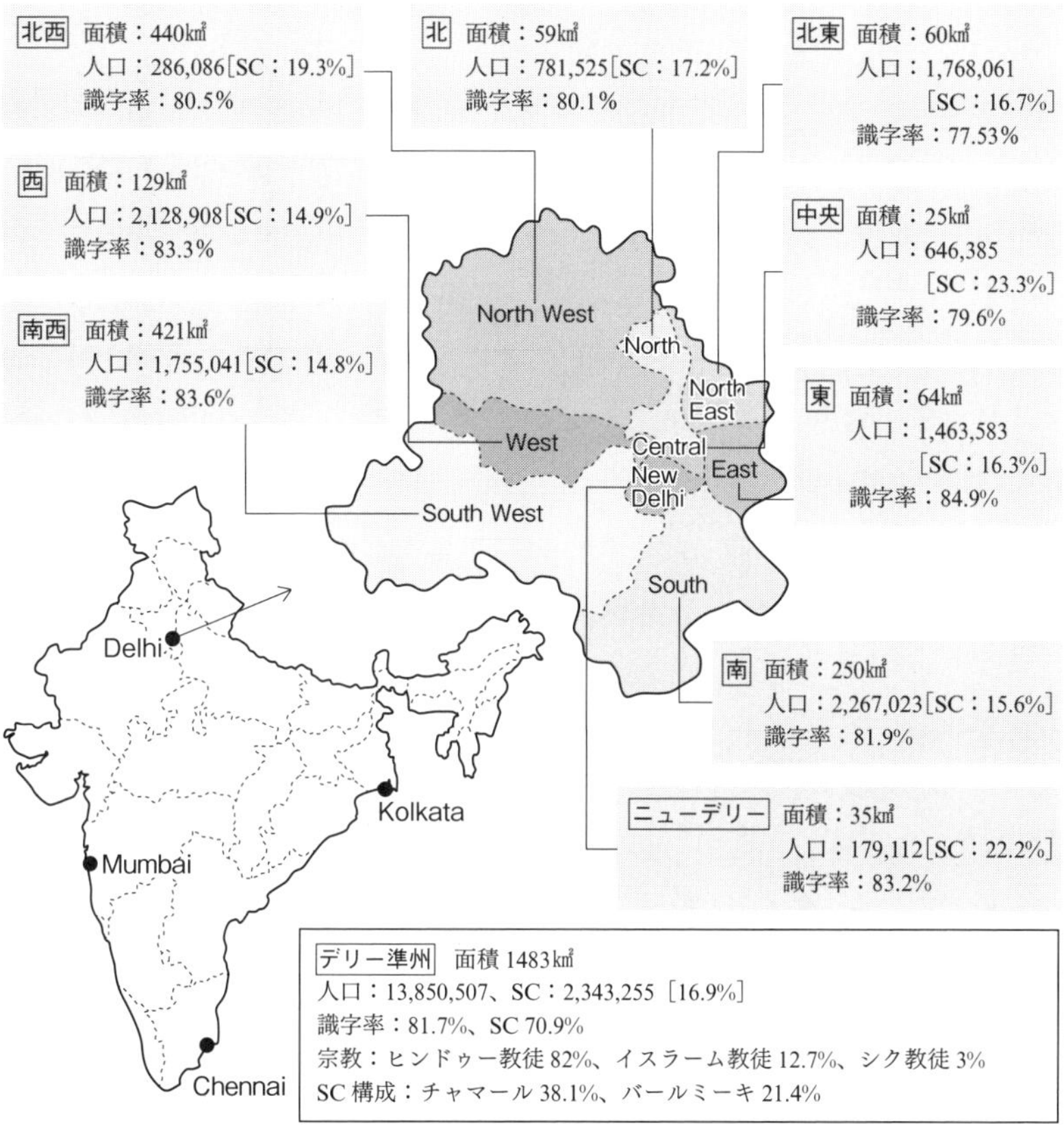

年から二〇〇一年にかけての人口増加率（六二・九％）は全九ディストリクトのなかで最大である。広大な面積を擁する「北西ディストリクト」と「南西ディストリクト」は、現在、住宅や商業施設の開発が盛んな地域であり、今後のさらなる人口増加が推測される。SCの人口比が高い地域は、デリー中心地の「中央ディストリクト（二三・三％）」と「ニューデリー・ディストリクト（二二・二％）」である。この理由としては、中心部に公務員向けの宿舎が多くあることが挙げられる[2]。

(2) デリーの指定カースト

デリーのSCは、一九五六年の大統領令「指定カーストと指定トライブのリスト(修正)規定(The Scheduled Castes and Scheduled Tribes Lists (Modification) Order, 1956)」によってリスト化されている(図表2-2)。三六のカーストがSCとして認定されている(SCの認定は州によって異なる)。デリーの全SC人口(二三四万人、二〇〇一年)は、リスト上のいずれかのカーストに帰属している。

デリーのSC人口の内訳は、三つのグループに分けられる。第一に、最多数のチャマール(三八・一%、八九万人)、第二に、本書が対象とするバールミーキ(二一・三%、五〇万人)、その他に五から七%の人口比をもつ三カースト、すなわちコーリー(七・一%、一六・七万人)、カティーク(六・七%、一五・八万人)、ドービー(五・九%、一三・七万人)から構成される(図表2-3)。

このような各カーストの人口比は、デリーのほぼすべてのディストリクトに当てはまる傾向である。[3] ただし、例外もある。たとえば、中心地の「ニューデリー・ディストリクト」で最大のSCを占めるのはバールミーキ(五二・四%、二万人)である。その理由として、当地区には中央政府やニューデリー市自治体に勤務する職員住宅が集中的に建設されていることから、公職(多くが清掃部門)に就くバールミーキ住民の多いことが挙げられる。このことは、バールミーキがデリーの全SC人口に占める割合(二一・三%)を超える比率で公職に雇用されている傾向も示唆している。後述するように、バールミーキ出身の公務員の大部分は、清掃部門で雇用される下級職員である。インドの公務員は、職種による階級制に準ずる。上から順に、グループA(オフィサー、管理職)、グループB(グループAの補佐)、グループC(非技術職)、グループD(下級事務職、清掃職)と序列化されている。

図表2－2　デリーの SC リスト

दिल्ली/Delhi

अनुसूचित जातियां और अनुसूचित जनजातियां सूची (उपान्तरण) आदेश, 1956

The Scheduled Castes and Scheduled Tribes Lists (Modification) Order, 1956

अनुसूचित जातियां/Scheduled Castes

1 आदि-धर्मी	1 Adi-Dharmi
2 अगरिया	2 Agria
3 अहेरिया	3 Aheria
4 बलाई	4 Balai
5 बंजारा	5 Banjara
6 बावरिया	6 Bawaria
7 बाजीगर	7 Bazigar
8 भंगी	8 Bhangi
9 भील	9 Bhil
10 चमार, चंवर चमार, जटिया या जाटव चमार, मोची, रामदासिया, रविदासी, रैदासी, रेहगर या रैगर	10 Chamar, Chanwar Chamar, Jatya or Jatav Chamar, Mochi, Ramdasia, Ravidasi, Raidasi, Rehgarh or Raigar
11 चोहड़ा (स्वीपर)	11 Chohra (Sweeper)
12 चुहड़ा (बाल्मीकि)	12 Chuhra (Balmiki)
13 धनक या धनुक	13 Dhanak or Dhanuk
14 धोबी	14 Dhobi
15 डोम	15 Dom
16 घर्रामी	16 Gharrami
17 जुलाहा (वीवर)	17 Julaha (Weaver)
18 कबीर पंथी	18 Kabirpanthi
19 कछन्धा	19 Kachhandha
20 कंजर या गियरह	20 Kanjar or Giarah
21 खटीक	21 Khatik
22 कोली	22 Koli
23 लालबेगी	23 Lalbegi
24 मदारी	24 Madari
25 मल्लाह	25 Mallah
26 मजहबी	26 Mazhabi
27 मेघवाल	27 Meghwal
28 नारीबत	28 Naribut
29 नट (राणा)	29 Nat (Rana)
30 पासी	30 Pasi
31 पेरना	31 Perna
32 सांसी या भेदकूट	32 Sansi or Bhedkut
33 सपेरा	33 Sapera
34 सिकलीगर	34 Sikligar
35 सिंगीवाला या कालबेलिया	35 Singiwala or Kalbelia
36 सिरकीबन्द	36 Sirkiband

左列は各 SC のカースト名のヒンディー語表記、右列は英語表記。
（出所）http://www.censusindia.gov.in/Tables_Published/SCST/SC%20Lists.pdf（2011年1月12日アクセス）。

図表2−3　デリーのSC人口（234万人）における各カースト集団の人口比（2001年）

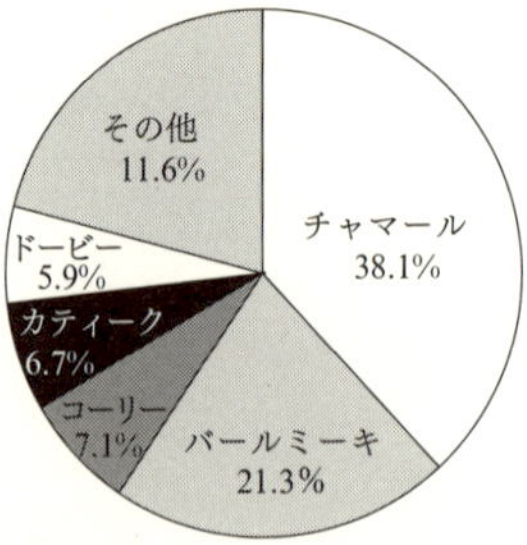

（出所）Government of India, *Census of India 2001, Delhi* より作成。

2　「バールミーキ」の名のもとに結集するデリーの清掃カースト

デリーでSCとして指定されている三六カーストのうち、清掃カーストに該当するコミュニティは五つとされる。それは、①バンギー（*Bhangi*）、②チョーラー（*Chohra*）、③チューラー（*Chuhra*）（バールミーキ（*Balmiki*）へ改称）、④ラールベーギー（*Lalbegi*）、⑤マジュビー（*Mazhabi*）である。現在、「バンギー」、「チョーラー（チューラー）」は蔑称として使用が忌避されている。その代わりに清掃カーストの総称として、デリーを含む北インドでは「バールミーキ」の名が定着している。ただし、自らの肯定的な名乗りとして「バールミーキ」を採用する動きに関しては、同カースト内に意見の相違もみられる。この問題は、自己認識や集団アイデンティティを考察するうえでも重要であり、第6章で検討する。

二〇〇一年の国勢調査に依拠して、デリーの清掃カースト内部の人口比をまとめたのが図表2−4である。図表から明らかなように、デリーの清掃カーストの大半を占めるのは③チューラー（バールミーキ）である。清掃カーストの全体的な傾向を把握するために、本書はこのバールミーキをおもな考察対象とする。

清掃カースト全体の人口比をふまえたうえで、各カーストの人口動態もみてみよう。図表2−5は、一九六一年から二〇〇一年にかけて実施された国勢調査の結果を集計したものである。この表から読み取れる興味深い特徴として、デリーの清掃カーストが「バールミーキ」のカースト名のもとに「統合」していく傾向がある。清掃カースト内部におけるバールミーキの人口比は一九六一年から一貫して拡大し続けているのにたいして、バールミーキ以外の四つのカーストは減少傾向あるいは微増にとどまっている。たとえば、一九六一年の時点で、バールミーキは六八・〇%（五・三万人）の人口比であり、その後七一年の七九・六%（一〇・八万人）、八一年の八九・五%（二二・三万人）、九一年の九四・八%（三六・七万人）と着々と増加し続け、二〇〇一年には九六・七%（五〇万人）と清掃カーストの大部分を占めることとなった。

このようなバールミーキの増加傾向と対照的な動きをみせているのが、バンギーとチョーラーである。とくに、バンギーの人口比は、一九六一年以降急激に減少している。六一年には清掃カーストの二七・九%（二・二万人）を占めていたが、七一年には一八・三%（二・五万人）、八一年には八・八%（二・二万人）、九一年には三・九%（一・五万人）、そして二〇〇一年には二・五%（一・三万人）と絶対数においても、SC全体の人口増加率に反して減少している。こうした清掃カーストの人口動態を浮き彫りにするために、**図表2－6**で、その他の主要なSC人口の変動と合わせて確認してみよう。

図表2－6によると、デリーのSC人口は、それぞれ増加率は異なるものの、一九六一年以降一貫して増加傾向にあることが確認される。この動きと対照的なバンギーとチョーラーの人口減少は注目に値する。背景にはどのような要因が働いているのだろうか。

図表2－4　デリーにおける清掃カーストの内訳（2001年）

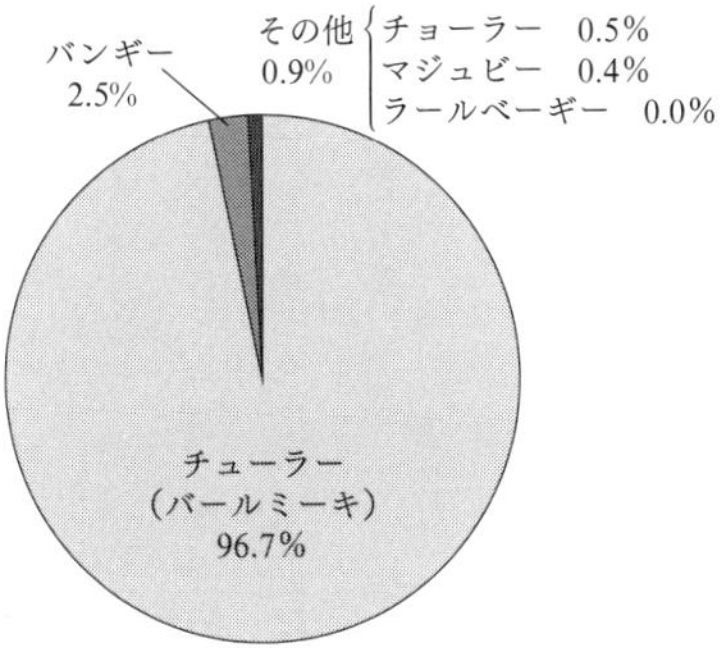

（出所）Government of India, *Census of India 2001, Delhi* より筆者作成。

推測される原因として、①デリーから他州へ移住した、あるいは②「バールミーキ」と新たに名乗り始めることで、SC帰属の変更が生じた可能性が推測される。このような清掃カースト内部の「バールミーキ化」に向かう過程は、カーストのダイナミクスを把握するうえでも重要である。残念ながら、この点を実証する史資料を筆者は確認できていないため、今後の研究による解明が待たれるところである。個人の聞き取りを進めながら、バールミーキの動向を注視していきたい。

図表2−5　デリーにおける清掃カーストの人口推移（1961−2001年）

		カースト名	1961年 人口	1961年 清掃カースト内部の人口比	1971年 人口	1971年 清掃カースト内部の人口比	1981年 人口	1981年 清掃カースト内部の人口比	1991年 人口	1991年 清掃カースト内部の人口比	2001年 人口	2001年 清掃カースト内部の人口比
清掃カースト	1	チューラー／バールミーキ	52,743	68.0%	107,680	79.6%	222,638	89.5%	367,303	94.8%	500,221	96.7%
	2	バンギー	21,637	27.9%	24,720	18.3%	21,752	8.8%	15,277	3.9%	12,773	2.5%
	3	チョーラー	3,088	4.0%	2,551	1.9%	3,272	1.3%	2,854	0.7%	2,567	0.5%
	4	マジュビー	107	0.1%	338	0.3%	858	0.4%	1,802	0.5%	1,814	0.4%
	5	ラールベーギー	28	0.0%	36	0.0%	134	0.0%	192	0.0%	85	0.0%
		合計	77,603		135,325		248,654		387,428		517,460	

（出所）Government of India, *Census of India 1961; 1971; 1981; 1991; 2001* より作成。

図表2－6　デリーにおける主要SCの人口推移（1961－2001年）

			1961年		1971年			1981年			1991年			2001年		
指定カースト（SC）			人口	全SC内部の人口比	人口	全SC内部の人口比	10年間の増加率	人口	全SC内部の人口比	10年間の増加率	人口	全SC内部の人口比	10年間の増加率	人口	全SC内部の人口比	10年間の増加率
SC全体			341,555		635,698		186.1%	1,121,643		176.4%	1,794,836		160.0%	2,343,255		130.6%
主要SC	1	チャマール	125,997	36.9%	215,747	33.9%	171.2%	411,316	36.7%	190.6%	660,380	36.8%	160.6%	893,384	38.1%	135.3%
	2	チューラー／バールミーキ	52,743	15.4%	107,680	16.9%	204.2%	222,638	19.8%	206.8%	367,303	20.5%	165.0%	500,221	21.3%	136.2%
	3	コーリー	19,199	5.6%	42,449	6.7%	221.1%	92,504	8.2%	217.9%	140,088	7.8%	151.4%	167,005	7.1%	119.2%
	4	カティーク	14,392	4.2%	34,412	5.4%	239.1%	69,409	6.2%	201.7%	112,605	6.3%	162.2%	158,121	6.7%	140.4%
	5	バラーイー	20,680	6.1%	42,885	6.7%	207.4%	69,859	6.2%	162.9%	89,671	5.0%	128.4%	90,010	3.8%	100.4%
	6	ドービー	14,144	4.1%	26,839	4.2%	189.8%	59,675	5.3%	222.3%	91,178	5.1%	152.8%	137,299	5.9%	150.6%
	7	ジュッラー	17,242	5.0%	26,059	4.1%	151.1%	43,024	3.8%	165.1%	53,246	3.0%	123.8%	60,496	2.6%	113.6%
	8	ダナク	8,540	2.5%	15,855	2.5%	185.7%	36,600	3.3%	230.8%	57,925	3.2%	158.3%	68,317	2.9%	117.9%
清掃カースト	1	チューラー／バールミーキ	52,743	15.4%	107,680		204.2%	222,638	19.8%	206.8%	367,303	20.5%	165.0%	500,221	21.3%	136.2%
	2	バンギー	21,673	6.3%	24,720	3.9%	114.1%	21,752	1.9%	88.0%	15,277	0.9%	70.2%	12,773	0.5%	83.6%
	3	チョーラー	3,088	0.9%	2,551	0.4%	82.6%	3,272	0.3%	128.3%	2,854	0.2%	87.2%	2,567	0.1%	89.9%
	4	マジュビー	107	0.0%	338	0.1%	315.9%	858	0.1%	253.8%	1,802	0.1%	210.0%	1,814	0.1%	100.7%
	5	ラールベーギー	28	0.0%	36	0.0%	128.6%	134	0.0%	372.2%	192	0.0%	143.3%	85	0.0%	44.3%

（出所）Government of India, *Census of India 1961; 1981; 1971; 1991; 2001* より作成。

3　外国人女性の参与観察者

本書は文献調査とフィールド調査から成る。文献資料には、中央・州政府が刊行する各報告資料、国勢調査などの統計資料および二次資料（先行研究）に加えて、フィールドで収集した清掃カーストの人びとの手による著作、カースト団体が発行するパンフレット冊子も含まれる。

フィールド調査は、①二〇〇五年二月から三月、②二〇〇六年八月から二〇〇八年七月、③二〇〇九年二月から三月、④二〇一〇年七月から八月、⑤二〇一一年七月から八月、⑥二〇一二年八月から九月、⑦二〇一四年三月にかけて、合計およそ三五カ月間実施された（修士課程でおこなった二カ月の調査も含めると、三七カ月）。とくに②の期間は、二回目の留学としてデリーのジャワーハルラール・ネルー大学院博士課程に在籍し、バールミーキの生活調査やカースト団体の活動の参与観察を集中的におこなった。

筆者は卒業論文執筆の調査目的で二〇〇〇年以降デリーを毎年訪問し続けていた。二〇〇一年から二〇〇三年にかけては、同大学院の修士課程に留学し、デリーの物価水準や土地鑑などの生活感覚を身につけることができたように思う。着いたばかりの頃は、市内中心部のコンノートプレイス周辺の交通渋滞と人間の多さに圧倒された。頼れる知り合いもほとんどなく、「こんなところで調査ができるのだろうか」と不安な気持ちで過ごしていた。大学院で寮生活を始めてからは、友人関係も徐々に広がり、キャンパスのある南デリーを拠点にして、市バスで図書館、学生街、主要なマーケットを訪れた。

二年間の滞在を経てデリーの生活に大分慣れてきたとはいえ、清掃カーストに関する情報はほとんど得られなかった。つまり、カーストを知識としては知っているのだが、実際のデリー生活でカーストが「可視化」する機会を外国人の筆者は捉えることができなかった。授業や寮生活ではカーストを話題に議論することは、機会がめったにないどころか、なんとなく躊躇させる雰囲気があったように思う。時々筆者の研究テーマをインド人に話すと、「デリーでカースト差別なんてほとんどないよ。（クラスの）みんなはカーストに関係なく過ごしている」という反応が返ってきて、そんな程度だろうかという印象をしばらく抱いていた。

住んでいた寮には、建物内のゴミ収集と掃除をするために毎朝通いでやって来る女性が一人いた。寮生からは「ディーディー（＝お姉さん）」とよばれ、不要になった古着や家具をもらっていた。しかし、彼女の出身カーストや家族構成、どこから来ているのかを知る人はなく、筆者も接点をもつことができないでいた。

二〇〇五年の再訪時に、社会学者でＵＰ州のダリト運動に詳しいネルー大学院のヴィヴェーク・クマール博士に相談し、調査の手がかりとなる人物を紹介してもらい、清掃カースト（バンギー）出身でアンベードカル主義者を自認する故バグワーン・ダースを訪ねた。ダースの名前はヒンディー語の小説『私はバンギー』（一九八一年）の著者として知っていたが、幸運にも、ネルー大学院の真向かいの住宅地にある自宅へ招いてもらった。筆者が初めて会ったときは、すでに八〇歳近い高齢だったが、公務員を退職し、最高裁の弁護士を務めるかたわら、執筆やアンベードカルの教えを広める運動に参加していた。一九九八年と二〇〇一年には、部落解放・人権研究所主催の研究会で来日した経験もあり、筆者の訪問を快く受け入れてくれた。ダースは改宗仏教徒であり、アジアの仏教思想へも関心を寄せていた。

植民地期のシムラーで生まれたダースとの出会いによって、筆者は清掃カーストがバールミーキと名乗るようになった背景には、アーリヤ・サマージの影響があるというコミュニティの歴史を知った。アーリヤ・サマージとは、イギリスによる不可触民のキリスト教改宗の動きが活発化することを危惧して、一九世紀後半に興隆したヒンドゥー教改革運動団体のひとつである。清掃カーストとの関連については、第6章で述べるが、ダースはバンギーがバールミーキと名乗るようになった（名乗ることを強いられた）歴史的背景を理解し、バールミーキと名乗ることに反対しなければならないと主張する立場である。調査の初期段階でダースに会わなかったら、清掃カーストとヴァールミーキ詩聖崇拝の関係性やコミュニティ内部の思想的差異を検討する重要性を早期に理解できていなかっただろう。

ダースとの出会いを境に、筆者の調査はようやく軌道に乗り始めた。ダースより下の世代の活動家、カースト関連の活動組織、清掃労働者組合の関係者と接触し、デリーの清掃カーストの人びとのネットワークへ入り込むことができるようになったのである。そして、かれらの視点に立ったとき、カーストがどのようにインド社会で作用しているのかを知った。なお、本書に出てくる人名については、本人が公表を希望している場合を除いて仮名を用いる。

ダリト関連のNGOも多く集うキリスト教系のインド社会研究所（Indian Social Institute、一九五一年設立）では、元所長のジミー・ダビー博士の協力を得て、同研究所で保全要員（maintenance staff）として働いていたバールミーキ出身のヴィネイを紹介してもらった。五〇代半ばのヴィネイ（一九五三年生）は、一九九五年頃から同研究所で働き始めたが、その前に、とあるインド国民会議派議員の運転手として働いた経験があった。政党活動にも加わっていたようで、「マヤジー（＝真弥さん）、私の友人サークルはとても大きいよ。このコロニーで、私の名前を知らない人はいない」というのが口癖である。また、ヴィネイは自宅の屋上で近所の子供向けに英語の私塾を開いており、地域の人びとからの信頼も厚い。筆者も、週末に私塾の手伝いをすることで、生徒たちの親を知ることができた。今振り返ってみると、こうしたやりとりを通して現地の人びとは筆者を知り、週末の貴重な休み時間を使って世帯調査やインタビューに応じてくれたのだろうと思う。このようにして、南デリーのバールミーキが多く集まる地域（コロニー）に出入りするようになり、そこでの世帯調査の成果は第5章で検討している。その他のバールミーキの集住する調査地区に関しても、バールミーキの運動にかかわるリーダー層の人脈を通じて、インフォーマントを探していくことになった。

本書は、このような過程で積み重ねられたエスノグラフィーの成果にもとづいている。デリーにおける筆者の参与観察は、バールミーキの人びとにおおむね好意的に理解されていたように思う。それを下支えしていたのは、以下の二つが大きく影響していると考えている。第一に、最初に調査の手がかりを与えてくれたインフォーマントの大部分は、公務員を退職して弁護士資格をもつ年配男性や研究者であり、かれらが社会的信頼を確立しており、コミュニティ内で指導的な役割を果たし、尊敬される圧倒的存在であったこと、第二に筆者の属性が外国人（日本人）、女性、学生であったことである。

第一のインフォーマントについては、情報量の豊富さはもちろんであるが、とりわけ安全面で重要な働きをしてもらったように思う。二〇一二年にデリーで起きた集団レイプ事件の凶悪性に象徴されるように、性犯罪の増加を含む治安問題はインド社会でいっそう深刻化している。筆者の世帯調査やインタビュー調査は、年長者のインフォーマント男性をともなって、出来る限り日中に実施するよう心がけていた。しかし、日中に仕事をしているインフォーマントや訪問先の希望で、比較的時間のとりやすい夜の時間帯におこなわざるをえない場合も少なくなかった。また、運動組織の参与観察では、日中の集会の後、夜遅くまでリーダーの自宅や事務所でインフォーマルな会合が開かれることも多く、帰りの交通手段をもたない筆者はいつも送り届けてもらっていた。このように、年長者男性の協力を得て、首都デリーで夜遅くまで安全に調査活動を進めることができる一方、調査当初は、かれらを家で待つ妻たちが筆者に注ぐ視線に、「夫に近寄る怪しい外国人女性」という不信感も、時として含まれていたようである。

調査の進展を促したと考えられる第二の調査者の属性、「外国から来た女子学生」は、先述のようにインフォーマントの妻たちに不信感を与える要因となっていたことも事実である。だが、調査を続けるうちに彼女たちは筆者の存在に慣れ、訪問を拒むことはなくなった。その後、外国人（とくに日本人は、戦後の経済発展を果たしたアジアの国として好意的に迎えられる）であることに加えて、女子学生が一人で日本からやって来て、インド人研究者でも差別意識の強い主題と格闘して右往左往する頼りない様子は、結果として現地の人びとの警戒心を和らげる効果をもたらしていたようである。さらに未婚という属性は、結婚を女性のステイタスを決定づける重要素とみなすインド社会にあって、筆者を大人でもなく子どもでもない中途半端な存在にみせた。だからこそ、筆者は異なる世代の人びととも、男性とも女性とも接することができ、インド人女性に求められる様ざまなジェンダー規範からも比較的「自由」であった(4)。

注

（1）　http://censusindia.gov.in/2011-prov-results/data_files/delhi/2_PDFC-Paper-1-major_trends_44-59.pdf（二〇一五年八月五日アクセス）。

（2）　SCの人口比が最も低いのは、「南西ディストリクト（一四・八%）」と「西ディストリクト（一四・九%）」である。

（3）　カーストごとの集住傾向は、国勢調査から確認することはできないが、すべてのSC集団が均一に分散しているわけではないようである。参考までに、バールミーキとチャマールの人口分布は以下のとおりである。全ディストリクトにおけるバールミーキ人口の分布状況は、多い順に、北西（一一万人）、南（九・七万人）、南西（六・六万人）となっている。一方、チャマールの人口分布は、多い順に北西（二〇万人）、北東（一四万人）、南（一二万人）となっている。

（４）しかし、現地の人びととその社会規範から「自由」で「放任」されることは、必ずしもポジティブな側面とはいえない。研究の観点からみれば、伝統的なジェンダー規範の作用を具体的に検討しうる機会を逃してしまうことになるからである。自身の調査経験から、南インドのケーララ州出身者の在米移民社会におけるジェンダー規範を考察した研究として［ジョージ　二〇一一］が参考になる。

第3章

清掃カーストとされる人びと

1　不可触民の起源

本章では、第1章で述べたカーストの歴史を念頭に置きながら、インド社会における被差別民の歴史と地域性を整理する。カースト社会で不可触民という最下層の身分概念は、中世に成立したと考えられる。ただし、特定の職業と結びつけられたカースト集団という枠組みによってカテゴライズされるようになったのは二〇世紀に入ってからである。とりわけ一九三〇年代にイギリス植民地政府が導入したSC概念は重要であり、行政による不可触民のカースト認定がおこなわれた。「清掃カースト」とは、このような状況下に構築された近代的な人口集団と考えることができる。不可触民としての清掃カーストの特徴を認識することで、考察すべき問題群を指し示すことが、本章の課題である。

不可触民の起源は、通常、古代のヒンドゥー法典で伝えられるチャンダーラに求められる［小谷 一九九六；山崎 一九七九、一九九四］。古代のヒンドゥー法典によると、チャンダーラはシュードラ男とバラモン女とのあいだに生まれた混血族、すなわち最も悪しきものとされる逆毛婚（下位ヴァルナの男と上位ヴァルナの女の組み合わせ）に由来する。チャンダーラが従事する仕事は、再生族（上位ヴァルナに属するバラモン、クシャトリヤ、ヴァイシャ）が不浄として忌み嫌うもので、死刑執行、動物の屍体処理、清掃や土木作業などが含まれた。しかし、ヒンドゥー法典によって言い伝えられるチャンダーラの由来は、支配階層バラモンの理念を反映したものにすぎず史実とは言い難い。

来歴の不明はさておき、チャンダーラをはじめとする多様な賤民諸集団が古代のインド社会に存在したことは、古文献の研究によって確認されている。年代的には、後期ヴェーダ時代（前一〇〇〇年から六〇〇年頃）の末期と考えられている。この時代は、牧畜生活を営んでいたアーリヤ人がガンジス川上流域に進出して農耕社会を成立させた時代であり、山崎元一の研究［一九九四］によると、不可触民制の成立と農耕社会の完成とのあいだの密接な関係が指摘されている。賤民集団の名称の多くは、先住民の部族名に由来する。かれら部族民は、アーリヤ人の農耕社会周辺の森林地帯で狩猟採集生活をしていたが、しだいに農耕社会との交渉をもつようになった。その過程で、一部の部族民は農耕社会の最底辺に組み込まれて、動物の屍体処理や清掃を生業とするようになり、賤民集団を形成したと考えられている。こうした集団は複数から成り、各集団間には上下の区分が存在し、賤視の程度にも相違があったとみられている。チャンダーラはそのなかでも最下層とされ、最も厳しい差別を受けていた。

以上が不可触民の形成前史と考えられるが、古代インドにおいては不可触民にあたる賤民諸集団の総称は存在していない。「不可触民」（サンスクリット語で、触れられてはならないものという意味の「アスプリシュヤ」）という語が初めて史資料から見出されるのは、紀元後一〇〇年から三〇〇年頃に成立した『ヴィシュヌ法典』においてである。不可触民という身分概念が成立したのは、四世紀から七世紀までの中世とみられている。

古代から近代にかけて不可触民制は複雑に発達した。不可触民の変化には、不可触民とみなされるカースト数と人口の増加、村の周縁部での分散定住、農業労働への参加などが挙げられる。最下層としての不可触民の存在は、村落社会内部の秩序化と一定の安定化をもたらし、同時に、差別の対象ではあったが村落社会にとって不可欠な役割（村境の管理、葬式など）も世襲的に担う集団となっていった。

一般に、インド固有の現象として語られやすい不可触民制差別であるが、これを世界史の文脈に相対化させようとする人類学者の関根［二〇〇六］の研究は重要である。関根は不可触民制がインドで一〇世紀頃に成立した時期に被差別賤民の形成が世界各地でみられた共時性を指摘し、その連動性を考慮する必要性を主張する［関根 二〇〇六：三〇三］。世界各地の社会的差別に共通する傾向として、差別的慣習は中世社会に体系的に始まり、近代に固定化していったこと、当初差別者のあいだにあった被差別者への畏怖の観念（インドではケガレ）は近代化につれて減退したこと、地域レベルの局所的差別から全域的差別へ変化したことなどがインドに当てはまるという［関根 二〇〇六：三〇〇］。主流社会から差別されつつも、世襲的サービスの提供や畏怖の対象となることにより、差別する社会から（排除を含みこむものとして）包摂されるという不可触民の存在の両義性は、近現代にはほとんど失われていった。その結果、被差別という状況だけが残されたと考えられている。

2 「不可触民」から「指定カースト」への制度化

こうした不可触民をめぐる状況は、イギリス植民地支配の影響下で大きく変容した。その動きを約言すれば、不可触民という社会的身分が政治的カテゴリーとして植民地政策によって位置づけなおされ、同時に、不可触民側も集団としての権益を獲得するためにそうした状況を受け入れ、むしろ積極的に関与したということである。とりわけ一九三〇年代から不可触民への優遇措置を講じるためにイギリス植民地行政が導入したＳＣ概念は重要である。なぜなら、この措置によって不可触民という集団が公に認知される一種の「公定カースト」として位置づけなおされ、独立後も踏襲されたからである。ＳＣ概念は、インド憲法の制定と福祉政策の実施に組み入れられることで制度化されていった。では、不可触民がＳＣ概念に収斂されるまでの流れをみていくことにしよう。

イギリスの植民地支配が本格化する一九世紀末以降、インド亜大陸の住民を宗教、カースト、あるいは少数民族などによって分類する作業──国勢調査、地誌、民族誌の作成が大規模な植民地事業としておこなわれた。「分割統治」で知られるイギリスのインド支配は、イギリスに対立したムガル王朝のムスリム勢力を退けるために、まず、住民を宗教別、つまりイスラーム教徒とヒンドゥー教徒に二分する戦略を用いた。さらに、ヒンドゥー教徒については、職能集団を特徴とするカーストから成る社会として認識し、カースト慣習がみられない人びとを「トライブ」として分類した。さらに、分類した各集団を法的に範疇化し、その一部に優遇措置を講ずることが試みられるようにもなった［押川 一九九五］。宗教別分離選挙区を導入した一九〇九年のモーリー＝ミントー改革以降、イスラーム教徒のみならず、種々のマイノリティによる代表制要求が活発化した。

こうした状況において、不可触民に関してもヒンドゥー教徒とは異なる社会構成集団として基本法によって認知すべきか否か、さらに、認知する場合、誰が不可触民に含まれるのか、含まれないのか等の集団の中身の定義、判定基準の設定方法をめぐって激しい意見の相違がみられた。一九三一年から三三年にかけて、「被抑圧者階級（Depressed Classes、以下ＤＣ）」、「後進階級（Backward Classes、以下ＢＣ）」、「ハリジャン（Harijan）」、「指定カースト（ＳＣ）」など種々の用語が競い合って登場した。各概念にまつわる議論には、不可触民の問題をどのように位置づけるのかについて、独立後の議論とも重なる主要な論点が集約的に提示されていたとみることができる。ここでは、藤井［一九八八］と押川［一九九五：序章］の研究に依拠しながら、不可触民を表す代表的な三つの集団概念、すなわち①ＤＣ、②ＢＣ、および③ハリジャンについて整理する。

第一のＤＣは、不可触性の基本的要因を「可触民」による抑圧と捉える立場である。この用語は、一九一〇年代末から二〇世紀初頭にかけて、運動団体と植民地行政において不可触民を指す用語として定着した。しかし、その包摂範囲をどのように設定するのか、さらに教育的・経済的弱者層や原住民も包括されるのか否かという問題と、不可触性の基準を「接触による穢れの発生」という伝統的なヒンドゥー教の概念上で捉えるのか、あるいは実際の扱われ方とするのかなどの規定をめぐって、地域差も甚だしく、統一的見解は容易に得られなかった。

一九一九年のインド統治法の審議過程で、可触民ではあるがバラモンではないヒンドゥー教徒（中間と低カースト）と原住民をDCから除くことが示唆された。DC概念を不可触民に限定するように強く主張したのは、不可触民出身のB・R・アンベードカル（B. R. Ambedkar、一八九一－一九五六）ら不可触民解放運動の指導者であった。[1] かれらの主張によれば、不可触民はその生まれによって、抑圧者（＝可触民）による被抑圧者（＝不可触民）の支配構造に組み込まれるため、問題は不可触民が政治権力を獲得しない限り解決されないという見解であった。それゆえに、不可触民は他のマイノリティとは本質的に異なる独特な集団であり、政府による特別な保護が必要であると強調された。

第二のBCは、この概念がまず教育行政で取り上げられた背景から、カースト間の教育の格差を第一義的区分として形成された。[2] BC概念においては、カースト間の不平等の問題は、社会・経済・教育的進出の遅れによるものとされた。つまり、生まれによって決定されるDCの本質的立場と異なり、BCは不可触民をBCの一部と位置づけることで、教育や経済的地位の向上によって不可触民制の問題は解消されるという見方が示された。

こうしたDCとBCの議論のさなかに登場したのが、不可触民の新しい総称としてM・K・ガーンディー（M. K. Gandhi、一八六九－一九四八）[3]が提唱した「ハリジャン」である。ガーンディーは、不可触民制の問題を個人の内面の問題として捉え、「可触民」側の改心によって解決されなければならないと説いた。不可触民をヒンドゥー教徒の一員として受け入れなければならないとするかれの主張は、不可触民固有の被差別の問題を認めながらも、制度上それを別個に扱うことを拒否していることから、不可触民を別個の集団として扱うべきだとするDC概念の主張と真っ向から対立した。「ハリジャン運動」とよばれる晩年のガーンディーの不可触民運動は、可触民のモラルを問うという重要な側面をもちながら、政治的にみると不可触民に固有の政治的権利を認めないという側面も併せもっていたのだった〔押川 一九九五：二六－二七〕。ハリジャン概念とそのアプローチは、ガーンディー主義者たちの活動によって、独立後もインド社会に大きな影響力を及ぼし続けている。

以上、不可触民にまつわる種々の名称と概念について述べてきたが、それらは不可触民制の問題を誰が、どのように位置づけ、解決させるのかについての立場の違いと強く結びついていた。この議論は、国民統合に向けてもう一つの大きな課題であった宗教集団の政治的権利の保障問題とも絡み合いながら、一九三五年のインド統治法改正の最大の焦点となった。BC概念を支持する指導者は州レベルでは現れたが、DC概念の支持者たちのように全インドを統率する運動は展開しなかった。中央で激しい議論が交わされたのはDCとハリジャンをめぐってであり、それぞれの指導者であったアンベードカルとガーンディーの論争は有名である（第4章で詳述）。ガーンディーによる「死の断食」の抗議を経て、両者は妥協に至り、一九三二年の「プーナ協定」において一応の決着をみた。アンベードカルが主張した不可触民の分離選挙制度（特定の選挙区について、その選挙区における選挙権と被選挙権が特定のコミュニティによってのみ形成される選挙制度）の導入は認められない代わりに、政治参加の保障を目的とした合同選挙制（特定の選挙区について、被選挙権を不可触民のみに与える立候補者の留保枠を設けて、選挙権はその選挙区内のすべての有権者が有する制度）が導入された。

このような交渉過程により、選挙制度や行政においてDC概念が部分的に取り入れられることになったが、インド政庁はその集団の特定に際して中立を装うために、一九三五年の「インド統治法」により新たな行政用語として

SCを登場させた。しかし、SCの定義は「DCの代替語」という曖昧なもので、最後まで厳密な定義が避けられた。なおかつ、最終的な集団認定の決定権は行政側に委ねられることになり、SCは多分に政治的な用語となったのである。一九三六年にはインド全域でSCリストが制定され、一九三七年にはそれにもとづいて地方選挙が実施された。このSC概念は、独立後もインド憲法と政策によって踏襲されており、不可触民を「公定カースト」として範疇化したものである。

3　指定カーストの地域的広がり

SCとは、こうした歴史的経緯を経て導入された不可触民の集団概念であった。ここまでの話を大学の講義などですると、時々混乱した反応が返ってくる。それは、「不可触民や指定カーストというのは、ひとまとまりの集団なのか」という点についてである。行政によって認定されているSCは各州政府で異なり、なかには北東部のナガランド州やアンダマン・ニコバル諸島などのように、SCが存在しない地域もある。既述してきたように、行政の決定に委ねられるSC概念は、その性質上、実際の不可触民と同一視することはできないが、人口や識字率などの概要を把握する手がかりにはなりうる。本節では、SCの地域的多様性を二〇〇一年国勢調査の結果から確認してみよう。

二〇〇一年時点で、SCの人口は約一億六六六三万五七〇〇人を数え、インドの全人口（一〇億三〇〇〇万人）の一六・二%を占める。**図表3－1**では、SCの地域的特徴を一覧するために、インド全州および連邦直轄地におけるそれぞれのSC人口（比）、認定されているSCの数と識字率を提示している。(4)

図表3－1　全インド・指定カースト（SC）人口比と識字率（2001年）

	インド・州・連邦直轄地	全人口	SC		SC数	識字率	
			人口	人口比		全体	SC
0	インド	1,028,610,328	166,635,700	16.2	—	64.8	54.7
1	ジャンムー・カシミール	10,143,700	770,155	7.6	13	55.2	59.0
2	ヒマーチャル・プラデーシュ	6,077,900	1,502,170	24.7	56	76.5	70.3
3	パンジャーブ	24,358,999	7,028,723	28.9	37	69.7	56.2
4	チャンディーガル	900,635	157,597	17.5	36	81.9	67.7
5	ウッタラーンチャル	8,489,349	1,517,186	17.9	65	71.6	63.4
6	ハリヤーナー	21,144,564	4,091,110	19.3	37	67.9	55.5
7	デリー	13,850,507	2,343,255	16.9	36	81.7	70.9
8	ラージャスターン	56,507,188	9,694,462	17.2	59	60.4	52.2
9	ウッタル・プラデーシュ	166,197,921	35,148,377	21.1	66	56.3	46.3
10	ビハール	82,998,509	13,048,608	15.7	23	47.0	28.5
11	シッキム	540,851	27,165	5.0	4	68.9	63.0
12	アルナーチャル・プラデーシュ	1,097,968	6,188	0.6	16	54.3	67.6
13	ナガランド	1,990,036	—	—	—	66.6	—
14	マニプル	2,166,788	60,037	2.8	7	70.5	72.3
15	ミゾラム	888,573	272	0.0	16	88.8	89.2
16	トリプラ	3,199,203	555,724	17.4	32	73.2	74.7
17	メガラヤ	2,318,822	11,139	0.5	16	62.6	56.3
18	アッサム	26,655,528	1,824,949	6.9	16	63.3	66.8
19	西ベンガル	80,176,197	18,452,555	23.0	59	68.6	59.0
20	ジャールカンド	26,945,829	3,189,320	11.8	22	53.6	37.6
21	オリッサ	36,804,660	6,082,063	16.5	93	63.1	55.5
22	チャッティースガル	20,833,803	2,418,722	11.6	43	64.7	64.0
23	マディヤ・プラデーシュ	60,348,023	9,155,177	15.2	47	63.7	58.6
24	グジャラート	50,671,017	3,592,715	7.1	30	69.1	70.5
25	ダマン・ディーウ	158,204	4,838	3.1	5	78.2	85.1
26	ダードラーおよびナガル・ハヴェーリー	220,490	4,104	1.9	4	57.6	78.3
27	マハーラーシュトラ	96,878,627	9,881,656	10.2	59	76.9	71.9
28	アーンドラ・プラデーシュ	76,210,007	12,339,496	16.2	59	60.5	53.5
29	カルナータカ	52,850,562	8,563,930	16.2	101	66.6	52.9
30	ゴア	1,347,668	23,791	1.8	5	82.0	71.9
31	ラクシャディープ	60,650	—	—	—	86.7	—
32	ケーララ	31,841,374	3,123,941	9.8	68	90.9	82.7
33	タミル・ナードゥ	62,405,679	11,857,504	19.0	76	73.5	63.2
34	ポンディシェリ	974,345	157,771	16.2	15	81.2	69.1
35	アンダマン、ニコバル諸島	356,152	—	—	—	81.3	—

（出所）http://www.censusindia.net/t_00_005.html; planningcommission.gov.in/sectors/sj/Literacy%20of%20SCs_STs.doc; *Census of India 2001* より筆者作成（2010年5月10日アクセス）。

たとえば、北西インドのパンジャーブ州のSC人口比は、国内最高の二八・九%であるのたいして、北東に位置するメガラヤ州（〇・五%）とアルナーチャル・プラデーシュ州（〇・六%）はごくわずかである。両州では、SCの範疇には含まれないものの、SCと同様に保護措置の必要な別個の少数集団として認定されている「指定トライブ（Scheduled Tribes、以下ST）」が多く分布している。STの人口比率は、メガラヤ州で八五・九%、アルナーチャル・プラデーシュ州では六四・二%という高率を占めている。

各州／連邦直轄地におけるSC数に関しても、大きな地域差がみられる。たとえば、南インドのカルナータカ州（一〇一集団）、東インドのオリッサ州（九三集団）の高い数値は際立っている。こうした認定数の差異は、二〇世紀前半以降のSC認定をめぐる各不可触民集団のローカルな政治力が反映されていると考えられる。

次に、不可触民と一般の発展格差を示す指標として、識字率に注目したい。図表3－1によると、継続的な教育支援政策の効果もあり、SC全体の識字率（五四・七%、二〇〇一年）は一〇年ごとに実施される国勢調査のたびに向上しており、全体の平均値との差も縮小傾向にある。各地域の全体平均値と比較すると、大部分の州においてマイナス約一〇ポイント差のあることが特徴である。

以上みてきたように、SCと一括りにいってもその内実には地域的多様性がみられ、均質的な集団ではない。それは、地域社会の歴史、とくに植民地政策の影響と各不可触民集団の政治力などによっても異なっているのである。次節では、これまでみてきた不可触民の特徴をふまえて、清掃カーストとされる集団にはどのような特有性がみられるかについて詳しく述べることにしよう。

4　不可触民のなかの清掃カースト

⑴　清掃カーストの起源

清掃カーストは、インド社会の最下層に位置づけられ、厳しい差別を受けてきた。では、いったいいつごろから、どのようにして清掃カーストとよばれる被差別集団が出現したのだろうか。そもそも不可触民とされる人びとが存在し、不浄視される清掃職を強いられたのか、あるいは、清掃に従事していた人びとが、後に不可触視されるに至ったのだろうか。清掃カーストの起源に関する説明はこれまでも先行研究で試みられてきたが、実証性に欠け、いまだに解明されていない点が多い。

ラージャスターン州ジョードプル市の清掃カースト（カースト名はバンギー）の調査研究を続けている社会学者のシャームラールは、古代インドの諸文献（ヴェーダ文献、仏典、バラモン文献）、中世インドの旅行記、英領期の官僚による民族誌を参照し、清掃カーストの来歴が古代の賤民階層チャンダーラや、アーリヤ人によって征服された先住の部族民に求められ、不可触民の起源説と重なることを指摘する［Syamlal 1992: 12-19］。だが、ではどのようにして、そうした集団のなかから清掃に従事する集団が別個に出現したのかについては不明なままである。

清掃カーストの出現を近代とする見方もある。独立後の中央・州政府による屎尿処理人の調査委員会報告書を詳細に検討している篠田［一九九五］によれば、屎尿処理人の形成と汲み取り式の乾式便所の出現・普及とのあいだには密接な関係があるという。屎尿処理を必要とする乾式便所がいつから存在するようになったのかは実証されていないが、近代以降のイギリス統治下における都市自治体の発展にともなって乾式便所が増設され、屎尿処理人が

「創出」された可能性が指摘されている［篠田 一九九五：一〇〇－一〇一］。

屎尿処理を担うカーストは、土着のカーストか、または他州から移民してきたカーストかなど、地域によって清掃カーストの構成が異なる。たとえばデリーの場合、清掃カーストの担い手は、一九世紀後半から二〇世紀初めにかけては土着のメーヘタル（*Mehtar*）によって占められていたのが、二〇世紀初頭以降パンジャーブ州農村部から移民してきたチューラー（後にバールミーキに改称）にとってかわられたようである。自治体の清掃業務を個人ではなく、特定のカーストで組織的に従事させる当局の手法が、「清掃カースト」を定着づける一因になったのではないだろうかと推測される［Prashad 2000: chapter 2］。

(2) 清掃カーストの名称と代表的なカースト

次に、清掃カースト内部の多様性について着目したい。清掃カーストはインドの広範囲に分布しており、多様な存在形態がみられる。清掃カーストは単一のコミュニティではなく、サブ・カースト（カーストの下位区分）とよばれる複数の内婚集団から成り、地域ごとに種々の名称で知られている。それらをまとめたのが**図表3－2**である。**図表3－2**から読み取れる地域的特徴として、おおむね南インドよりも北インドに清掃カーストの名称が豊富にあることがわかる。このことから、南インドの清掃カーストは、自生カーストではなく、北インドなど他地域からの移民の可能性がある。他方、カースト名が複数みられる地域は、カーストの細分化や統合の結果、カースト構成が複雑化した歴史が背景にあると予想することもできよう。各集団間には社会的、経済的、被差別の状況の違いも見受けられ、均質ではない。

北インドでは、「バンギー」、「チューラー」、「バールミーキ」の名称が一般的であるが、既述したように「バン

図表3－2　清掃カーストの地域的名称

	州／連邦直轄地	呼称
1	ジャンムー・カシミール	Chohra (Chuhra), Doom
2	ヒマーチャル・プラデーシュ	Chohra (Chuhra), Doom, Dumme (Bhanjra)
3	パンジャーブ	Lalbegi, Chuhra, Valmiki, Doom
4	ハリヤーナー	Balmiki, Chura, Bhangi, Mazhabi
5	デリー	Bhangi, Balmiki, Chuhra (Chohra), Lalbegi, Mazhabi
6	ラージャスターン	Bhangi, Mehtar, Chuhra, Valmiki, Lalbegi
7	ウッタル・プラデーシュ	Balmiki, Dhanuk, Lalbegi
8	ビハール	Mehtar, Halal Khor, Bhangi, Lalbegi
9	アッサム	Mehtar, Bhangi, Lalbegi
10	西ベンガル	Hari, Hadi, Lalbegi, Mehtar
11	オリッサ	Mehtar, Bhangi, Valmiki, Madiga
12	マディヤ・プラデーシュ	Mehtar, Bhangi
13	グジャラート	Bhangi, Halalkor, Hela, Barwashia
14	マハーラーシュトラ	Ghare, Bhangi, Mehtar
15	アーンドラ・プラデーシュ	Bhangi, Madiga, Chachati, Mehtar, Paky
16	カルナータカ	Madiga
17	ケーララ	Madiga
18	タミル・ナードゥ	Thoti

（出所）Syamlal 1992; Sarkar 1984; Chaudhary 2000; Singh 1995; Crook 1896; Enthoven 1922; Russel 1916 を元に筆者作成。

ギー」と「チューラー」は侮蔑語として清掃カースト側からの反発があり、今日公的な場での使用が忌避されている。これに関して、一九九二年に当時のラーオ首相（Narasimha Rao、一九二一－二〇〇四）が、独立記念日のスピーチで「バンギー」と発言したことで、国会議員やデリーの清掃カーストから大きな反発、抗議を受けた。抗議のデモはその後数日間続いた。そうした従来の名称の代わりに、調査地のデリーでは清掃カーストの総称として、コミュニティの祖先と伝えられる伝説上のヴァールミーキ詩聖に由来させる「バールミーキ」の名前が定着している(5)。

以下では、イギリス植民地時代に作成された民族誌報告書と先行研究にもとづき、デリーの清掃カーストにも含まれる代表的なカーストの概要を述べる［Singh 1995; Syamlal 1984］。

バンギー（*Bhangi*）

北・西インドの清掃カーストは、バンギーのカースト名で広く知られている。バンギーはサンスクリット語の「バーング（*bhāṅg*、大麻の意味）」に由来し、大麻を摂取するコミュニティの慣習を指しているともいわれる。バンギーは、もともと農村部で土地なし農民として農作業（雇用主から借金をして、返済のために隷属的労働を強いられている場合が多い）や、有力者の家屋や通りの清掃、竹細工などの雑務に従事していた。英領期に入ると都市部の自治体や軍宿舎の清掃職員として雇用された。地域的には北インドに集中しており、デリー、グジャラート州、ラージャスターン州、アッサム州、マハーラーシュトラ州に多く分布し、バンギー以外にもローカルな名前で知られる。

チューラー（*Chuhra, Chora*、「バールミーキ」に改称）

バンギーのサブ・カースト。元は Bala Shah Nuri というムスリム名の聖者を崇拝する土着の信仰体系がみられたが、一九世紀末から二〇世紀初頭にかけてヒンドゥー教の大叙事詩『ラーマーヤナ』の作者とされるヴァールミーキ詩聖信仰の影響力が強まった。

チューラーの義務とされた仕事は、ヒンドゥー教徒、イスラーム教徒、シク教徒にとっても忌み嫌われたものばかりであった。それは、①村の家の周囲と通りの清掃、②牛やその他の動物の死骸の除去とその皮剝ぎ、③生き倒れの人の死体処理、④トイレの排泄物の運搬作業、⑤その他、脱穀の時に使用するもみ殻の吹き上げ器や牛車の覆いにする草編みなどである。バンギーと同じように、農村部では土地なしの農業労働者として働く者も多かった。これらの労働にたいして、農村共同体では収穫時に生産物のなかから一定の慣習的な比率でチューラーに穀物が与えられていた。しかし、それだけでは生存できないので、地主の残飯（*juṭhān*）をもらい受けて食べたり、自然死した動物の死肉を食べた。都市部では、清掃業にたいして与えられるわずかな賃金の足しに、残飯も与えられた

［長谷 一九九四：三一〇–三一一］。不可触民が残飯をもらう慣習は、不可触民制の象徴でもある。清掃カースト出身のダリト文学者ヴァールミーキは、幼少期の差別体験をテーマにした自伝のタイトルとして「残飯」をつけている［Valmiki 1997=2003］。

チューラーはデリー、パンジャーブ州、ハリヤーナー州、ジャンムー・カシミール州などに分布している。特筆すべき点として、チューラーは二〇世紀初めのアーリヤ・サマージ（ヒンドゥー教社会宗教改革運動の団体）の再改宗運動（シュッディ）の影響を受け、一九三〇年代までには自らのカースト名をバールミーキと名乗るようになった（第6章を参照）。

マジュビー（*Majhbi*）

シク教に改宗したチューラー。改宗後は正統派シク（ケーシュダーリー）の習慣を取り入れた。マジュビーは、下肥運びは拒否したが、それ以外のチューラーが伝統的に従事してきた仕事はすべておこなった。マジュビーとは、アラビア語のマズハブ（*Mazhab*）に由来し、「敬虔な」という意味である。マジュビー以外のシク教徒との交流は限られており、寺院の立ち入りは許されていなかった［長谷 一九九四：三一三］。

ラールベーギー（*Lalbegi*）

ラージャスターン州を出身として、その後西ベンガル州、ビハール州、UP州など北インドの都市部へ移住した。名前は、ラールベーグ（*Lālbeg*）という聖者を信仰していることに由来するとされる。

メーヘタル（*Mehtar*）

メーヘタルとは、ペルシア語で「君主、王子」の意味である。古い世代ほどイスラーム教に改宗した者が多い。南インドに移住し、都市部の自治体で雇用されている。

バールミーキ（*Balmiki, Valmiki*）

先述のバンギー、チューラー、メーヘタル、ラールベーギーなどに属していた集団がヴァールミーキ詩聖信仰を共有することで結集し、バールミーキというカースト名に改称した人びと。ヴァールミーキは、インドの国民的二大叙事詩のひとつである『ラーマーヤナ』を編集したと言い伝えられる伝説上の詩聖であるが、低カースト出身ともいわれ、「輝かしい」遺産を受け継ぐコミュニティの先祖として清掃カーストの肯定的なアイデンティティとなっている（第6章を参照）。今日、バンギーやチューラーというカースト名が忌避される一方で、ますます多くの清掃カーストが自尊心の回復を求めてバールミーキを自称し始めている。こうした傾向は、調査地デリーにおいても確認されている。ヴァールミーキ詩聖信仰の地域的広がりは、デリーのほかにハリヤーナー州、パンジャーブ州、UP州に及ぶが、南インドの清掃カーストにはほとんど浸透していないのが特徴である。

(3) 清掃カーストの「伝統的」職種

清掃カーストの社会的地位が低い背景には、ヒンドゥー教の浄／不浄の観念のもとで発達した身分意識があると考えられている。そして、この観念は各カーストに関連して言及される特定の「伝統的」職種とも密接に結びついている。たとえば、清掃や動物の屍体処理は不浄の最たるものとして蔑視されてきた。それゆえ、清掃カーストは不可触民のなかでも最下層に位置づけられている。

不可触民の「伝統的」職種には二つの特徴がある［Shah et al. 2006: 106-107］。それは、職業的性質が「死」と「廃棄物（人間、動物、自然界からの）」にかかわっているというものである。

ヒンドゥー教において、「死」は非常に不吉とされている。したがって、訃報を伝える使者や葬儀での楽隊、動物の屍体処理などのような「死」という場にかかわる職業は不可触民に限られてきた。

「死」のほかに、生命活動によって発生する排出物、廃棄物、血液との接触が避けられない職種も不可触民によって担われてきた。このカテゴリーには、清掃、洗濯、出産などが含まれる。そのなかで最も蔑視されているのが、下水道に直結していない乾式便所を清掃する屎尿処理（manual scavenging）とよばれるものである。十分な清掃用具も与えられず、その労働環境は大変に過酷で不衛生であり、労働者の健康にも甚大な被害をもたらす。そのような屎尿処理人の厳しい労働環境は、不可触民制を象徴するものとしてもしばしば注目されてきた。人権侵害という観点からも、廃止すべき職業として政府の対応が求められている［Ramaswamy 2005; Frontline, September 9, 2006］。実際に、清掃カーストによる要求の成果として、一九九三年には「屎尿処理人の雇用と乾式便所の設置（禁止）法」が施行された（第4章で後述）。

時代を経て、賎業と不可触民の結びつきは独立以降の産業構造の変化や村落共同体の衰退により緩和される傾向にある。清掃カーストに帰属しているとしても、当然ながらすべての成員が清掃業に従事しているわけではない。教育の普及や他地域への移住、異業種での就業機会を得ることで、清掃業から離脱する人びとも多く存在する。

しかし、清掃カーストの場合、多くの先行研究が明らかにしているように、その結びつきはむしろ強化されているようにみえる［Franco et al. eds. 2004; Lal ed. 2003; Shinoda 2005; Shyamlal 1992; Singh and Ziyauddin 2009］。その原因には、急速な都市化による清掃業への需要の急増、清掃カースト出身者が他の産業で仕事を得られる環境が十分でないことなどが考えられる。清掃カーストは都市部への移住率が高い集団であるが、その大部分が自治体の清掃部門、あるいはオフィスや個人家屋に毎日通う清掃人として雇用されている。次節では、その実態を国勢調査の結果から検討することにしよう。

5　発展から取り残される清掃カースト——デリーの国勢調査にみる指定カーストの内的格差

国民のあいだにみられる発展格差の解消は、独立インドが克服すべき課題として取り組んできた主要な問題である。本節では、教育と「伝統的」職業とのつながりの観点から清掃カーストの問題を浮き彫りにするために、ＳＣ集団に内在する格差の存在に着目する。これにより、清掃カーストの社会経済的立場が相対的に厳しい状況に置かれていることを確認する。以下では、二〇〇一年国勢調査のデータを参照しながら、デリーの主要なＳＣ集団と清掃カースト（バールミーキ）の教育および就業状況を分析する。

(1)　教育

教育は社会発展の基礎である。不可触民は、長いあいだ教育を受ける機会を奪われてきた。学校の建物に入れてもらえない、教室に入っても他の生徒と同じ椅子に座ることを許されず、最後尾の床に座らせられる、教師からの嫌がらせや学校の水道水を飲むことが許されない、といったエピソードは、不可触民の自伝や小説などでも頻繁に記されている。

図表3－3　デリーにおける主要SCの識字率（2001年）

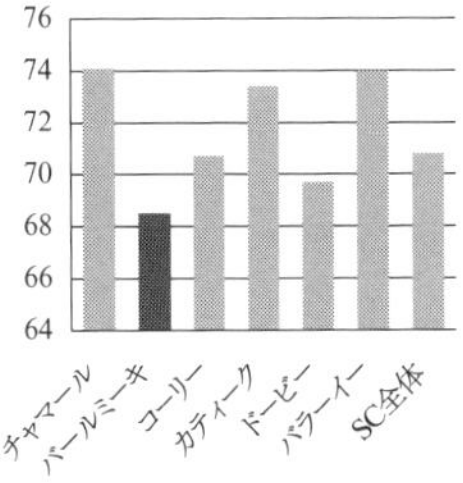

（出所）Government of India, *Census of 2001, Delhi* より作成。

図表3－4　デリーにおける主要SCの大学以上の教育課程修了者（学歴）の割合（2001年）

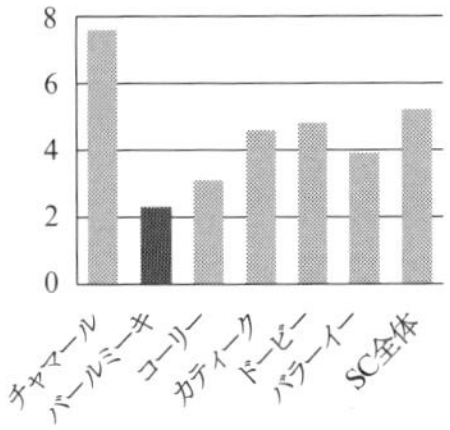

（出所）Government of India, *Census of 2001, Delhi* より作成。

独立以降、インド憲法によって制度上すべてのインド国民に教育の機会が保障されている。先のような明らさまな差別行為は徐々に撤廃されていった（完全になくなったとはいえないが）。独立後のSC政策で最も力の注がれた分野の一つは教育であり、SCの識字率は上昇傾向にある。デリーの場合、SC全体の識字率の推移は、二〇・九％（一九六一年）、二八・一％（一九七一年）、三九・三％（一九八一年）、五七・六％（一九九一年）、七〇・九％（二〇〇一年）となっている。

本項では、まず各SC集団の識字率にみる格差を確認してから、待遇の良い職を得るためにいまや必須の条件とみなされている高等教育の普及状況についても検討する。インドの高等教育（カレッジ以上）の入学試験では、一般枠とは別に、SC出身者のみを対象とする留保枠が設けられている（合格点が一般枠よりも低く設定される）。就職難が慢性化しているインドにおいて、SC出身の学生はその枠に入れるか否かが、学歴と卒業後のキャリア形成に大きく影響する(6)。

したがって、ここで各SCの高等教育修了者とカレッジ在籍者の割合に注目することは、教育だけでなく、密接に関連する就業機会における各SC間の格差を把握するうえでも重要な指標と考えられる。

図表3－3は、二〇〇一年のデリーにおける主要な六つのSC集団の識

字率を比較したものである（本項で掲げる図表の数値は、各ＳＣ内部における割合を示している）。デリーの全ＳＣの平均識字率（七〇・九％）は全国平均（五四・七％）を大幅に上回っている。だが、各集団別にみると、かなりのばらつきが存在することが明瞭である。バールミーキ（六八・五％）とドービー（洗濯カースト、六九・七％）は、平均値（七〇・八％）を下回る一方、ほかの四集団は平均値を超えており、ＳＣ内部に格差のあることがわかる。

次に、高等教育の普及状況をみてみよう。現代インドにおいては、待遇の良い安定した職に就くためには、最低でも学部レベル、あるいは修士の学歴が求められている。就職のほか、結婚の場面でも学歴が非常に重要とみなされており、こうした風潮はバールミーキ・コミュニティにおいても顕著である。高学歴者の縁組を扱うインターネットの見合いサイトも拡大している[7]。それゆえ、ここでＳＣ内部の高等教育修了者の状況を検討することはカーストによる格差や社会移動の可能性を示唆するうえでも重要な作業であろう。図表３－４は、カレッジ以上の教育課程修了者の割合を集団ごとに示したものである。ここでは、図表３－３でみた各集団の識字率の状況に比べて、いっそう格差のあることが浮き彫りになっている。識字率でも高い指標を示したチャマール（皮革カースト、七・六％）は、高等教育修了者の割合で突出して高い。他方、バールミーキは最下位で停滞していることがわかる[8]。

図表３－５　デリーにおける各清掃カーストのカレッジ在籍者数と割合（2001年）

指定カースト(SC)	全教育レベル就学者数	カレッジ就学者数	各カースト内比率
清掃カースト全体	132,099	2,760	2.09%
1 バールミーキ	127,966	2,663	2.08%
2 バンギー	2,966	51	1.72%
3 チョーラー	660	10	1.52%
4 マジュビー	477	33	6.92%
5 ラールベーギー	30	3	10.00%

（出所）Government of India, *Census of India 2001, Delhi; SC Series: Individual Scheduled Castes-wise tables (CD): Population attending Educational Institutions by Age, Sex and Type of Educational Institution* より作成。

続いて、清掃カースト内部における各カースト別高等教育の普及状況にも着目したい。代表的な五カースト

図表3－6　デリーにおける清掃カースト、主要SCの宗教別人口と各カーストにおける人口比（2001年）

		カースト名	全宗教人口	ヒンドゥー教	%	シク教	%	仏教	%
		SC全体	2,343,255	2,312,664	98.7%	19,966	0.9%	10,625	0.5%
主要SC	1	チャマール	893,384	880,629	98.6%	3,330	0.4%	9,425	1.1%
主要SC	2	バラーイー	90,010	89,941	99.9%	54	0.1%	15	0.0%
主要SC	3	ドービー	137,299	137,057	99.8%	153	0.1%	89	0.1%
主要SC	4	カティーク	158,121	157,778	99.8%	277	0.2%	66	0.0%
主要SC	5	コーリー	167,005	166,782	99.9%	125	0.1%	98	0.1%
清掃カースト	6	チューラー（バールミーキ）	500,221	499,677	99.9%	396	0.1%	148	0.0%
清掃カースト	7	バンギー	12,773	12,749	99.8%	23	0.2%	1	0.0%
清掃カースト	8	チョーラー	2,567	2,567	100.0%	0	0.0%	0	0.0%
清掃カースト	9	ラールベーギー	85	85	100.0%	0	0.0%	0	0.0%
清掃カースト	10	マジュビー	1,814	272	15.0%	1,542	85.0%	0	0.0%

（出所）Government of India, *Census of India, 2001, Delhi: SC Series-14: Tables on Population by religious community* より作成。

（バールミーキ、バンギー、チョーラー、マジュビー、ラールベーギー）のカレッジ在籍者数とその割合を示したのが図表3－5である。在籍者数では、人口比でも最大のバールミーキ（一二万七九六六人）が全体の九割以上を占めているが、同カースト内部での比率をみると二・〇八％とそれほど高くない。興味深いのは、数値が著しく高いマジュビー（六・九二％）とラールベーギー（一〇・〇〇％）である。マジュビーは、シク教に改宗したチューラーであるが、「ヒンドゥー教徒」と「シク教徒」という宗教的違いが、教育発展に影響を与える要因になっているのかについては、ここでは不明である。不可触民差別を克服する戦略のひとつとして、不可触民が個人あるいは集団でヒンドゥー教から他の宗教（仏教、キリスト教、シク教等）へ改宗することは、これまでも実践されてきた。しかし、改宗後の地位や差別的状況が改宗前と比べて劇的に改善する可能性は、極めて厳しいのが現状である。

参考までに、デリーの五つの清掃カーストとその他のSCについて、宗教別人口と割合を掲げる（図表3－6）。

ＳＣの全人口のうち、九八・七％をヒンドゥー教徒が占めている。仏教徒人口（一万六二五人）でチャマールが目立つのは、同カーストがアンベードカルの思想に共感し、強く影響を受けていることを示唆している。

(2)「伝統的」職種とのつながり――清掃と皮なめしの比較

本節では最後に、社会発展を促す職業移動の観点から、デリーの清掃カーストと清掃業の関連性を検討する。急速な経済発展と都市化の影響で、不可触民と生業との結びつきは大幅に緩和されつつある。法的にはインド憲法の制定により、従来まで不可触民に強いられてきた奴隷的労働慣行（第一七条）や、カーストによる差別（第一五条）は明確に禁止されている。とりわけ不可触民差別の原因とも考えられてきた「不衛生な職業（unclean occupations）」として清掃や皮革に関連する職業に従事する人びとにたいして、政府は一般的なＳＣ福祉政策とは別に教育・経済的な支援策を設けている［Suzuki 2010］。土地所有などの根本的な構造改革が進展しないなか、不可触民の社会経済的上昇の要は、政府の支援策をいかにして獲得できるかに大きく委ねられているといってもよい。このような状況下で、不可触民の職業移動の可能性は、図表３－４で確認した高等教育修了者の割合と密接に連動していると思われる。実際、本節が明示するように、先進集団のチャマールは、後進のバールミーキよりも圧倒的に早い段階で皮なめし業から脱し、他の産業へ進出している状況が読み取れるのである［Saberwal 1990］。

ここでは、清掃カーストと清掃業の関係性について、グジャラート州の事例から考察している篠田［一九九五：七七－八〇］の分析手法を参考にしながら、デリーの状況を検討してみたい。一九六一年と八一年の国勢調査では、各ＳＣ集団の「清掃」と「皮なめし」の就業人口が集計されている（一九八一年以降は実施されていない）。どちらも不可触民に特有の職業であり、就業人口やカースト構成の推移は各カーストの社会移動を知るうえでも重要な手

図表3-7　デリーにおける「清掃」と「皮なめし」の就業人口（1961年）

指定カースト（SC）	1961年					
	清掃			皮なめし		
	就業人口	就業者内比率	カースト内比率	就業人口	就業者内比率	カースト内比率
SC 全体	12,804			966		
1 チャマール	138	1.1%	0.3%	123	12.7%	0.3%
2 チューラー(バールミーキ)	7,676	60.0%	43.2%	586	60.7%	3.3%
3 コーリー	11	0.1%	0.2%	1	0.1%	0.0%
4 カティーク	9	0.1%	0.2%	14	1.4%	0.3%
5 バラーイー	15	0.1%	0.2%	1	0.1%	0.0%
6 ドービー	19	0.2%	0.4%	5	0.0%	0.1%
7 ジュッラー	10	0.1%	0.2%	0	0.0%	0.0%
8 ダナク	11	0.1%	0.4%	0	0.0%	0.0%
9 バンギー	3,440	26.9%	45.3%	218	22.6%	2.9%
10 チョーラー	392	3.1%	37.9%	0	0.0%	0.0%
11 マジュビー	1	0.0%	0.9%	0	0.0%	0.0%
12 ラールベーギー	2	0.0%	7.1%	0	0.0%	0.0%

（注1）数値は都市部と農村部の合計。
（注2）アミカケ部分は清掃カースト。
（出所）Government of India, *Census of India 1961, Vol. 19 Delhi, Part 5-A, Tables on Schedule Castes and Scheduled Tribes*, 1966より作成。

図表3-8　デリーにおける「清掃」と「皮なめし」の就業人口（1981年）

指定カースト	1981年					
	清掃			皮なめし		
	就業人口	就業者内比率	カースト内比率	就業人口	就業者内比率	カースト内比率
SC 全体	48,304			60		
1 チャマール	881	1.8%	0.7%	39	65.0%	0.03%
2 チューラー(バールミーキ)	41,225	85.3%	62.4%	4	6.7%	0.01%
3 コーリー	156	0.3%	0.6%	0	0.0%	0.00%
4 カティーク	53	0.1%	0.3%	13	21.7%	0.07%
5 バラーイー	119	0.2%	0.5%	0	0.0%	0.00%
6 ドービー	69	0.1%	0.4%	1	1.7%	0.01%
7 ジュッラー	79	0.2%	0.7%	1	1.7%	0.01%
8 ダナク	62	0.1%	0.6%	1	1.7%	0.01%
9 バンギー	4,586	9.5%	68.6%	0	0.0%	0.00%
10 チョーラー	598	1.2%	60.0%	0	0.0%	0.00%
11 マジュビー	6	0.0%	0.7%	0	0.0%	0.00%
12 ラールベーギー	4	0.0%	3.0%	0	0.0%	0.00%

（注1）数値は都市部と農村部の合計。
（注2）アミカケ部分は清掃カースト。
（出所）Government of India, *Census of India 1981, Series 28 Delhi, Part 9, Special Tables for Scheduled Castes*［1985-1988］より作成。

がかりとなりうる。以下、図表3－7と図表3－8で年代別に比較してみよう[9]。

まず、「清掃」から検討する。就業人口からみると、一九六一年の「清掃」就業全人口は一万二八〇四人であったが、二〇年後の一九八一年には四万八三〇四人と約四倍増加した。このことから、「清掃」職種への需要が高まったこと、それにともない雇用数も増加したことがうかがえる。

就業者のカースト構成はどうであろうか。図表3－9では一九六一年と八一年の清掃就業者のカースト構成を提示している。

一九六一年のカースト別内訳をみると、バールミーキ（六〇・〇％）、バンギー（二六・九％）、チョーラー（三・一％）といういわゆる清掃カースト出身者だけで九〇％に達するという数値が認められる。他方、皮革カーストのチャマール出身就業者の割合は、一・一％にすぎない。さらに、これら三つの清掃カーストについて、各カースト内部の全就業者数における「清掃」従事者の比率を図表3－7で確認すると、二・五－二・七人に一人という高い割合で清掃に従事していることも浮き彫りになっている。

では、二〇年後の状況はどうであろうか。一九八一年の状況を整理した図表3－8から確認できるように、清掃就業者人口が清掃カースト出身者によって「独占」され続けている状況は変わらないが、清掃カースト内部ではカースト構成に興味深い変化も生じている。全清掃就業人口のうち、バールミーキの占める割合は一九六一年に六〇・〇％であったが、八一年には八五・三％にまで大幅に増加している。他方、バンギー（二六・九％から九・五％へ減少）とチョーラー（三・一％から一・二％へ減少）は減じている。このことから、二〇年間に四倍増加した清掃職の大半は、バールミーキによって充足されたことが推測される[10]。バールミーキ、バンギー、チョーラーの各カースト内部の全就業者数における清掃就業者数の割合をみると（図表3－8）、いずれのカーストも清掃業への集

図表3-9　デリーの「清掃」就業人口のカースト構成の割合（1961、1981年）

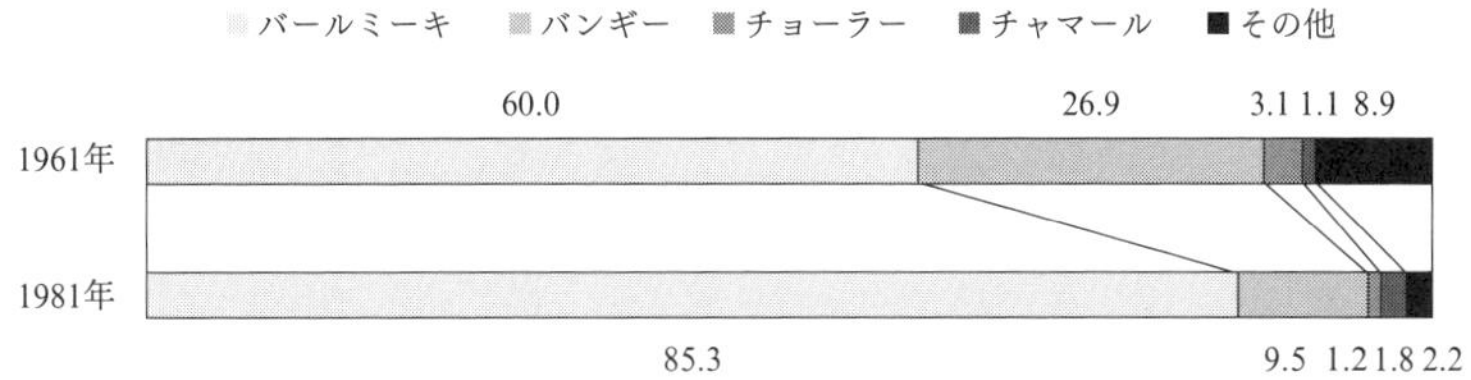

（出所）Government of India, *Census of India 1961, Vol. 19 Delhi, Part 5-A, Tables on Schedule Castes and Scheduled Tribes, 1966;Government of India, Census of India 1981, Series 28 Delhi, Part 9* より作成。

図表3-10　デリーの「皮なめし」就業人口のカースト構成の割合（1961、1981年）

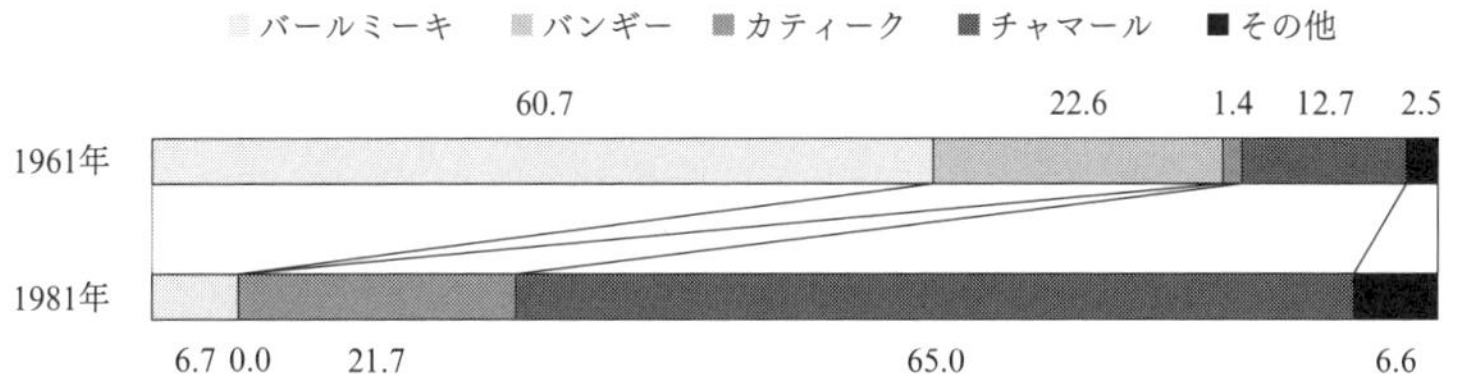

（出所）Government of India, *Census of India 1961, Vol. 19 Delhi, Part 5-A, Tables on Schedule Castes and Scheduled Tribes, 1966;Government of India, Census of India 1981, Series 28 Delhi, Part 9* より作成。

中を高めていることがうかがえる。バールミーキは四三・二%から六二・四%へ、バンギーは四五・三%から六八・六%へ、チョーラーは三七・九%から六〇・〇%へ増加している。

以上が清掃業の特徴である。これと対照的な動向を示すのが、次に検討する「皮なめし」の状況である。

まず、全就業人口をみてみよう（図表3-7と図表3-8）。一九六一年では九六六人であったが、八一年には一六分の一の六〇人にまで激減している。これは、同じ期間に約四倍増大した清掃部門とは正反対の傾向である。これは、グジャラート州の事例とも共通していることから［篠田 一九九五：七七-八八］、インド全体で皮なめし産業が解体しつつある可能性が推測される。

グジャラート州とデリーを比較すると、皮なめし就業者数の激減という共通点が見出される一方で、異なる点も浮かび上がる。それは、就業人口のカースト構成である。グジャラート州の皮なめし産業は、一九六一年と八一年の両時点においても、チャマールが多数を占めていたのにたいして［篠田 一九九五：七八－七九］、デリーの場合、カースト構成が一九六一年と八一年で異なるのである（図表3－10）。

たとえば、一九六一年においてはチャマールが一二・七％、バールミーキが六〇・七％、バンギーが二二・六％、カティークが一・四％というカースト構成であったのにたいし、八一年では、それぞれチャマールが六五・〇％、バールミーキが六・七％、バンギーが〇・〇％、カティークが二一・七％と変容している。つまり、チャマールとバールミーキの構成比がほぼ入れ替わっているのである。一九六一年から八一年の二〇年間に、バールミーキとバンギーは皮なめし産業からほぼ撤退したといえる（就業者数では、バールミーキが五八六人から四人へ、バンギーは二一八人から〇人へ減少した）。これらの数値だけでは明らかではないが、同時期に、皮なめしから清掃業へ一部のバールミーキとバンギー出身の就業者が流入した可能性もあったのだろうか。

経済自由化路線が導入された一九九一年以降の動向が大いに気になるところではあるが、一九八一年の国勢調査以降、皮なめしと清掃就業状況に特化した調査はおこなわれていない。ただし、人権ＮＧＯの調査［*Labour File*, November-December of 2005: 11］や、二〇〇五年から実施している筆者のインタビュー調査の状況からも、デリーの清掃部門は引き続き、いやむしろいっそうバールミーキによって占められていることが確認されている（九九％とも聞かれる）。カルカッタとバングラデシュの事例では、市の清掃部門に清掃カースト出身以外のカースト集団、ムスリムの参入がみられ、各社会集団による雇用をめぐる競争が増していることが明らかにされている［三宅 一九九五；野口他 二〇〇六］。しかし、デリーでは他のカーストによる清掃部門への参入は、筆者の調査時にほとんど聞かれることがなかった。

結論として、デリーの国勢調査の結果を参照する限り、次のようにまとめられる。SC内部においても、カーストによって教育の発展度合いや職業移動の違いが明瞭に存在することがまず確認された。その格差は、とりわけ先進集団のチャマールと後進集団のバールミーキの状況が対照的であった。高等教育の機会を他のSCよりも多く獲得しているチャマールは、皮なめし産業の衰退にともない、「伝統的」職種からの離脱をほぼ達成している。その一方で、バールミーキをはじめとする清掃カーストは、低教育と職業選択の余地が限られていることで、いまだに「伝統的」職種に多く留まっている。さらにその傾向は、デリーの急速な都市化と清掃労働の需要の高まりによって近年いっそう強まってきている。清掃部門をバールミーキという特定のカーストが占有する偏りは、今日のインドでカーストと職業の結びつきが衰退しているという大方の傾向に沿わない「例外」というべきなのだろうか。篠田［一九九五：八二］も指摘しているように、清掃カーストの社会経済的発展に関しては、高等教育と公職における留保政策をいかに活用できるかが当面の課題となるだろう。

グジャラート州とデリーではいくつか共通する傾向もみられたが、異なる点も見出された。それは、清掃カーストが単一あるいは複数の集団（サブ・カースト）で構成されているかにかかわるものであった。グジャラート州の清掃カーストは、ほぼバンギーの単一集団で占められるのにたいし、デリーには五つの集団が混在している。そのなかでも、国勢調査の結果から、デリーの清掃カーストを圧倒的に占めているのはバールミーキであることがわかった。その他の清掃カーストの動態に関しては、減少傾向の人口推移をみる限り、デリー以外の地域へ移住したか、バールミーキに「合流」している可能性が推察される。こうした変化は、カーストの変容を把握するうえでも重要であり、第６章で取り上げるカースト・アイデンティティや第７章のカースト団体の活動にも関連すると思われる。

注

(1) マハール(不可触カースト)出身の社会活動家、政治家。インド憲法起草者で独立インドの初代ネルー内閣の法務大臣としても活躍する。不可触民自らが被抑圧的状況を自覚し、そうした状況に抵抗しなければならないとするアンベードカルの反カースト、不可触民差別撤廃の思想は、今日のダリト運動に大きな影響を与えている。

(2) 前述のDC概念は行政文書で初めて用いられたとき、BCの下位分類とされた[藤井 一九八八:六〇]。

(3) 「インド独立の父」として知られる政治指導者、思想家。商人カースト出身。ガーンディーの独特な哲学にもとづく「非暴力不服従運動」により、インドで初めて大衆的民族運動を展開させた。かれの不可触民解放運動は、「ハリジャン運動」として知られ、今日においてもガーンディー思想の信奉者(ガーンディー主義者)たちによって継承されている。

(4) 前章と同様に、本章の分析においても二〇一一年の国勢調査の公開が準備段階のため、二〇〇一年国勢調査のデータを使用する。

(5) 清掃人カースト出身の研究者や社会活動家のなかには、被差別の状況を効果的に訴えることを意図して、「バンギー」の呼称を敢えて使うべきだという主張もある。

(6) 最近の研究では、こうした「狭き門」の競争を勝ち得たとしても、まともな職に就けない高学歴失業者の増加がSCのみならずあらゆる階層で社会問題化していることが指摘されている[ジェフリー 二〇一四]。インドの教育問題については、[押川 二〇一三:小原 二〇一四:佐々木 二〇一一]を参照のこと。

(7) 北インドのバールミーキ登録者が多い見合いサイトに、下記がある。http://valmikirishtey.co.in/valmiki/?page_id=2290(二〇一五年八月一一日アクセス)。

(8) その他の動きで興味深いのはドービーである。識字率ではバールミーキに次ぐ後進の集団であったが、高等教育の状況をみると、チャマールに次いで二番目に高い数値を示している。

（9）デリーの人口は圧倒的に都市部で占められており、農村部の数値は僅少となる。便宜上、本章の図表では都市部と農村部を合計している。
（10）一九六一年から八一年にかけての人口推移は、それぞれバールミーキが四・二倍、バンギーとチョーラーは一倍であった。

第4章

カースト制批判と不可触民解放をめぐる思想と政策

ガーンディー、ガーンディー主義者による清掃カースト問題の「解決」

カーストに起因する社会的・経済的不平等の問題と不可触民にたいする差別行為の克服をめざす政策は実行されてきたにもかかわらず、本書冒頭で述べたゴーハーナー事件のような暴力の発生や、カースト間の格差（第3章第5節統計資料参照）が示しているように、政府の支援は十分に実を結んでいるとはいえない。以上をふまえて、本章では思想面と政策の実施状況から問題の要因について追究していく。

はじめに、カースト制批判と不可触民解放の運動・思想的潮流を整理し、根本的特徴としてヒンドゥー教の枠組みのなかで改革を志向するのか、あるいはヒンドゥー教から脱して新たな価値観や信仰を希求するのかの大きく二つに分けられることを先行研究に沿って指摘する。そのなかでも、独立インドのカーストとSC政策に与えた影響の大きさから最も重要と思われる二人の思想家・政治家に焦点を当てて、ヒンドゥー教内部の改革を求める潮流に位置づけられるM・K・ガーンディー、そして脱ヒンドゥー教的価値観を志向する立場のB・R・アンベードカルが提唱した不可触民問題の解決アプローチを検討する。重要な点として、初期の清掃カーストの地位改善の取り組みにはヒンドゥー教内部の改革アプローチがみられ、他のダリト運動と異なりアンベードカルよりもガーンディーの影響力が顕著なことが挙げられる。本章では、ガーンディーの不可触民解放の思想的特徴をアンベードカルとの論争から析出する。そして、ガーンディーの没後、ガーンディー主義者とよばれる人びとによってどのように実践されたのかという問いについて現地調査から分析したうえで、現行の福祉政策の問題点を明らかにしたい。

1　不可触民解放の思想と運動の展開

カーストによる不平等や、不可触民の社会的排除に挑戦する試みは、インドの歴史に何度も現れてきた。いずれもが不可触民制の撤廃や社会的平等の実現を最終目標にしながら、各々の運動の理念やアプローチには大きな相違がみられた。時に協働し合い、対立することもしばしばであった。ダリト運動に詳しい社会学者のシャーの研究［Shah 2004：四章］によると、運動の性質から大きく二つに分けられる。ひとつは、ヒンドゥー教の枠組みのなかで改革を志向するものであり、もうひとつはヒンドゥー教から脱して新たな価値観や信仰を希求する運動である。以下、シャーの分類に依拠して各運動の要点を整理する。

(1)　ヒンドゥー教内部の改革運動

たとえばヒンドゥー教内部の改革運動として括られるものには、中世までさかのぼり、七世紀半ばから九世紀半ばの南インドで興隆し、その後インドの各地域へ広がった「バクティ運動」が挙げられる。バクティとは、唯一の最高神に帰依することによって救済されるとする信仰である。バクティ運動の展開には、二つの局面が認められる。それは、バラモンが用いていたサンスクリット語を通して運動が展開されていく局面と、ローカルな言語にもとづく大衆的なバクティ運動である［島　一九九四］。前者は、上位カースト内に浸透していったのが特徴で、分化を経て衰退していった。不可触民とのかかわりで重要になるのは後者である。地方語を媒介とした大衆的なバクティ運動は、低カーストや不可触民の人びとに広く行き渡ったとされる。バクティ運動の「神へ絶対的に帰依することにより、カーストにかかわらずすべての人びとが平等に救済される」という思想が受け入れられていった。カースト制の克服という観点において、バクティ運動の評価は二分されるという。思想面の社会的平等主義を高く評価する立場と、神との関係における宗教的平等主義の実践性を問い、社会的平等主義が達成される困難さを指摘して否定的に評価する立場が存在する［島 一九九四：二二八］。

時を経て、同じくヒンドゥー教内部の改革運動に属する事例に一九世紀後半以降の「社会宗教改革運動」がある。植民地支配が本格化すると、近代西欧との出会いを契機として不可触民問題への関心が次第に寄せられた。西欧のキリスト教的価値観がインド社会の慣習・制度に影響を及ぼすのは避けられない状況となっていったからである。西洋文明からみれば「遅れた」、「野蛮な」行為が露になり、幼児婚の禁止や寡婦再婚の推進、不可触民への教育普及を求める活動が現れた。

一九世紀後半以降、キリスト教宣教師団による不可触民の教育や福祉活動が着手されると、それに対抗するかたちでインド側から復古的なヒンドゥー教宗教団体の運動が展開された。この時期の運動は、宗教のみならずインド社会の変革（改革）を企図したことから、先行研究で「社会宗教改革運動」と称される。ベンガルでのラームモーハン・ローイの「ブラフモ・サマージ」（一八二八年設立）を嚆矢とし、「プラールトナー・サマージ」（一八六七年設立）、「プーナ公衆協会」（一八七〇年設立）、「ラーダースワーミー・サトサング」（一八六一年設立）、「ラーマクリシュナ・ミッション」（一八九七年設立）などがある。北インド一帯に拡大したのは、ダヤーナンド・サラスワティーによる「アーリヤ・サマージ」（一八七五年）の活動である［藤井 一九九四］。なおアーリヤ・サマージの活動については、清掃カーストとヴァールミーキ詩聖崇拝を関連づけるうえで重要な歴史的経緯があるため後述する。

当時の諸団体による活動内容に不可触民問題は含まれていたが、主要なイシューとはならなかった。また「カースト問題は政治的というよりも社会的なもの」とされ、カーストそのものを否定する運動よりも、個人の意識改革がまずもって推進された。差別的な制度や社会構造そのものを否定するのではなく、「正しい」、「純粋な」カースト、ヴァルナ制（本書第1章第2節を参照）を取り戻すために「良き」行ないを実践すべきだとする「カースト改良論」が盛んに論じられた。そこでは、バラモンの社会階層概念にすぎなかったヴァルナ制をむしろ積極的に肯定する立場がみられたのである［藤井　一九九五：一九九六：二〇〇三］。

一九世紀後半の政治分野においては、「国民社会会議（National Social Conference、NSC）」の活動も前述の潮流に位置づけられよう。NSCは政党インド国民会議派の補完組織として一八八七年に設立された。NSCには社会宗教改革に取り組む諸団体が集まり、インド社会の問題を論じることが活動目的とされた。一八九五年の第九回プーナ大会では、初めて不可触民問題の解決のための決議が採択された。「パリアーとそのほかのアウトカーストの教育と向上」の決議のもと、教育や軍隊、その他の社会生活全般における不可触民ゆえの不利益が解消されなければならないという主張がなされた。しかし、NSCは西洋式教育を受けたカースト・ヒンドゥー（不可触民以外のヒンドゥー教徒）を中心とする集まりであったことからも、不可触民問題はたしかに活動内容に掲げられてはいたが、活動の主眼とはならなかった。NSCが推進した改革は、最終的にはヒンドゥー社会に受け入れられなければならず、抜本的なヒンドゥー教の改革は回避され、暫時的な個々の問題の改善にとどまった［藤井　二〇〇三：一四八－一五六］。

同じヒンドゥー教の改革運動の流れには、一九三〇年代以降ガーンディーによって展開されたハリジャン運動も含まれる。「ハリジャン」とはガーンディーが提唱した不可触民の呼び名であり、この用語に不可触民問題にたいするガーンディーの立場が集約されている。「ハリジャン」の語の由来について、ガーンディーは自身の新造語ではなく、グジャラートの著名な詩人が用いていた呼び名を採用しているると述べているが、不可触民を「友なく、無力で、弱い存在」として、神に保護されるべき人たちと表現する〔ガンディー 一九九四：六三－六四〕。不可触民制を差別する側の心の問題と捉え、差別するカースト・ヒンドゥーの改心によって問題を克服しなければならないと説いた。かれの思想を広め、実践に移す場として、一九三二年に「ハリジャン奉仕者団（*Harijan Sewak Sangh*、ＨＳＳ）」が設立された。

ＨＳＳは、ガーンディーの理念を支持するカースト・ヒンドゥーたちのハリジャン運動の拠点となった。ハリジャン運動の問題を端的にいえば、不可触民自身のリーダーシップの不在である。不可触民はあくまでもＨＳＳの奉仕活動の受け手に徹することが求められ、ハリジャン運動の中枢メンバーから外された。ガーンディーは不可触民制の廃止を全面的に支持したが、ヒンドゥー教とカースト・ヴァルナ制に関しては撤廃ではなく、改良すべきという立場であった。ガーンディーが発行した週刊誌『ヤング・インディア』(1)では、以下のように考えを述べている。

しばしばわたしは、ヴァルナーシュラマ〔バラモン、クシャトリヤ、ヴァイシャ、シュードラの四区分から成る社会システムを指す〕と不可触民制の差異を示してきた。前者をわたしは、合理的科学的な事実として弁護士、後者はぜい肉として、絶対融和できない悪として非難してきた。あるいは、愚鈍さゆえにわたしは差異のないところに違いをみているのかもしれないし、無知迷信のあるところに科学をみているのかもしれない。しかし、わたしにとって優劣の問題は存在しない。ヴァルナーシュラマを出生にもとづく健全な分業とみなす。現在のカースト観は、本来のカースト観の歪曲である。わたしにとって優劣の問題は存しない。それは純粋に義務の問題である。〔ガンディー 一九九四：一五七、〔 〕は引用者（鈴木）〕

ガーンディーにとって、不可触民制は悪であり断固反対の立場であったが、カーストは貴賤のない世襲的分業制の観点から社会秩序の維持に貢献すると考えられ、その改革と必要性が主張されたのである。すなわち、不可触民制のないカースト制をめざしたのである。より正確にいえば、ガーンディーは現行のカースト制度をそのまま肯定したわけではなかった。弊害のあることを認め、現在のカースト観は、本来のカースト観の歪曲であるとみていた。再建すべきは、「正しい」ヒンドゥー教観にもとづくヴァルナーシュラマであり、それは人間の世俗的野心を抑制するという宗教的配慮にもとづいたヒンドゥーの社会原理、システムと考えられた［*Young India*, April 23, 1925］。ヒンドゥーは出生によって定められた各自の職業を義務として遂行しなければならないこと、ヴァルナ間に上下・優劣の問題は存在せず、万人が平等な地位に置かれていることが強調された。

ところで、ガーンディーが「職業に貴賤はない」と主張する際によく引き合いに出されたのが汚物処理と清掃であった。清掃は社会に奉仕する「尊い職業」であり、清掃に従事する清掃カースト（バンギー）は「社会の奉仕者」と称賛された。

わたしの考える理想のバンギーは、勝れてバラモンであり、おそらくバラモン以上でさえあろう。バラモンがいなくてもバンギーの存在を心に描くことはできる。が、バンギーがいなければバラモンは存在しえないだろう。バンギーこそ社会生活を可能にさせるものである。バンギーは母親が赤子のためにすることを社会のためにする。母親は汚れたわが児を洗って健康を守ってやる。まさにそのように、バンギーは社会全体の健康を衛生の維持により守り保障する。…（中略）…バンギーはすべての奉仕の基礎をなしている。［ガンディー　一九九四：二一八、強調は筆者（ガンディー）］

こうしたガーンディーの思想は、当時の国民会議派によっても共有された。一九二〇年代、会議派は不可触民問題への取り組みとして、バンギーや清掃業を賛美するような決議をおこなっている。不可触民の子弟への教育普及とならんで、バンギーの仕事を「立派な地位」に高めることが活動内容に含まれた［Jaffrelot 2005: 60; Zelliot 1988: 184-188］。そこでは、清掃業自体からバンギーたちを解放させるというよりは、汚物処理の衛生面における改善が中心に進められた（この問題については本章後半で詳述する）。

不可触民問題に関するガーンディーの思想の骨子は、カースト・ヴァルナ制を崩壊させるのではなく、それを保持し、倫理的調和のとれた共同体へと再編させようとする論理に特徴がある。しかし、ＨＳＳ内で不可触民当事者を運動の中核から排除する運動の手法は、後述のアンベードカルをはじめとする不可触民出身の活動家からパターナリスティックであると厳しい批判を浴びることになる。以上、ヒンドゥー教の枠組みのなかで実践された代表的な改革運動について述べてきた。では、脱ヒンドゥー教を志向した運動にはどのようなものがあるのだろうか。

(2) 脱ヒンドゥー教的価値観を志向する運動

ヒンドゥー教に代わるオルタナティブな価値を模索する試みにおいては、ヒンドゥー教こそがカーストや不可触民制の慣習を存続させる元凶であるとの見方がまず強調される。この潮流として、先に述べた「社会宗教改革運動」と同時代（一九世紀後半－二〇世紀初頭）には、南インドを中心に不可触民自身による様ざまな運動が興隆した。非ヒンドゥー・アイデンティティを掲げ、独自のアイデンティティを主張しているのが特徴である。南インドでは、北のアーリヤ文化、バラモン至上主義に対抗するかたちで、先住民族ドラヴィダのアイデンティティが提唱された。自らを「アーディ・ドラヴィダ」（＝原ドラヴィダ人）と称し、自分たちの置かれてきた従属的状況はアーリヤ民族の侵略によってもたらされたと主張する。アーリヤ人が創出したカースト制によってドラヴィダ民族はシュードラの地位に貶められ、最後まで抵抗したものが不可触民にされたという「歴史」を共有することで団結を図った。先住民族説を基盤とするこの「アーディ運動」は、インド国内に拡大していった。南インド以外にも、同じ類の運動として、アーンドラ・プラデーシュの「アーディ・アーンドラ」、ウッタル・プラデーシュの「アーディ・ヒンドゥー」、パンジャーブの「アーディ・ダルム」運動などが起こり、カースト・ヒンドゥーによる不可触民問題解決の活動を批判した。

アーディ運動のほか、後の不可触民解放運動の指導者となるアンベードカルを生んだマハーラーシュトラ地方では、J・G・フレー（一八二七‐九〇）の先駆的な反カースト運動が有名である。フレーは一八七三年に「真理探究協会（*Satyashodhak Samaj*）」を設立し、低カーストや不可触民向けの教育活動に従事した。反バラモン、反カーストの思想を掲げるフレーの運動は、一九二〇‐三〇年代までに同地で不可触民解放運動の指導者が生まれる土壌を形成することになった。

一九世紀後半以降の不可触民の集団改宗も、従属的状況を打破する非ヒンドゥー教を志向する動きに属する。人びとは平等主義を教義に掲げるイスラーム、シク教、キリスト教、仏教などに希望を託して集団改宗をおこなう。植民地期の一九世紀後半から二〇世紀初頭にかけて、インド人の宗教別人口の割合は植民地行政における政治的権利要求の問題と絡んで重要な政治的イシューとなり、同時期の不可触民の改宗動向は非常に注目を集めた。独立後は一九五六年にアンベードカルの主導でおこなわれた仏教への集団改宗が有名である。しかし今日でも明白なことは、改宗を果たしても不可触民の地位は容易に改善されるわけではないことである。改宗後の不可触民が直面する厳しい状況は、カーストや不可触民制の慣習がヒンドゥー教という宗教的要素のみによるのではなく、インド社会全体を貫く社会問題であることを示唆している。

最後に、現代のインドでいっそう顕著となっているのが政治・教育・経済的領域において権益の分有を追求する運動である。アンベードカルの信奉者（Ambedkarite）を自認する人びとが牽引する傾向が特徴的で、この類の運動は、「ダリト運動」として括られることが多い。一九五六年一〇月一四日、アンベードカルは死の直前に、五〇万人以上のマハール（アンベードカルの出身の不可触カースト）とともに仏教への改宗儀式をおこなった。アンベードカルが宗教的救済を強く希求していたことの表れであるが、同時にかれは世俗的権益の獲得が不可触民の地位向上に不可欠であることも深く認識していた。後述するように、一九三〇年代のガーンディーとの激しい論争は、この点をめぐって意見の対立がみられたのである。生前のアンベードカルは、不可触民が被差別的状況から抜け出すためには、カースト・ヒンドゥーの憐憫にすがるのではなく、不可触民自身が教育を受けて広い視野をもち、従属的状況を自覚し、自力で改革に取り組まなければならないことを主張し続けた［山崎 一九七九：一七二］。

アンベードカルの死後も、運動は信奉者たちによって分裂と結合を繰り返しながら引き継がれ、ダリト運動として発展していった。政治分野では、北インドのUP州を基盤に勢力拡大を狙う政党大衆社会党（BSP）がここ数年求心力に衰えがみられるものの、州政権の座に就いた経歴を擁する。

急激なインド社会の変容にともない、ダリト運動が今後どのような展開をみせるのかは注目されるところである。ただし、基本的にダリト運動とはアンベードカルの理念を引き継ぐ不可触民主導の運動を指し、内部の違いを捨象した大雑把な名称である。インド全域のダリトを率いる単一の組織が存在するわけではない。実際には、特定の地域やカーストを基盤にして形成される傾向が強い。そうした動きをいかに連帯させるのかが、アンベードカル以来の大きな課題となっている（独立後のダリト運動の展開と特質については第7章でも論じる）。

2　カースト制批判と不可触民解放をめぐるガーンディーとアンベードカルの対立

英領期インドでは二〇世紀に入ると、不可触民問題は克服しなければならない国全体の課題としてかつてないほどクローズアップされた。しかし後述するように、それは必ずしも人道的・福祉的見地から注目されたわけではなかった。むしろ、政治問題として異なる立場から議論されたのである。とくに、一九三〇年代には不可触民の政治的権利をめぐってガーンディーとアンベードカルのあいだで大きな論争が繰り広げられた。両者の違いは何であったか。論争の結果は、留保制度を含むＳＣ優遇政策の枠組みの基盤となり、インド憲法の条文にも明記されていることからも(2)、本章で争点を確認することは重要な作業と思われる。

前節で論じたように、二〇世紀前後のインドでは不可触民問題への注目が高まり、様ざまな立場からヒンドゥー教の改革や脱ヒンドゥー教を希求する運動が各地で展開した。この動きは単に宗教的な関心から発せられたものではなく、多くの先行研究が指摘するように当時の政治状況の文脈において理解されるべきであろう［藤井　二〇〇三：堀本　一九七七：佐藤　一九八五：Zelliot 1988,［1992］2001］。キリスト教宣教師団の布教と教育活動によって在地社会に西洋思想が流布し始め、不可触民のあいだでキリスト教やイスラームへの改宗者が増加したわけであるが、不可触民の宗教的帰属問題が急浮上する背景として、イギリスがインドの民族運動の高まりを抑え込むためにおこなった、「モーリー・ミントー改革」とよばれる一九〇九年インド参事会法の制定がある。これによって、間接選挙として部分的に導入された選挙制度にムスリムの分離選挙区が採用され、後のインド・パキスタン分離独立に至る宗教にもとづく民族分断を惹起するが、政治的権利を求める不可触民指導層にとっては大きな転機となった。さらに一九一九年インド統治法においても宗教を基本とする分離選挙制度が徹底され、各教徒の人口比に応じて州立法参事会の議席が配分されることになった。そこで、それまでは誰も問題にすることのなかった不可触民の宗教的なアイデンティティが争点とされるようになったのである［長谷　一九九四：三二三－三二四］。

北インドのパンジャーブ地域は、「バールミーキ」にカースト名を改宗したチューラー・カーストの多く住む地域であるが、一九世紀後半以降キリスト教の進出とキリスト教への改宗者の増加がみられた。イスラームやシク教に改宗する事例もあったが、キリスト教の比率が群を抜いて多かったことが報告されている［長谷　一九九四：三二〇－三二三］。

不可触民を差別すれども、ヒンドゥー教徒とみなしていたカースト・ヒンドゥーにとって、改宗の動きはヒンドゥー勢力の衰退と捉えられ、不可触民問題を取り上げざるをえない状況に追い詰められていったのである。ヒンドゥー以外のイスラーム、シク、キリスト教など各宗教コミュニティは不可触民を取り込むために、競って改宗運動に乗り出した。また不可触民のあいだにも解放運動の機運が高まり、マハーラーシュトラ、ベンガル、南インドから指導者が台頭し、アンベードカルを筆頭に中央政治の舞台に登場することになった。

このような流れで、一九二〇年代から徐々に不可触民の政治的位置づけをめぐって、イギリス政府、ガーンディーとその他の指導者が率いる会議派、そしてアンベードカルを中心とする不可触民勢力の三者間で激しい交渉が繰り広げられた。とくに、ガーンディーとアンベードカルの対立を浮き彫りにした一九三〇年代の論争は、最終的にアンベードカルが大幅に譲歩を強いられるかたちで決着した。以下、その経緯の要点を述べる。

ガーンディーとアンベードカルの対立の焦点は何についてであったか。それは、ひとつに不可触民をヒンドゥー教徒の一部とみなすか否かという点であり、もうひとつは不可触民解放運動を誰が主導すべきかをめぐる見解の違いであったと集約される。

ガーンディーの不可触民問題解決への基本的立場は、次のようにまとめられる。不可触民は紛れもなくヒンドゥー教徒であり、今日の不可触民の悲惨な状況はヒンドゥー教の最大の汚点であると考える。ガーンディーのめざす不可触民運動は、不可触民に差別を強いてきたカースト・ヒンドゥーにとっての贖罪であり、不可触民への無私の奉仕と心情面から差別意識を取り除くことで不可触制が解消されるとした。それゆえ、不可触民がヒンドゥー教徒である限り、アンベードカルが要求する別個の政治的権利を与える必要はないと主張した。

ガーンディーの主張にはいうまでもなく、同時代にヒンドゥー教徒勢力と対立し、宗教別分離選挙の枠を得ていたムスリムの存在が強く影響している。ムスリムは、「われわれはマイノリティではない。一民族である。」と主張して、最終的にはムスリムの国家パキスタンを建設した。マイノリティが自治および権利を強く要求した場合、ナショナルな性格をもち分離主義に至ることをインドの歴史はこの時期に経験した。ガーンディーをはじめとする独立運動の指導者たちにとってこの事実は重く、マイノリティ問題の対処に慎重な姿勢を取らざるをえなかった［李　一九七八：四五］。ガーンディーにしてみれば、人口比の小さくない不可触民（四千から五千万人）の分離選挙制を認めることは、独立インドの政治的統合を阻むものと考えられた。ヒンドゥー教徒内部の分裂を危惧してアンベードカルの意見と厳しく対立したガーンディーの決意のほどは、自らの生命を賭した断食という行為によく示されている。

こうしたガーンディーの意見にたいして、真っ向から異議を唱えたのがアンベードカルであった。かれによれば、不可触民はヒンドゥー教徒の一部ではなく別個の存在である(3)。したがって、ムスリムと同様に、コミュニティのメンバーがその代表者を議会に選出する政治的権利が与えられなければならないと主張した。長崎のいうように、アンベードカルの要求は、今日の言葉でいえば、アファーマティブ・アクション（ＡＡ）につながるものである［長崎　一九九六：一七七］。

アンベードカルは、ガーンディーやカースト・ヒンドゥーによる不可触民運動の中心から不可触民当事者が排除されることを批判し、運動は不可触民自身が主導しなければならないと説いた。アンベードカルにしてみれば、インド政治における多数派は政治的多数派ではなく、コミュナル（宗教やカースト）な多数派であり、そうした状況で不可触民のようなマイノリティの権益が顧みられる可能性はほとんど期待できなかった。したがって、分離選挙制度の必要性を痛感していたアンベードカルにとって、ガーンディーがモラルや心の問題を持ち出して反対することは容認しがたいことであった。ガーンディーの主張する合同選挙制――特定のマイノリティ集団に属する人のみが立候補できる選挙区を留保して、全有権者が投票するシステム――においては、不可触民の候補者は不可触民以外のマジョリティからの支持を得なければ当選できない仕組みになっており、合同選挙制では「真の」マイノリティの代表は選ばれないというのがアンベードカルの意見であった。

両者の対立は、カースト・ヒンドゥーと不可触民を隔てる容易には埋められがたい溝が存在することを改めて鮮明にした。第二回円卓会議（一九三一年九－一二月）から、対立は決定的となる。この会議の主題は、新統治法下における不可触民の選出方法に関するものであった。「最初の一〇年間の分離選挙制とその後の合同選挙への移行」を主張するアンベードカルにたいし、ガーンディーは「不可触民への分離選挙への反対と合同選挙制、基本的人権の支持」を貫いた［堀本　一九七七：八〇］。一九三二年のコミュナル裁定では、コミュニティ別の分離選挙制が認められた。ムスリム、ヨーロッパ人、インド人キリスト教徒、およびアングロ・インド人にたいしては分離選挙制を与え、他方、不可触民にたいしてはかれらだけが選挙権、被選挙権を持てる一部の分離選挙区および一般選挙区における選挙権と被選挙権の双方を有する特別選挙制(4)を導入することが明らかにされた。

これを受けてガーンディーは、不可触民に分離選挙区を与えるコミュナル裁定の内容に激しく反対した。生命を賭した断食宣言は、インド中の関心を集めた。ガーンディーの命と不可触民の政治的権利の板挟みのなか、アンベードカルは妥協を強いられ、ついに一九三二年「プーナ協定」が成立した。その内容は、不可触民への分離選挙制を認めず、留保議席数を増やすことで配慮を示し、合同選挙による選出方法をとるというガーンディーと会議派の主張を大幅に取り入れたかたちで決着したのだった。不可触民の政治的権利は、独自の代表を自ら選出する権利ではなく、議会への参加の保障となったのである［押川　一九九五：二七］。

その後の議論の焦点は、「不可触民の政治的権利」から「不可触民の保護をどのように実現させていくのか」へと移行する。一九三五年の「インド統治法」においては、不可触民をヒンドゥー教徒に統合されるコミュニティとする観点から、特別な教育的・福祉的支援をおこなうために不可触民にＳＣという行政用語が考案された（この経緯については、第3章第2節を参照）。不可触民のＳＣ認定に関して、どの集団が包摂されるのか、そのためにはどのような基準が用いられるのかをめぐる裁量は当局に委ねられた。それにより、これらの概念は客観的とは言い難く、きわめて政治色の濃い概念とならざるをえなかった［藤井　一九八八］。このＳＣ概念は、インド憲法にもそのまま盛り込まれることで独立以降もインド政府によって継承された。

前述の集団認定を踏襲し、ヒンドゥー教徒に統合される集団としての不可触民というガーンディーの基本的立場は、インド憲法における不可触民の関係条文にも反映されている。一九四七年の制憲議会における基本権、マイノリティの権利をめぐる討論を考察した佐藤宏論文［一九八五］によると、アンベードカルの憲法構想は会議派によって選択的に採用されたことが示されている。ガーンディーの主張の延長線上に捉えられる不可触民制の廃止、カーストを理由とする差別の禁止を含むカーストに関するインド憲法の総体的枠組みは、会議派による不可触民の政治的包摂の目的にも一致するものであった。このような世俗的欲求を神聖化するにあたって、カースト・ヒンドゥーの「改悛」によって不可触民をヒンドゥー社会に取り戻そうとするガーンディーの存在は、会議派にとってもかけがえのないものであったとされる［佐藤 一九八五：二二］。

以上、今日の不可触民政策の源流を一九三〇年代の政治状況にさかのぼって考察してきた。二〇世紀前半から中央政治で顕在化した不可触民問題をめぐる動きと争点をわかりやすく提示するために、ガーンディーとアンベードカルの二人に絞って検討した。

実際には、ガーンディーとアンベードカルのほかにも、かれらと対立あるいは協働する勢力が存在していた。ガーンディーを悩ませたのは、かれが推進する不可触民へのヒンドゥー寺院解放運動やハリジャン運動にたいするヒンドゥー教徒伝統派、原理主義者たちの拒絶と激しい抵抗であり、それはガーンディーが予期した以上のものであった［Jaffrelot 2005: 60-68］。イギリスからの独立を勝ち取るためにはヒンドゥー教勢力の団結が不可欠であるとガーンディーは考えた。それゆえに、必然的にかれの不可触民運動は上位カーストを刺激しない穏健な手法で展開されたのである。これにより、アンベードカルから厳しい批判を受けたのであるが、ガーンディーは紛れもなくインド史上はじめて不可触民問題に国民的関心を引き寄せた人物であり、解決に向けての指針を行動で示した人物である。その実現方法をめぐって、アンベードカルと意見を異にした。ガーンディーのハリジャン運動はアンベードカルにしてみれば「保守的」であり、他方、ヒンドゥーの伝統派にとっては「急進的」すぎるのであった［Jaffrelot 2005: 71］。

次節では、これまで述べてきたガーンディーの不可触民解放の思想的特質をふまえて、ガーンディーの没後、ガーンディー主義者とよばれる人びとによってどのように実践されたのかという問いについて、筆者による現地調査から分析する。なお、次節で参照する現地調査は二〇〇二－三年におこなわれたものであり、本書の他の調査に先駆けて実施された。

3　ガーンディー主義者による清掃カースト問題の「解決」――NGOスラブの活動

(1)　インドの開発NGOとガーンディー主義

ここ数年、インドの都市部では、公衆トイレ（community toilet complexes）の設置を目にする機会が増えてきている。急速な都市化の進行にともない、公衆衛生や健康は住宅、教育、交通と並んだ公共サービスとしての需要が高まっている。公衆衛生事業の実施には多くのNGOの参入がみられるが、実際、公衆トイレの建設・管理運営も政府から委託されたNGOによっておこなわれている。本節で事例として取り上げるスラブ（Sulabh International Social Organization、以下スラブ）は、その代表的なNGOである。

一九七〇年に設立されたスラブ（本部はニューデリー）は、ガーンディー主義者のB・パータク（一九四三年生まれ）を設立者兼リーダーとするNGOであり、およそ三万五〇〇〇人の常勤職員を擁するインドで最も大規模なNGOのひとつである［DAINET 1998: 194］。活動地域はインド全州に及び、各州・連邦直轄地に支部を置いている。一〇年以上前の古いデータになるが、調査時点（二〇〇二－三年）の年度予算は「一〇〇〇万から一〇〇〇万ルピー（≒二百万から二千万円）」と見積もられ、大きな組織である。[5] 活動の柱として、パータク自らが考案した改良式水洗トイレ[6]を普及させることにより、不可触民差別を受けてきた清掃カーストの解放と地位向上と同時に、公衆衛生の改善にも取り組んでいる点に特色がある。

スラブの設立者パータクは、ガーンディー主義を理念に掲げ、なおかつ「公衆衛生」という西洋的な価値・概念を積極的に取り入れることで不可触民（清掃カースト）の解放を試みている。一見すると、「ガーンディー主義」と「公衆衛生」は奇妙な組み合わせである。しかし、ガーンディーの不可触民解放の思想をたどると、これら二つは矛盾するものではなく、むしろ強力に連携が可能なアプローチであること、それゆえに生じる問題が本節で確認される。すなわち、ガーンディーの不可触民解放の思想とは、前述のように、不可触民制に関しては一貫して反対の姿勢をとるが、カースト制については世襲的分業制による社会秩序の維持の観点から、その必要性を主張していた。バラモンから不可触民までの各集団が従事するいずれの職業に貴賤上下の別なく平等であると位置づける。職業貴賤の問題は、個人（とくに不可触民以外のカースト・ヒンドゥー）のモラルによって払拭されるべきであるとされた。こうしたガーンディーの見解は、職業移動の可能性と自由を無視していること、差別の撤廃は上位カーストの温情に委ねられるパターナリスティックな思考だとしてアンベードカルら不可触民側からの批判を浴びたことは前節で論じた。

不可触民を「ハリジャン」とよび、かれらの世襲的職業を社会的に不可欠な尊い仕事として「美化」するガーンディーの不可触民解放運動はよく知られるところであるが、その際に不可触民制を象徴する問題として頻繁に言及されたのがバンギー（清掃カースト）であった［Zelliot 2001: 154-156］。

ガーンディーが不可触民問題を意識するようになったのは、幼少期にさかのぼる。自身の運動の機関誌『ヤング・インディア』で次のように述べている。

わたしが今日のような考えをもつようになったのは、わたしがまだ十二歳かそこらの頃でした。その当時、ウカという名の不可触民の掃除人が、わが家の便所の清掃に来ていました。わたしはよく母にたずねたものでした――どうして彼の体に触れてはいけないのですか、なぜ彼に触れることが禁じられているのですか、と。たまたまウカに触れるようなことがあると、私は沐浴をするよう命じられたからでした。わたしはもちろん命令には従いましたが、そんなときはかならず微笑しながら、不可触民制が宗教によって認められていないこと、そのようなことはありえないことを申し立てたものでした。わたしはひじょうに従順で、聞き分けのよい子どもでしたが、この問題は親を敬うことと矛盾するとは思えなかったものですから、このことでは、よく両親にくってかかったものでした。わたしはウカの体に触れるのを罪だと考えることなど、まったくの思い違いであると、母に抗弁いたしました。［ガンディー　一九九四：一一二］

ウカの記憶はガーンディーにとっての不可触民のシンボルとなった。このようなエピソードを語ることで、不可触民制反対の思想がガーンディーの心性に根付くもので、キリスト教など外来の宗教に由来していないことも読者に示そうとしている［ガンディー　一九九四：三四三］。

ガーンディーによるバンギーの記述にみられる特徴として、母子関係のメタファーを好んで用いることはよく知られている［Zelliot 2001: 155］。前節で引用したように、ガーンディーは、バンギーを「わが児の身体を洗う母親」に喩え、社会の汚れを清める尊い存在と称える［ガンディー　一九九四：二一八］。こうした言説は、ＨＳＳの活動期に刊行された機関誌『ハリジャン』においても繰り返し語られることになる。「理想のバンギー」と題する論説では、バンギーを社会生活の維持に欠かすことのできない貴重な職業に従事していると称えることで、バンギーと最上位のバラモンの地位を同一視する考えを提示したのだった。さらに、「理想のバンギー」の要件として、バンギーが備えるべきいくつかの「資質」を次のように述べる。

そのような名誉ある社会の僕は、人としてどのような資質を具備すべきか。私見によれば、理想のバンギーは衛生上の諸原則について完全な知識をもつべきである。かれは、適当な種類の共有便所はどのように建築されるか、またその正しい清掃方法を知らなくてはならない。理想のバンギーは、排泄物の臭気を打ち消す方法や、排泄物を無害にする各種の解毒剤を知らなければならない。同様にして、かれは糞尿を肥料にかえる手順を知っていなくてはならない。［ガンディー 一九九四：二一九］

ガーンディーは、公衆衛生の知識とトイレの建設方法から人糞の肥料化に至る過程を知り尽くすことをバンギーの責務とした。すなわち、バンギーに従来の世襲的職業を継承し、「清掃、衛生の専門家」に徹することを求めたのである。これには、不可触民制の問題をカースト・ヒンドゥー側の贖罪の問題として捉えると同時に、ハリジャン側もその意に沿うように自身を改善しなくてはならないというガーンディーのハリジャン観が表れている。さらにガーンディーは続ける。

どうしたら、この理想のバンギーをもちうるか。かれにふさわしい威厳と尊敬の念をかけてやることは、教育を受けた階級の特殊任務であり特権である。教育ある者の若干は、同一区域内周辺のバンギーたちに教えるために、まず自分が衛生学をマスターする。かれらは現在の状態とその基礎的原因を注意深く調べ、決してしりごみしないで、敗北を知らない無限の我慢と忍耐をもって、それを根絶する任務にまい進する。かれらは、バンギーたちに清潔の法則を教える。わがバンギーは今日、糞便汚物を取り除くためのよい箒その他の適当な用具すら持っていない。便所自体ひどく汚い。バンギーたちの住区の周辺一帯は汚水だめ以下である。ただ、こうしたことはすべて、教育を受けた階級の者で、バンギーたちを今の窮状から救い出して、社会を恐るべき不衛生から救う任務にまい進する者が出れば無くなるのである。まことに、これは内に奉仕の精神を秘める者の最大の野心を満足させるに足る仕事である。［ガンディー 一九九四：二二〇－二二一］

ガーンディーにしてみれば、不可触民制は心の問題であり、衛生上の問題とされた。バンギーはかれらの労働と生活環境が不潔であるがゆえに、不可触民として扱われる。したがって、その汚れが取り除かれ、カースト・ヒンドゥーが改心すれば不可触の根拠が消滅し、バンギーたち不可触民は、インド社会に受け入れられるとガーンディーは考えたのである［*Harijan*, February 11, 1933］。さらに、この解放運動を任務として推進しなければならないのは教育を受けた階級、つまり上位カーストなのである。

以上の主張は、本節で取り上げているNGOスラブが活動のなかで実践していることであり、創立者のパータクはガーンディーの不可触民運動の理念を継承したと考えられる。次項以降で、具体的にみていくことにしよう。

(2) 清掃カーストの福祉政策にみる政府とNGOスラブの「共生」

図表4－1は、独立から本節の調査時点（二〇〇二－三年）までの清掃カースト、公衆衛生関連の政策とNGOスラブの活動歴を年表に整理したものである。政策の詳細は次項で論じるが、インド政府が断続的に清掃人の福利向上に取り組んできたことがうかがえる。経済五カ年計画での言及、清掃カーストを対象とした各調査委員会の設置［鈴木 二〇〇五］、福祉政策（一九八〇－八一年度以降の「清掃人の解放計画」とそのほかの財政支援策）、法制度の

スラブの活動	スラブが受けた賞・評価
43 B. パータク氏、ビハール州農村のバラモンの家庭に生まれる	＊網掛けは国外関連
69 ガンディー生誕百年祭（1969）の前後に昂揚した、清掃人解放運動に参加。水洗式改良便所（後のスラブ・モデルに）を考案 70 NGO、簡易便所研究所（Sulabh Sauchalaya Sansthan）設立（現在のスラブの母体組織）	
73 ビハール州の小都市（Arah）で、改良便所を2基展示。便所の普及・転換による清掃人の解放促進運動を開始 74 スラブ国際簡易便所社会奉仕機関（Sulabh International Social Service Organisation）に改称 スラブ式共同便所（Pay and Use System）の導入	
	78 屎尿処理に関する全国セミナーが、インド政府、WHO、UNICEF の協働で組織され、スラブ方式を是認
79 人間の排泄物からのエネルギー（biogas）開発	
	84 K.P. Goenka Memorial Award
86 清掃人の子弟のための職業訓練、リハビリテーション計画開始	86 UNDP、世銀によるスラブの技術（Sulabh technology、改良便所の建設・管理）の評価。東南アジア、アフリカ、南アメリカへの採用
88 清掃人の寺院立ち入り運動実施（ラージャスターン州）	
90 社会的地位にある人びとが、清掃人カーストの家族を受け入れる（adopt）運動の実施	90 Prabandhak Mahan Muzzaffarpur Builders Information Bureau Award 90-91 Civil Betterment Award, Bombay 91 National Citizen Award Padma Bhushan
92 清掃人の子弟を対象としたスラブ・パブリック・スクールを設立（デリー）	92 The Inernational Saint Francis Prize for the Environment “Canticle of All Creatures”, Italy Dr. Pinnamaneni and Smt. Seethadevi Foundation Award, Andhra Pradesh Bombay Citizen's Award Sahid Bhup Singh Award for Social Work, New Delhi Anne Mukhopadhya Award for Social Work 93 Rotary International Spectra-93, Par Excellence Award for Protection of Environment Ratna Shiromani Award by India International Society for Unity
94「スラブ国際便所博物館」、「スラブ国際農村開発研究所」、「スラブ国際健康衛生研究所」設立（いずれもデリー）	94 Indira Gandhi Piyadarshini Award NRI Gold Award 95 Manav Sewa Puraskar Vikas Ratna Award Limca Book of records Man of the Year Award 96 イスタンブールで開催されたハビタット（Habitat）国際会議で、スラブの活動が最善の都市環境事業として認められる 97 Babu Jagjivan Ram Award for Abolishing Scavenging Michael Madhusudan Dutt Award Distinguished Leadership Award
99 世界最大の便所複合施設をマハーラーシュトラ州に設立	99 Samaj Ratna Award, Lucknow
	2000 Dubai International Award For Best Practice（スラブの低コスト環境プログラム） 2003 The United Nations Environment Programme, Global 500 Roll of Honor for “Outstanding Contributions” to the Protection of the Environment by UNEP UNDP の 2003 年報告書でスラブを “Affordable Sanitation in India” と評価

図表4－1　スラブの活動年表

	インドのおもな出来事	清掃人カースト、公衆衛生関連の政策
1943		
47	インド、パキスタン分離独立	
50	インド憲法施行	
		58「屎尿処理人生活条件調査委員会」報告書提出
		60「屎尿処理労働条件調査委員会」報告書提出
		66「屎尿処理慣行権委員会」報告書提出
67	インド第4回総選挙	
		69「清掃人・屎尿処理人労働条件調査委員会」報告書提出
71	インド第5回総選挙	
75	インド非常事態宣言（75-77）	
77	インド第6回総選挙。会議派インディラ・ガーンディー敗北。ジャナタ党政権成立。30年の会議派政権の終焉	77-78「不衛生な職種に従事する子弟のための奨学金プログラム」
80	インド第7回総選挙。会議派インディラ・ガーンディー再選	80-81「清掃人の解放計画」開始
84	インディラ・ガーンディー暗殺	
		86「ガンガー・アクション・プラン（第一期）」
89	インド第9回総選挙。会議派敗北、国民戦線内閣樹立	89「中央出資による清掃人の解放・リハビリテーションのための低コスト公衆衛生計画」開始
		90-91「屎尿処理問題改善研究班」報告提出
91	ラジブ・ガーンディー暗殺 インド第10回総選挙。会議派政権復活 経済自由化政策の促進	
		92「ガンガー・アクション・プラン（第二期）」
		93「屎尿処理人の雇用と乾式便所の設置（禁止）法」 「清掃人のためのナショナル・コミッション」設置 「ヤムナー・アクション・プラン」
96	インド第11回総選挙。インド人民党が組閣するも、崩壊。国民戦線と左翼戦線による統一戦線が会議派の支持を受けて組閣	
		97「全国清掃人のための融資・開発組合」
98	インド第12回総選挙。インド人民党政権発足	
99	インド第13回総選挙。インド人民党が第1党となり、国民民主連合政権発足	
2004	インド第14回総選挙。会議派の政権復帰（連合政権）	

（出所）：［鈴木 2007: 124-125］より抜粋。

整備（一九九三年）などがある。

これらの政策に共通する特徴として、ガーンディーの不可触民解放の理念・方法論を継承していることが指摘できる。すでに本章前半でも述べてきたように、ガーンディーの考える清掃カーストの不可触性とは、汚物の除去と運搬というかれらの不衛生な職業性に起因するというもので、清掃カーストの「解放」とは、従来の労働環境から「不衛生さ」を取り去ることであった。具体的には水洗トイレへの転換・建設と清掃労働の物理的改善によって実現可能とされる。実際には、政策名が示すように「清掃カーストの生活向上」と「公衆衛生の促進」という二つの事業が結びついて取り組まれた。

①　インド政府とスラブの「共生」

清掃カーストをおもな対象とする福祉政策は、中央政府出資のもとで一九八〇‐八一年度から本格的に着手された。「清掃人の解放計画（The Scheme of 'Liberation of Scavengers'）」内務省」においては、水洗トイレへの転換と清掃人のリハビリテーション（転職）プログラムが実施された。[7] 一九八九‐九〇年度以降は出資方法が見直され、とくに都市部を重点とした「清掃人の解放・リハビリテーションのための低コスト公衆衛生計画（Centrally Sponsored Low-cost Sanitation for Liberation/Rehabilitation of Scavengers）」、都市開発省」が開始された。[8]

この時期のインドでは、政府とＮＧＯの関係が急速に縮まっていた。一九八〇年代以降、ＮＧＯ数の急増とその社会的認知が高まるにつれて、国家はＮＧＯ活動を政策で取り入れながら、同時に活動と資金内容について規制を設けるという「共生と規制」の関係をＮＧＯとのあいだで築くようになったのである。政府は、開発政策における実施機関としてのＮＧＯに依存する一方で、政策目的からの逸脱と激増する外国資金の受入れに厳しい監視をおこなった［佐藤 二〇〇一：八〇‐八四］。そして、この時期に著しい発展をみせたのがスラブであった。北インドのUP州の四都市を対象に、「低コスト公衆衛生計画」の事例研究をおこなったアリ［Ali 1995: 49］によれば、「調査時において、スラブはUP州における大部分の水洗トイレの建設と非水洗トイレの転換、そしてインド全体では共同トイレの建設・管理にかかわっている」と指摘している。スラブにたいしては、同計画にかかる費用の一五％が「監督費（supervision charge）」として支払われるほか、トイレ建設・転換、トイレのデザイン開発・調査プロジェクトの促進にかかわる費用も政府によって出資された。

前述の計画が個人家屋向けの水洗トイレの建設・転換を推進する内容であるのに加えて、共同トイレの建設が中央政府出資による「ガンガー・アクション・プラン（GAP）、一九八六年開始、環境・森林省[9]」とよばれるプロジェクトによって同時期に展開された。ガンガー川沿いに位置する二五都市を対象に、河川の浄化、衛生設備の改善が図られた。これにはUP州も含まれている。GAPにおいても、スラブの考案した「有料共同トイレ（Pay and Use Community Toilets）」のモデルが採用され、インド全域で建設され始めた。同様の河川保全のプロジェクトには、首都のデリーを含む「ヤムナー・アクション・プラン（YAP）」がある。日本政府は一九九三年から国際協力銀行（JBIC）を通じて財政支援をおこなっており、JBIC職員のインタビューから、スラブが政策実施にかかわっていることが確認された。同プロジェクトでは、ヤムナー川流域に位置するデリー、ハリヤーナー州、UP州のなかから一五都市が選定され、下水整備、共同トイレの整備、火葬施設、沐浴場の改善が取り組まれた。事業を請け負うNGOは数年前までスラブの独占状態であったという[10]。

② 「共生」の背景

以上、スラブが政策へ参入する状況を述べてきた。政府とスラブの「共生」について、二つの重要な特徴を指摘することができる。ひとつは、政策とスラブの双方がガーンディー主義的な理念・方法論を共有していることであり、もうひとつは、一九七〇、八〇年代から顕著になる公衆衛生への国際的関心の高まりがある。以下、順に述べていくことにする。

これまで論じてきたように、今日のインド政府の不可触民問題に関する立場は、基本的にガーンディーのアプローチを踏襲している。それは一九三〇年代の論争を嚆矢とするもので、不可触民をヒンドゥーに統合される社会集団と位置づけ、地位の改善のために社会的、経済的な支援措置を優先的に講じている。ガーンディーと対立したアンベードカルは、不可触民を非ヒンドゥーとみなし、独自の政治的権利を求めたが容認されなかった。この結果として、独立後は会議派政治のもと、ガーンディー主義団体が公的な社会福祉政策の枠組みに抱え込まれることになった［佐藤 二〇〇一：七二］。

不可触民政策においてインド政府がガーンディーの理念を採用する傾向は、とりわけ清掃カーストを対象とする政策から確認することができる。図表4－1の「清掃人カースト、公衆衛生関連の政策」で列挙した各調査委員会のうち、中央政府レベルではじめて清掃人問題を取り上げた「屎尿処理労働条件調査委員会」（一九六〇年に報告書提出）の委員長を務めたのは、HSSの副代表マルカーニー（N. R. Malkani）であった。一九三二年にガーンディーによって設立されたHSSは、不可触民制の根絶、不可触民への福祉活動を目的としたもので、そこにはかれの不可触民問題への関心、アプローチが集約されていると考えられ、重要である。活動を概観する限り、ガーンディーが清掃カーストへ特別の関心を寄せていたことは明らかであった。奉仕者団の活動はガーンディーの死後も、弟子たちによって引き継がれた。一九六九年、ガーンディー主義者たちによるサルボーダヤ運動（後述）にはスラブの創立者パータクも参加し、スラブ立ち上げの構想を得ている。以上の経緯から、ガーンディー主義運動の原型となるＨＳＳについて説明を加えたい。

一九三五年に取り決められた奉仕者団の規約には、活動方針として二つの柱――①カースト・ヒンドゥー内部で不可触民制の根絶を求める精神の育成、②「建設的活動（constructive work）」とよばれる、社会的、衛生的、教育的、そして経済的観点から不可触民の向上をめざす各プログラムの実施が掲げられている[11]。それらのなかには、個別に清掃人のための活動も含まれていた。ヴァルマーの『ハリジャン奉仕者団の歴史　一九三二－六八年』によれば、「ハリジャンのあいだでさえも、清掃人は最もひどい受難者である」と当時の清掃人の窮状が訴えられ[Verma 1971: ix]、近代的な衛生設備の実践によってかれらを不衛生な労働から救済することが奉仕者団の課題とされた。ヴァルマーの著書の最終章で述べられているように、「最大の目標とは、人糞を清掃・運搬する人間を必要としないようにすることである。したがって奉仕者団は、より優れたトイレモデルの開発に主眼を置く」ことが目標とされた。一九六四年のＨＳＳの年次会議では、「ガーンディー生誕百年祭プログラム（Gandhi Centenary Programme）」として全一四の活動項目のうち、清掃人の地位向上に関する内容が二項目を占め、人糞除去の作業の廃止、近代的衛生技術の導入の必要性が決議された[Verma 1971: xi]。

以上の活動状況から、ガーンディーのＨＳＳが少なからず清掃人問題への関心を寄せていたことが確認される。さらに強調しておくべきは、奉仕者団の活動理念とアプローチが、独立後の清掃人政策でも引き継がれていることである。たとえば、先に述べた奉仕者団の副代表マルカーニーが、清掃人問題の調査委員会で中心的な役割を果たしていることや、第三次五カ年計画（一九六一－六六年）の実施において奉仕者団の活動が組み込まれる必要性が提言されたことなどからも明らかである［Verma 1971: 200］。

同様に、奉仕者団のアプローチは本研究が検討するＮＧＯスラブによっても踏襲されている。たとえば、ガーンディー主義的な清掃人問題解決の手法として特徴的な「トイレ開発」に活動の重点を置いていることが挙げられる[12]。スラブの設立者はガーンディーが始めたサルボーダヤ（全員の向上）運動[13]に参加した経験がある。運動にかかわる過程で、清掃カーストの解放・地位向上の実現に最も効果的に貢献しうる方法が改良トイレの普及であるとの結論に至った、と自身の著書でも語っている［Pathak 1991: 125-127］。それをよく象徴しているのが、ヒンディー語で「簡易便所」を意味する「Sulabh Shauchalaya」を一九七〇年に設立したスラブの最初の組織名に取り入れたことである。パータクに限らず、他の多くのガーンディー主義者たちも改良便所の開発に力を注いだことで知られている[14]。

インド政府とスラブの「共生」を可能にしたもうひとつの特徴として、同時期の国際的な公衆衛生への関心の高まりについても指摘しておかなければならない。一九七〇、八〇年代は、国連や世界銀行などによる途上国の開発プロジェクトで、ベーシック・ヒューマン・ニーズ（ＢＨＮ）[15]の概念が強調された。従来の政府主導による公共サービスの供給が、非効率的で弱者層へ十分に行き渡っていなかったという反省から、国連・国家の力だけでは不十分だとして、実施過程におけるＮＧＯの参入が積極的に促進された。インド政府は、基礎的な社会基盤整備（ヘルスケア、給水、輸送交通機関の整備、農村部の電化）を目的とする「ミニマム・ニーズ・プログラム（ＭＮＰ）」を政策に導入し、保健・公衆衛生事業に重点を置くようになった[16]。一九八〇年代以降の政府とＮＧＯの関係は、佐藤論文が指摘しているように、カッコつきの「共生」ともいわれ、国家による「規制」とＮＧＯの「規格化」が始まる時期でもあった。そこで政府に取り込まれるＮＧＯとは、従来の慈善団体やガーンディー主義団体などに加えて、政治家、官僚出身の活動家も目立つようになった。このことは、政府とNGOの融合する度合いが強いことを示唆している［佐藤 二〇〇一：七二］。後述するように、スラブは退職した政治家や官僚をメンバーとして多く連ねていることから、その人脈を利用して政策に参入しやすいNGOであることがうかがえよう。(17)

独立後の清掃カーストに関する福祉政策は、こうした流れのなかに置くことができる。すなわち、インド政府がガーンディーの思想に由来する「清掃カーストの不可触性は、排泄物に直接触れるという不衛生な職業的性質に起因する」という立場を選択的に政策に取り込んだこと、さらには同時代に著しくみられた公衆衛生への国際的関心の高まりを受けて、水洗便所をはじめとする衛生設備への需要が加速されたことが背景にある。その帰結が、前述の「清掃人の解放・リハビリテーションのための低コスト公衆衛生計画（一九八〇－八一年と八九－九〇年に開始）」の政策名にも端的に示されている。スラブは、まさにこうした政策に合致するNGOであり、実施を請け負わせる政府にとっては、「つかいやすい」NGOであったといえよう。

(3)　スラブの活動分析

では、実際にスラブは清掃カースト問題にどのようなインパクトを与えているのだろうか。ここでは、清掃カーストの解放・地位向上におけるスラブの有効性、という点に絞って検討したい。結論として強調すべきことは、スラブの活動が「清掃カーストの解放・地位向上」から「公衆衛生事業の推進者」へと傾斜してゆく状況が観察されることである。スラブのパンフレットでは、パータクを次のように紹介している。

著名な行動社会学者であり、有名な社会活動家であるB・パータク博士はスラブ・ムーブメントを考案し、発展に尽力した人物であり、また富裕層の贅沢品としてのトイレの概念をインドの普通の人びとの必需品へと変革させた。手作業による排泄物の処理作業という非人間的なおこないを廃止することに……何世紀ものあいだ、暗闇に閉じ込められていた何千人という清掃人の生活を変革させることができた［Sulabh n.d. 2］。

紹介文では、「トイレ概念の導入」、「手作業による排泄物の処理作業の廃止」と「清掃人の生活の変革」が同じ文脈で語られていることに注目したい。清掃人の地位向上を、清掃労働の改善という立場から主張することで、先のハリジャン奉仕者団の活動との共通性がみてとれる。

清掃人の社会的向上に関しては、次のように言及している。

スラブは、今や公衆衛生運動（sanitation movement）として全世界的に認められているが、それはおもに五段階の社会改革――解放、リハビリテーション、職業訓練、社会的向上と清掃人の子弟のための教育――をたどることで、清掃人への尊厳を取り戻す包括的なプログラムである［Sulabh n.d. 2］。

スラブは、清掃労働へ自らが開発した改良トイレを導入することで、清掃人に「解放」がもたらされると主張している。トイレ普及の活動と並行して、職業訓練と教育活動にも取り組んでいる。一九八六年に開設した清掃人の子弟のための職業訓練校（現在、国内に三校）[18]では車の運転手、タイピスト、裁縫師、大工、コンピューター技師などの様ざまな職種に就くための技術指導をおこなっている。一九九二年にはデリーのスラブ本部敷地内に、英語授業によるスラブ・パブリック・スクールが設立された[19]。これらの活動成果について、スラブのパンフレットによると、活動範囲はインド全州・全連邦直轄地、近隣諸国（ネパール、ブータンなど）にも及び、約六千基以上のスラブ式公共トイレの設置、それによる屎尿処理から「解放」された清掃人を約六万人以上と報告している［Sulabh n.d. 3］。

こうした活動以外に、近年のスラブにみられる傾向として次の点に注目する必要がある。スラブのパンフレットと近年の国内外からスラブが受けた活動の受賞歴を参照する限り顕著なことは（図表４－１）、それらの大部分がスラブを「人道的支援」という側面よりも、「生活環境を改善するＮＧＯ」、「環境保護のＮＧＯ」という面から評価しているという特徴である（とくに海外の開発機関からの評価の場合）。たとえば、最近では、二〇〇三年六月五日の世界環境記念日に、国連環境計画（ＵＮＥＰ）によって「環境保護へ顕著な貢献をした五〇〇の団体」に選ばれ、二〇〇〇年一一月にはドバイで「生活環境改善の最尽力者に贈られるドバイ国際賞」を受賞している。二〇〇三年の国連開発計画（ＵＮＤＰ）の報告書は、スラブを「インドの手ごろな公衆衛生（affordable sanitation in India）」と評価している［UNDP 2003: 105］。一方、一九九四年、スラブは本部の敷地内に「スラブ国際便所博物館」を設立し、都市部のスラム地域におけるヘルスケアや公衆衛生の促進を目的にした「スラブ国際健康衛生研究所」や「スラブ国際農村開発研究所」を設立するなど、公衆衛生の分野での活動が目立つ。

以上の近年のスラブの活動状況をふまえて、次のような点が導き出される。それは、清掃カーストの解放・地位向上を運動の起点としていたスラブであったが、一九七〇年代以降の開発政策のなかで、スラブが考案した改良トイレの普及事業は、政府によって積極的に取り込まれることになった[20]。国内でのスラブへの需要の高まり、そして同時代に昂揚していた世界的な「開発ブーム」の流れを受けて、国際機関による評価も高まった。その結果、スラブというＮＧＯは巨大化したと考えられよう[21]。

清掃カーストの解放・地位向上と不可触民制の解消は、確かにスラブの活動目標として掲げられてはいたが、主要な活動分野にはなりえていなかった。それは、スラブ本部で働く職員の出自と無関係ではないだろう。筆者は、スラブを訪問した際に接触できた一五名の職員(本部職員とスラブの運営する学校、職業訓練校の教職員を含む)を対象に質問紙調査をおこなった(22)。

質問項目は二つに大別される。①属性とスラブでの雇用状況について(年齢、性別、宗教、カースト、出身地、家族構成、学歴、職歴、スラブでの役職、月給、勤務期間)と、②スラブでの雇用経緯について、である。対象を中間・管理職員に限った理由は、先の質問内容を尋ねることで、パンフレットや設立者とのインタビューからは入手できない、組織自体の特徴がわかるのではないかと考えたからである。

回答結果より、次のような状況が明らかになった(図表4－2)。①の回答からは、中間・管理職クラスの職員には、清掃カースト出身者が一人も含まれないこと、都市部在住の高学歴で英語を話すヒンドゥー教徒で、なおかつ上位カースト出身の人びとを中心とする集まりであること、退役した高級官僚、政治家、学者が代表に集中している[Sulabh n.d. 3]、などの傾向が確認された。官僚の天下りはスラブの大きな問題となっており、今後のさらなる調査が求められる。回答者一五名のうち、公職からの退職者は二名(A、D氏)のみであったが、スラブの出版物によると、一三名の退職者の名前がスラブの支援者として挙げられている[Sulabh n.d. 3]。

こうした偏りのある職員の出自は、②の回答結果とも関連づけることができる。スラブが運営する学校、職業訓練校の職員の雇用経緯は、スラブが直接依頼、スラブと関係をもつ知人による推薦、新聞などのメディアを媒体とした採用広告をみて直接志願する者など様ざまであったのにたいして、スラブ本部に従事するすべての幹部職員の雇用経緯は、設立者のパータクから直接依頼を受けたという回答が得られた。したがって、スラブに入る時点で理

図表4－2　スラブ職員の聞き取り調査結果

	スラブでの役職	性別	年齢	宗教	カースト	出身地	最終学歴	勤続年数	給料(ルピー/月)
A氏	Hon. Chairman	男	67	ヒンドゥー	バラモン	ウッタル・プラデーシュ州	社会学(博士)	3－4年	Honorary、無給
B氏	Chairperson	女	37	ヒンドゥー	無回答	ウッタル・プラデーシュ州	環境科学(博士)	7年	Honorary、無給
C氏	Chairperson (international division)	女	53	無回答	無回答	ビハール州	経済学(修士)	12年	無回答
D氏	Chairman（Sulabh Sahitya academy、出版部門）	男	67	ヒンドゥー	バラモン	ハリヤーナー州	ヒンディー文学(修士)	4.5年	Confidential、機密
E氏	Vice-chairperson	女	32	ヒンドゥー	バラモン	ビハール州	教育学(修士)	8.5年	Rs.16,000–
F氏	Vice-chairperson	女	48	ヒンドゥー	カーヤスタ（1）	西ベンガル州	教育学(博士)	9年	無回答
G氏	Hon. Adviser	男	64	ヒンドゥー	無回答	ウッタル・プラデーシュ州	経済学(修士)	8年以上	Honorary、無給
H氏	Adviser	男	67	ヒンドゥー	無回答（上位カースト）（2）	ウッタル・プラデーシュ州	技術者	1－2年	Confidential、機密
I氏	Principal (Sulabh Public School)	女	45	ヒンドゥー	バラモン	チャッティースガル州	教育学(修士)	12年間	Rs.11,620–
J氏	Teacher (Sulabh Public School)	女	36	ヒンドゥー	カーヤスタ	ビハール州	地理学(修士)	11年	Rs.9,890–
K氏	Typing Instructor (Sulabh training centre)	女	26	ヒンドゥー	ラージプート（3）	ハリヤーナー州	？(学士)	1年未満	Rs.4,000–
L氏	Office Assistant	男	31	ヒンドゥー	バラモン	ビハール州	地理学(学士)	1年未満	Rs.5,500–
M氏	Teacher (Sulabh Public School)	男	39	ヒンドゥー	バラモン	ビハール州	動物学(修士)	8年	Rs.9,890–
N氏	Office Assistant	男	32	ヒンドゥー	バラモン	パンジャーブ州	サンスクリット(修士)	3－4年	無回答
O氏	Personal Secretary (設立者の)	男	30	ヒンドゥー	カーヤスタ	ビハール州	歴史学(学士)	5年	Rs.10,000–

調査日時：2003年5月18、19日　　場所：スラブのニューデリー本部

聞き取りは、ニューデリー本部の職員（中間・管理職クラス）とスラブが運営するパグリックスクール、職業訓練校の教職員を含む15名にたいしておこなわれた。

(注)

(1)　インド北・東部のウッタル・プラデーシュ州、ビハール州、旧ベンガル州に分布する書記カースト。バラモンと並び、在地の地主・支配層を形成し、ムスリム宮廷に出仕する有力カーストであった。英領期にも、いち早く英語教育を受容し社会的地位を確立した。

(2)　回答は、「私は上位カーストだが、スラブにいる限りカーストは関係ない」として無記名が主張された。

(3)　西部、中部インドに多く住む尚武の種族とされる高位カースト。

(出所）筆者作成。［鈴木 2007: 136-137］より抜粋。

念を共有していると察せられ、実際の活動のなかで清掃カーストの解放・地位向上の妥当性が問われる可能性はきわめて低かったと考えられる。

組織の意思決定をおこなうスラブ本部の管理職員に、清掃人カースト出身者が一人も入っていないというアンバランスな状況については、ガーンディーのHSSとの類似性を指摘できる。奉仕者団の設立当時、執行部に不可触民代表が入っていないことにたいして不可触民側から異議を唱える声が上がった。しかし、ガーンディーは「奉仕者団はあくまでもカースト・ヒンドゥーの善意によって運営されるべきものであり、不可触民はそうした温情の受け手の立場にとどまるべきだ」と返した［山崎 一九七九：四七］。スラブにおいても、執行部が上位カースト出身者で占められ、対照的にスラブ式トイレの清掃職は清掃カーストによって担われているという構造は奉仕者団と変わりがない。その結果、労働環境（賃金）をめぐる交渉で清掃人が弱い立場に置かれる問題も生じている。[23]

さらに、清掃カーストへの雇用提供（リハビリテーション）が進展していないという問題は残されたままであり、一九九三年の屎尿処理禁止に関する法案の下院討論（一九九三年五月一三日）[24]における議員の発言からも確認される。スラブとの関連で興味深いのは、不可触カースト（ドゥサード（Dusadh））出身のパスワン（R. V. Paswan、一九四六–）下院議員（インド国会）の以下の発言である。

（清掃人へのリハビリテーションに関する予算枠の拡大を主張した後で）スラブとは何でしょう。実際のところ、それは人びとを騙し取る手先なのです。私の選挙区に、B・パータクという人物がおりますが、かれは実に詐欺師です。……私がいいたいのは、パータク氏の二〇–二五年前の資産がどれくらいであったかということ、そして今や、かれは毎日テレビに登場し、国内での仕事に加えて、何十億ルピーものプロジェクトを諸外国でおこなっていることに関して、真相を見出して欲しいということなのです。かれが何をしているのでしょうか。かれは、清掃労働者（'*Safai Karamcharis*'）[25]を奴隷的拘束労働者（bonded laborers）にしたのです。パータク氏は、清掃人たちによる労働を得ています。かれらが給料を要求すると、パータク氏は棒でかれらを叩きつけ、手や足を骨折させています。しかし、パータク氏は無傷のままであり、誰も（清掃人の）苦情を聞きません。そのような状況で、どうしてカースト的職業制が廃止されうるのでしょうか。

このような批判も聞かれるなか、スラブ運動のアプローチは不可触民問題の構造を変革させるものではなく、清掃カーストの利益が顧みられることはなかった。かれらの状況に着目すると、いくつかの課題が残されている。スラブには、ガーンディー主義的な不可触民解放のアプローチ（上位カースト主導、パターナリスティックな側面）への批判が欠落しており、それゆえに政府と対立することがなく「共生」関係を保ってきたといえる。スラブは政策の下請け機関として政府との同調を強めることで、組織を拡大させた。ガーンディー主義者による清掃人問題へのアプローチは、おおむね①トイレ開発、②財政援助、③教育の三分野に集中する傾向がみられるが［Prashad 2000: 125-126］、これらの手法は、清掃カーストの個々人の自助努力に負うところが多い。実際、かれらが財政援助を求めに行く役所や学校生活の現場では、上位カーストによる嫌がらせや建物への立ち入りを拒否されるケースが少なくない。清掃カーストの不可触民制からの解放と地位の向上を目的とするこれまでの政策や運動が目立った成果を上げられず、社会経済的発展が立ち遅れてきた要因のひとつとして、ガーンディー主義の可能性と限界をあらためて検討する必要があるだろう。

カースト差別や不可触民制は、構造的な問題で早急に解決策が見出されるものではないが、スラブの事例から、次のような状況に注意を促したい。それは、「開発」や「公衆衛生」の文脈で、清掃カーストの解放にともなう日常的な困難さ（転職など）は周辺に追いやられてしまったという問題である。都市の公的な清掃部門は、集中的に清掃カースト出身者によって占められており（第3章第5節）、他分野への進出・再就職が困難な状況がみられる［篠田　一九九五：南埜　一九九九］。政府やスラブのプログラムで実施された清掃業の改善により、改良トイレが全国的に導入されていったにもかかわらず、清掃カーストにたいする社会的差別はいまだに消えていない。従来の「不衛生な」労働環境での苦しみは軽減されたかもしれないが、「衛生的な」スラブのトイレ清掃に従事する者は、変わらず清掃カーストによって担われているのが現状である。スラブの執行部に清掃カースト出身者が含まれず、清掃人以外の人びと（上位カースト）が運動を主導する。そして、政策と同様に、スラブにおいても清掃カースト自身の声は活動に反映されず、かれらはスラブによって奉仕される「受け身」の存在に徹することが望まれた。さらに、「衛生事業の推進者」としてスラブに与えられた国内外からの評価は、運動の正当性を高めることにつながったといえよう。

4　福祉政策における清掃カーストの「解放」の問題

(1)　ＳＣ政策の時代的特徴——独立以降から一九九〇年代の経済自由化導入まで

本節では、ガーンディーのアプローチ（と部分的にアンベードカルのアプローチ）を継承したＳＣ優遇政策の基本的特色を確認し、続いてさらに具体的に検討するために清掃カーストを対象とする支援施策に焦点を当ててその成果を検証する。

留保制度を含むＳＣ向けのアファーマティブ・アクションは、大別して三つの分野で実施されている。それは、

①インド憲法を基本とする法制度の整備、②経済・教育・社会的発展のための福祉政策の導入（職業訓練や失業対策事業、低利子の貸付制度、奨学金や学生寮の設置）、③政策受益集団の状況、施策の進展を定期的に調査・報告・提言をおこなう全国コミッションがマイノリティの種別ごとに設立されている。(26) ③による報告書は、ＳＣの社会経済状況を把握するうえでも貴重な資料である。

独立から一九八〇年代末までのＳＣに関する福祉政策のレビューをしている押川の研究は、時代的特徴を把握するうえでも有益な視点を提供してくれる［押川 一九九五：一九－一一二］。それを参考に、政策の特色から三つの時期に分けて概観したい。

第一期（独立当初から一九六〇年代中期まで）は、独立直後の高揚感から「制度改革への期待」が高まった時期である。ＳＣを特定した福祉政策は、教育普及、住宅支援、保健衛生の改善のなかで若干実施された。他方、経済分野でも着手され、五カ年計画で予算が割り当てられたが規模は概して小さかった。この時期にＳＣ政策、とくに経済向上政策が本格的に取り組まれなかった最大の理由は、不平等や格差の問題は基本的に独立後の経済発展と民主化によって自然に解消される、という楽観論が政策策定者のあいだに存在したからだといわれる［押川 一九九五：三七－三九］。また、この時期からすでに、土地改革などの根本的な制度改革の限界が明らかになってくる。

続く第二期（一九六〇年代末から七〇年代末）には、貧困問題の深刻さが認識され、インディラ・ガーンディーのスローガンで有名な「ガリービー　ハターオー（貧困を追放せよ）」の掛け声のもと、貧困解消政策の強化が前面に打ち出された。さらに、中央政治の不安定性が増したこともあり（一九六七年の第四回総選挙で、会議派は独立以来初の優位を失う）、政権の支持基盤を確保するためにも貧困層にかかわる問題にどのように取り組むかは政治的、経済的にも重要な焦点となった。

清掃カーストとの関連で注目されるのは、一九六〇年代末から中央政府により新たに導入された、不可触民特有の職種とされる清掃業や皮革業といった「不潔な（unclean）職業」の就業条件や技術改良、その労働者の子弟向けの奨学金などの特別措置がある。ＳＣ向けの個別政策が拡充されるなか、同時に、留保政策の効果が徐々に現れ始めたのもこの時期である。相対的に微小ながらも留保対象集団出身者の高等教育進学者数や公務員採用者数は確実に増加していった［Thorat and Senapati 2006: 18］。

第三期（一九八〇年代から九〇年代はじめ）においても、中央の不安定な政治状況が続いた。ＳＣ政策は、一般政策のなかに予算が組み込まれるなどの変更とともに、大量の政府資金が農村開発に注入された。こうした措置にたいしては、「土地改革が進展しないなかでの一時的な公的資金のばら撒きにすぎず、構造的問題を放置している」との批判もなされた。また、実際に政策の実施を担うのは州政府であることから、州行政の効率性の格差が顕著になった。したがって、ＳＣの発展状況にも地域差が生じる問題が認められるようになった。

留保制度も継続的に実施されるなか、その社会的インパクトが鮮明になったのもこの時期である。高等教育と安定した雇用を獲得したＳＣ出身者の社会進出が促進されたことを背景に、とくに政治分野でのかれらの発言が高まった。低カースト、不可触民の人びとが自らの出自をアイデンティティとして主張し、公的資源の「公正な」配分を求めるようになった。カーストを基盤とする集団的な圧力団体、小政党も結成されたことで、アイデンティティ・ポリティクス、カースト・ポリティクスとよばれるような政治状況が一九九〇年代から顕在化した。さらに、留保制度のさらなる拡大を要求する運動も急増し始めた。アファーマティブ・アクションの正当化の根拠、社会的公正と弱者保護の原則をめぐって国民のコンセンサスに揺らぎが生じ始めた時期である。

一九九一年には経済自由化という大きな政策路線の変更がおこなわれ、自由競争や能力主義の価値観が浸透していく。公的部門の民営化、統合や縮小によるスリム化が着手された[27]。そうした情勢下で、これまで最大の雇用主であった公職のポスト数は、一九六〇年から増加傾向であったのにたいし、一九九〇年代に入るや否や減少に転じている。公職の削減の傾向は、とくに下級ポスト（C、Dグループ）において著しい。下級ポストにはＳＣ公務員の大多数が雇用されていることから、かれらに失業などの影響が大きく及んでいることは間違いない。この傾向は、最近の研究でも確認されるところである［Thorat and Senapati 2006］[28]。

経済自由化の影響について、とくに本研究で重要となるのはDグループに含まれる清掃職員の状況である。これまで、そして今日においても公的部門の清掃労働者の大部分は清掃カースト出身者で占められることは、第3章および第5章で確認することができる。インド社会において、清掃労働への偏見や蔑視はいまだに根強く、清掃職に就くことは社会的地位の低さを示すことになる。しかし、偏見や差別の理由からほかの産業で仕事を得ることが難しい清掃カーストにとって、公共部門の清掃職に就くことは少なくとも家族全員の生活を保障しうるきわめて重要な雇用機会であり、かれらの「権利」とも考えられてきた。筆者の調査中においても、「ノーカリー　カルターフーン（公務員として勤めています）」と自信に満ちた顔で話す清掃カーストの人びとに何度も出会った。しかしながら、一九九一年の自由化以降はそうした限られた機会でさえも劇的に減少しつつある。デリーとニューデリー自治体、連邦政府、鉄道部門、その他の公共団体は清掃部門の民営化を加速させている。その影響により、公職の清掃職員でありながらも、「パッカー・カーム」とよばれる常勤のポストに就くことができず、何年ものあいだ「カッチャー・カーム（臨時雇い）」のステイタスに留まる状況が多くみられる。

ＳＣをめぐる就業構造、労働環境の急速な改善が見込まれないなか、ＳＣの高い失業率や低教育、就職差別などの多くの問題が残されている。現在、民間部門での留保制度導入も国会で検討されているが、企業側からの大きな反発を受けて実施には至っていない。実際のところ、ＳＣ出身者（とくに清掃カーストのような後進集団）が公職以外で安定した組織部門の職を得るのは非常に難しい。留保制度を含むインドの福祉政策がいま、最も困難な時期を迎えていることは必至の情勢である。

以上、独立から一九九〇年代までのＳＣ政策を中心に概観してきた。これらに加えて、インド政府はＳＣ内部でもとくに支援が必要とされるＳＣ後進集団への特別な優遇措置も講じている。清掃カーストも、この後進集団に含まれる。次項では、清掃カーストに対象を特定した立法、政策、調査委員会を検討することでその成果と問題点を明らかにしたい。

(2) 清掃カーストを対象とする政策の概要

前項で述べてきたように、ＳＣ政策は三つの分野でおこなわれている。それは、①法制度の整備、②経済・教育・社会生活にかかわる福祉政策、③施策を評価する全国レベルのコミッションの設置である。政府は、これらのＳＣ全体を対象とする施策とは別に、ＳＣのなかでもいっそうの特別支援が必要なＳＣ後進集団に個別的措置を講じている。清掃カーストも、それに含まれている。(29) 以下、その概要を述べる。

図表４－３は、清掃カーストに関する代表的な施策をまとめたものである。独立以降、清掃人問題は断続的に取り組まれていたことを確認することができよう。具体的には、中央と州政府による清掃人の労働状況や生活条件に関する各調査委員会の設置と報告書の提出、福祉政策や立法措置などがおこなわれた。

留意すべきは、これらの特別措置が必ずしもすべての清掃カーストの人びとを対象としているわけではないことである。政府資料によると、清掃労働者のなかでも、汲み取り式便所（乾式便所）を掃除する「屎尿処理人」とそ

図表4－3　清掃カーストを対象とする福祉政策

分野	名称	年	管轄省庁
①立法	「屎尿処理人の雇用と乾式便所の設置（禁止）法（The Employment of Manual Scavengers and Construction of Dry Latrines (Prohibition) Act, 1993)」	1993年施行	
②福祉政策	「屎尿処理人とその扶養家族の解放と社会復帰支援全国計画（National Scheme of Liberation and Rehabilitation of Scavengers and their Dependents、略 NSLRSD)」	(1980/81年から断続的？)、1991/92年から2007年まで？	都市雇用と貧困救済省(現在は、住宅・都市貧困救済省と都市開発省の2省に分割) 社会的公正・エンパワーメント省
(経済支援) 雇用創出 職業訓練 金融普及など	「全国清掃人金融開発公社（National Safai Karamcharis Finance and Development Corporation、略 NSKFDC)」による諸事業： ・「屎尿処理人の社会復帰のための自営業支援計画（Self-Employment Scheme for Rehabilitation of Manual Scavengers、略 SRMS)」(2007年開始) ・マイクロ・クレジットなど	1997年開始	
(住宅支援) 貧困線以下のスラム住民への住宅建設・改築支援	「ヴァールミーキ・アンベードカル・スラム住宅計画（Valmiki Ambedkar Malin Basti Awas Yojna、略 VAMBAY)」	2001年開始	住宅・都市貧困救済省、住宅都市開発公団(HUDCO)など
(乾式便所から水洗便所への転換・新設のための助成金)	「総合的低コスト公衆衛生計画（Integrated Low Cost Sanitation Scheme、略 ILCS)」	1980/81から1989/90年、2003年から2007年まで？	
(教育政策)	「中央出資による不衛生な職業に従事する者の児童のための中等教育課程前奨学金プログラム（Centrally Sponsored Scheme of Pre-Matric Scholarship for Children of those Engaged in Unclean Occupations)」	1977/78年開始、1994年、2001年に一部改正？	
③全国コミッション（上記の政策の進捗にかかわる調査・評価・提言の実施)	「清掃人のための全国コミッション（National Commission for Safai Karamcharis、略 NCSK)」	1994年から2010年3月まで延長 ＊時限措置	社会的公正・エンパワーメント省

（出所）筆者作成。

れ以外の「清掃人」の扱いは、明確に区別されていることがわかる。特別措置がとくに必要とされているのは、「屎尿処理人」の方であり、ヒンドゥー教で最も「不浄」な職業とされ、過酷な労働条件を強いられている。

一九六〇年代から七〇年代にかけて、中央と州政府による屎尿処理人の労働環境に関する調査委員会が集中的に立ち上げられ、屎尿処理人に重点を置く措置を講じる姿勢を明確に示した。政策受益層としての「屎尿処理人」の条件には、「乾式便所から人糞などの汚物を取り除く作業に全面的、あるいは部分的に従事している」ことが挙げられ、その他の廃棄物の清掃労働者は含まれていない[30]。つまり、「屎尿処理人」と明記されている政策の場合、清掃労働者の大部分を占める道路や排水溝、下水道の清掃、ごみ収集などの労働者は、受益対象の資格から外されていることを意味する[31]。

清掃カースト問題にたいするインド政府の基本的立場は、社会的地位の低さや不可触民差別の原因を、清掃カーストの職業的性質、すなわち人糞などに直接接触しなければならない不潔な労働環境によるものとした。したがって、政策名で掲げられている屎尿処理人の「解放」とは、「不潔な労働環境からの解放」を意味した。

では、それはどのように実現されたのだろうか。政府が採用した手法は、水洗便所の新たな設置（あるいは従来の乾式便所の転換）という非常にテクニカルで、実用的なものであった。約言すれば、インド政府がおもに力を注いだのは屎尿処理人（清掃人）の労働環境であり、カーストにもとづく職業構造やカースト制自体を破壊するラディカルなものではなかった。

清掃カースト政策の特徴は、二つのプログラムがセットになって実施されたことである。一つは、「屎尿処理人・清掃人の社会経済的状況の向上」であり、もう一つは「公衆衛生の改善」であった。そこでは、水洗便所の普及こそが、被差別の原因とされる「不潔な」屎尿処理から清掃カーストを「解放」しうる最も有効な方法だと主張された。このようにして、水洗便所の普及と清掃カーストの「解放」が結び合わされた政策が展開され、両者の進展にともない屎尿処理人の解放と社会復帰が実現されると見込まれたのである。

(3)　清掃カーストを対象とする政策の進展状況とその問題

インド政府は、清掃カーストの解放と地位向上を実現するための様ざまな措置を導入してきた。それでは、その進展状況についてはどうであろうか。はたして、当初の目的は達成されているのだろうか。

政策の評価と提言を担うＮＣＳＫと全国人権コミッション（ＮＨＲＣ）[32]の報告書などを参照する限り、飛躍的な成果はいまだあげられていないようである。これに関して、報告書は改善しなければならない三つの点を指摘している。それは、①法律の実効性、②乾式便所の転換の不振、③屎尿処理人の社会復帰である。以下、個別に要点をまとめることにしたい。

①　法律の実効性

一九九三年に施行された「屎尿処理人の雇用と乾式便所の設置（禁止）法（以下、一九九三年禁止法と略記）」について、実際に実効性を有するのは非常に時間のかかるプロセスであり、法律自体の認知度もきわめて低い。その理由の一つに、同法の法的性質が考えられる。インドは二九州および七連邦直轄領から構成される連邦制国家であり、法律には連邦法と州法とがある。[33]一九九三年禁止法は、連邦法に属する。この法律が実際に効力を発揮するのは、各州が州議会において当該法律を採択する場合に委ねられている（インド憲法の第二五二条（１）の規定）。したがって、インド国内のすべての州議会による可決手続きが完了するまでには多大な時間を要する。ＮＣＳＫの第四次報告書は、この問題を一九九三年禁止法の円滑な施行を阻む大きな要因として指摘している。[34]
そのほかに一九九三年禁止法の実効性を阻む要因として、法的強制力の弱さがある。同法に違反した場合、一定期間の禁錮および罰金の罰則が科されているにもかかわらず、実際にはほとんど適用されていない。たとえば、アーンドラ・プラデーシュ州は州内に乾式便所が存在しないことを主張しているが、二〇〇一年から二〇〇二年にかけて一一州で実施された農村部における不可触民制の調査によると、乾式便所の廃止を宣言しているいくつかの州において乾式便所がいまだに使用されている実態が報告されている［Shah et al. 2006: 113-115］。

② 乾式便所の転換の不振

法律の実効性と同様に、乾式便所から水洗便所への転換も十分な結果を出せないでいる。最大の理由は、行政機関（地方自治体や州政府）にみられる政策実施への無関心と、乾式便所保有者の積極性の欠如、さらには州政府による乾式便所数の統計に関するデータの不足、提供されたデータの信頼性の低さがある。そうしたなか、限られた統計データを参照しつつ、NHRCの議長を務めていたA・S・アーナンド判事（二〇〇三－六年任期）は、各州政府にたいして、転換の必要な乾式便所数を同定する調査を適切に実施するよう求めた。[35]
一九八〇－九七年にかけて低コスト公衆衛生計画により水洗便所へ転換された乾式便所数は約六九万基であり、これは転換対象になった乾式便所合計数（約三四四万基）の二〇％にすぎない［Report of the NCSK: Third Report 1996-97 & 1997-98: 211］。政策が円滑に実施されていない事実が確認できよう。

③　屎尿処理人の社会復帰

前述の①、②と同じく、屎尿処理人の社会復帰に関しても積極的な変化はほとんどみられていないのが現状である。この施策の要点は、屎尿処理人とその扶養家族の同定作業、そして転職にたいするかれらの意見を収集することである。しかし、大方の州政府と地方自治体は、政策の第一段階となる、屎尿処理人の受益者層の同定と人数確定の作業さえ十分に遂行できていない。二〇〇七年三月一八日のＮＨＲＣによるレビューミーティングでは、各州政府にたいして屎尿処理人の同定調査を早急に実施することが勧告された(36)。

もう一つの問題は、社会復帰（転職）に関するものである。当局は市場の需要に適合させつつ、収入面で妥当な転職オプションを、屎尿処理労働から離脱した人びとに提供することの難しさに直面している(37)。

図表４－４　NSLRSDによって職業訓練・社会復帰（転職）を達成した屎尿処理人と扶養家族の合計人数（1992/93年－1997/98年）

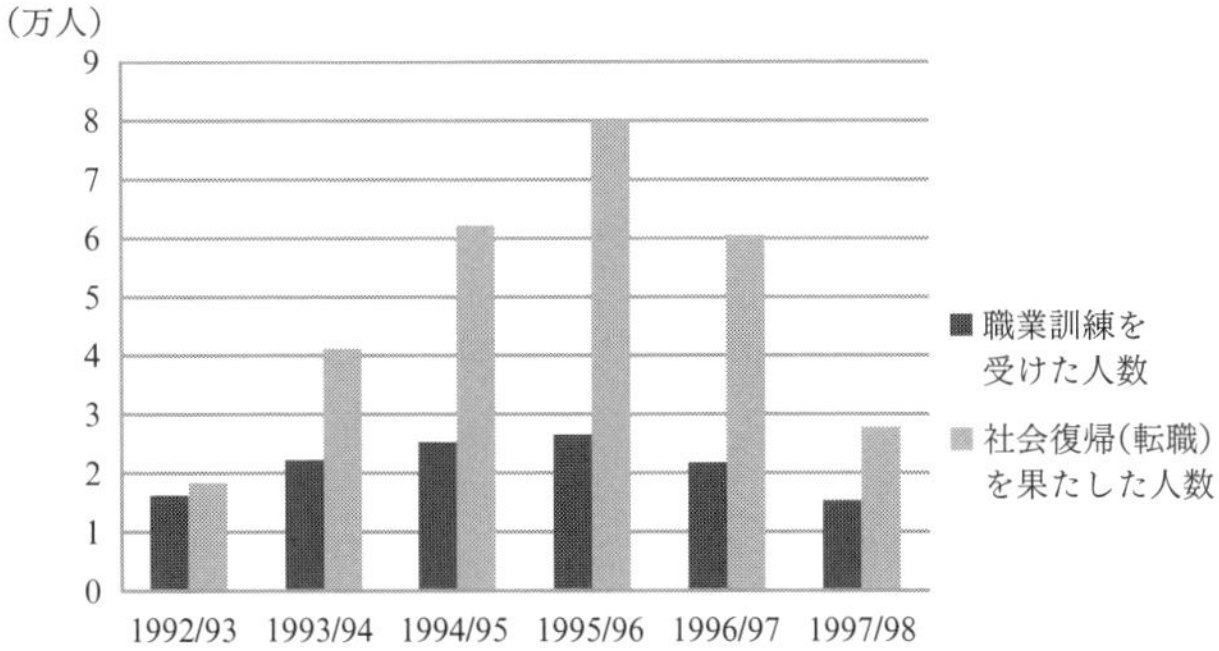

（出所）*Report of the NCSK: Third Report 1996-97 & 1997-98*: 214より作成。

図表４－４は、「屎尿処理人とその扶養家族の解放と社会復帰支援全国計画（ＮＳＬＲＳＤ）」の一九九二／九三年から一九九七／九八年の期間の実績をグラフにしたものである。これによると、一九九五／九六年を境に、職業訓練と社会復帰を達成した受益者数が徐々に減少する傾向が示されている。その詳しい原因は明らかにされていないが、経済自由化の影響で雇用機会が限定されていること、

あるいは受益者層全体の減少などが推測される。今後の政府報告書が待たれる。

以上三つの問題（①法律の実効性、②乾式便所の転換の不振、③屎尿処理人の社会復帰）を中心に論じてきたが、これらは解決されるべき問題の一部にすぎないとみるべきであろう。二〇〇二年、独立記念日のスピーチに際して、当時の首相A・B・ヴァジパーイー（一九九八－二〇〇四年在職）は、「国家活動計画（National Action Plan）」のもとで屎尿処理人の解放と社会復帰を促進させると発表した。その政策は、二〇〇七年を目標にして完了・達成することが宣言された[38]。しかし、既述したように、その内実は成功しているとはとても言い難い状況にある。結果として、目標達成の期限が二〇一〇年三月三一日に延長され、再度二〇一二年八月一五日に設定し直された[39]。

(4) 福祉政策における清掃カーストの「解放」に関する批判的考察

前項では、現行の清掃カースト向けの施策が抱えている問題について、NCSKとNHRCの報告書を参照しながら改善されるべき点を要約した。これらの個別の問題に加えて、屎尿処理人・清掃人が周縁化される状況をより広い視野で問題化するために、本項では政策全体の基層にみられるガーンディーの不可触民解放の思想の影響とその福祉政策に介入するガーンディー主義者のかかわりについて改めて指摘しておきたい。

これまでの清掃カースト研究では、ガーンディーとガーンディー主義者による清掃カースト問題への取り組みについて肯定的な評価がなされる傾向にある［Pathak 1991; 篠田 一九九五］。本書のように、福祉政策の不振をガーンディー主義との関連で批判的に捉える研究は非常に少ない[40]。すでに前節で、ガーンディーの思想とその後継者ガーンディー主義者による清掃カースト問題解決へのアプローチについて批判的検討をおこなった。それと重複する部分は多いが、重要なテーマなので、政策に焦点を当ててその問題を確認したい。

ここでは、清掃カーストに関連する福祉政策についてガーンディーとの重要なかかわりを示す二つの特徴を指摘したい。

第一に、清掃カースト政策の立案・実施プロセスに、ガーンディーの思想的影響とガーンディー主義者のかかわりが見出されることである。一九六〇年の「屎尿処理労働条件調査委員会（通称、マルカーニー委員会）」の議長を務めたN・R・マルカーニーは、当時清掃人問題のオピニオンリーダーであったが、かつてはガーンディーによって組織化されたHSSの副代表としてガーンディーと共に活動していた。さらに、清掃カースト関連施策が、ガーンディーにまつわる記念日（一九六九年のガーンディー生誕百年祭、一九九四年のガーンディー生誕一二五年祭）に着手されたことは偶然ではなく、このことはインド政府がガーンディー主義的な不可触民解放の基本的立場を積極的に支持していることの表れではないだろうか[41]。

第二の特徴は、政府主導の清掃人解放のアプローチがガーンディーのそれと近似していることである。すでに述べてきたように、清掃人問題に関する政府の基本的立場は、清掃人の被差別的地位と不可触民性の根源は、不潔な労働・居住環境という衛生的側面にあるという見方であった。それゆえ、不衛生な労働状況を取り除くことが最重要と考えられた。これにもとづき、政府は二つのプログラムを組み合わせた政策を導入した。

実際に、この手法は一九六九年のガーンディー生誕百年祭に際してガーンディー主義者たちが考案したモデルである。当時、ガーンディー主義を信奉する社会活動家たちの多くは清掃人解放運動に取り組み、とくにトイレの改良モデルの開発に力を注いだ。前節で分析したNGOスラブの設立者パータク氏もそのひとりである。

しかし、清掃人の解放・社会復帰と公衆衛生の改善のために取り組まれてきた様ざまな措置の成果は、決して十分とは言い難い。はたして現行の政策は対象者である清掃人の発展と、ひいては不可触民差別の根本的問題の克服に向けて有効といえるのだろうか。

デリーの清掃カーストのインド独立前後の歴史に焦点を当てたプラシャードの研究は、清掃人問題にたいするガーンディーとガーンディー主義的アプローチが抱える限界について説得的に論じている。結局、そのアプローチというのは、清掃人たちを長い間抑圧してきた社会構造の崩壊に向かうというよりは、むしろかれらの劣悪な労働環境を衛生面で改善することで、耐えられる（tolerable）ようにすることでしかなかった［Prashad 2000: 112］。政策における清掃人の「解放」という概念は、改めて明確な定義と見直しが求められているのではないだろうか。

注

（1）ガーンディーの思想を知る手がかりとして、自身が刊行したいくつかの機関誌には『インディアン・オピニオン』（一九〇三年創刊）、『ヤング・インディア』（一九一九年創刊）、『ハリジャン』（一九三三年創刊）がある。テーマは不可触民制論、自治の獲得、非暴力不服従運動論など多岐にわたり、政治社会問題がわかりやすい文体で論じられている。

（2）インド憲法の大きな特徴は、法の下の平等、機会均等、および差別の禁止にとどまらず、ＡＡと留保措置を憲法上明記したことにあるともいわれる［孝忠 二〇〇五：五］。

（3）北インドの政治動向に精通する政治学者ジャフレロットによると、アンベードカルは活動初期の一時期、バクティ運動の思想的影響からヒンドゥー教内部の改革に関心を示したこともあったという。ヒンドゥー教を一切否定するようになるのは、一九二〇年代とされる［Jaffrelot 2005: 44-45］。

（4）特別選挙制と分離選挙制は、不可触民がかれらのみの選挙区に加えて、一般選挙区における選挙権と被選挙権をもつことができるか否かで異なる。

（５）筆者はスラブから資金に関する詳しい資料を入手できなかった。デリーに登録しているＮＧＯのうち、一〇〇〇人以上の常勤職員数を抱える団体は二団体（一・〇％）、資金規模でみると、一〇〇〇万ルピー以上の団体はデリーで二四団体（一〇・八％）、インド全体では二〇〇団体（五・六％）［古賀　二〇〇一：九九］である。

（６）「スラブ式トイレ」とよばれる。基本モデルは屈むタイプの便器で内側が前方に向かって下降する構造になっている。便器は地下に掘られた二つの穴と排水パイプでつながり、パイプを通じて汚物が穴に流れ込む仕組み。穴に蓄えられた汚物は、数年かけてバクテリアにより分解され肥料に変わるという。使用には一・五から二リットルの水を必要とする水洗トイレである。

（７）トイレの転換にかかる費用について、中央政府（補助金）と州政府（貸付金）が五〇：五〇の割合で負担している。

（８）一九九二年以降は清掃人の転職プログラムが進展しない事態に際して、転職を強化した政策プログラム（National Scheme of Liberation and Rehabilitation of Scavengers and their Dependents）が導入された。

（９）全国河川保全プロジェクトの一つ。一九八六年、一九九二年の二段階に分けて実施された。

（10）インタビューは二〇〇二年九月一九日にＪＢＩＣのニューデリー支部にて実施。

（11）プログラムの内容には、教育、職業訓練、福祉活動、水供給、ヒンドゥー教寺院の開放、寄付金（基本的にはヒンドゥー教徒より集金）などの活動を促進させることであった［Verma 1971: 64］。

（12）水洗トイレの開発は、奉仕者団の活動のなかでも優先度が高かった。「究極的な目標とは、人糞を清掃し、運搬するような人間を必要としないことである。したがって、奉仕者団はトイレ開発に活動の重点を置いている」［Verma 1971: 224］。

（13）不可触民差別の撤廃、貧困の解消、村落工業の発展や村落自治の実現など、ガーンディーが始めた一連の社会運動。一九四八年のガーンディー暗殺以降は、かれの弟子たちによって継承されている。現在はガーンディーの直弟子であった第一世代から世代交代を経て、第二世代あるいは第三世代の若いリーダーたちが運動を率いている。詳しくは［大橋　二〇〇一］を参照。

（14）代表的なものとして、Ａ・パットワルダーン（Appa Patwardhan）のゴープリー式トイレ、ケッセル（Kessel）の水洗トイレ、Ｉ・パテール（Ishwarbhai Patel）のトイレモデルがある。グジャラート州アムダーヴァード市の清掃研究所長であるパテールは、スラブの設立者パータクとともに全国の公衆衛生部局や民間団体に独自のトイレモデルを広めた［Prashad 2000: 123-124］。トイレ開発に参加したガーンディー主義者たちのなかには、パータクと同様に組織を設立した者もいた［篠田 一九九五：四九］。

(15) 生活基礎分野、低所得層の民衆に直接役立つものを援助しようとする援助概念。食料、住居、衣服、安全な飲み水、衛生設備、保健、教育など人間としての基本的なニーズを指す。

(16) 各五カ年計画における、関連事業の予算配分は図表4－5を参照。一九九一年の国勢調査によれば、便所設備を所有する世帯の割合は農村部で九・四八％、都市部で六三・八五％、インド全体では二三・七〇％と報告されている［Government of India, *Census of India 1991: Housing and Amenities, A Brief Analysis of the Housing Tables of 1991 Census*; Government of India, *Fifth; Sixth; Seventh Five Year Plan*］。

(17) スラブのパンフレットによれば、スラブがかかわったとされる一四の調査委員会が挙げられている。清掃人に関する一九九〇－九一年の「屎尿処理問題改善研究班（バスー研究班）」もそのひとつである。

(18) パトナー（ビハール州）、ジャンブル（マハーラーシュトラ州）、デリーに設立。

(19) 幼稚園から高校までの教育課程をもつ。基本的に、清掃人の子弟の入学（授業料免除）を対象にしているが、清掃人以外の子弟（生徒数の約四〇％）も通学しているという。二〇〇三年の調査時点では、職員は、教員一五名と職業訓練の指導員一二名から成る。

(20) 政府の報告書でスラブは「公衆衛生の分野における先駆的なボランタ

図表4－5　第4次～第7次五カ年計画における給水と公衆衛生への予算配分

単位：1,000万ルピー

計画	第4次 [69年4月～74年3月]	第5次 [74年4月～79年3月]	第6次 [80年4月～85年3月]	第7次 [85年4月～90年3月]
(1) 州・連邦直轄地部門				
・農村給水・公衆衛生	125	573.0	1,554.2	2,350.0
・都市給水・公衆衛生	276	431.0	1,753.6	2,935.6
計	401	1,004.0	3,307.8	5,285.6
(2) 中央部門				
・中央後援計画	6	16.6	614.2	1,236.8
総計	407	1,020.6	3,922.0	6,522.5

（出所）［鈴木 2005: 65］より抜粋。

リー組織」と言及されている［Government of India 2000a: 126］。

(21) 一九八〇、九〇年代以降の世界銀行による構造調整プログラムに関連した第三世界におけるＮＧＯの巨大化問題については［武藤 二〇〇三］を参照。

(22) あらかじめ本調査の研究上の限界について言及しておかなければならない。調査ではスラブ本部の職員を対象に質問紙調査を実施している。全体の職員数が一五名と小規模ではあるが、スラブ組織の職員層の全体的傾向を把握することを意図している。職員によれば、このような調査は過去に一度もおこなわれたことがないという。調査は筆者がスラブを訪問した二日間に勤務していた本部職員とスラブの運営する学校・職業訓練校の教職員を含む一五名を対象に質問紙を配布し、一五名全員から回答を回収した。

(23) *The Hindu*, "Equal benefits for contract sanitation workers urged", November 15, 2005 (http://www.thehindu.com/2005/11/15/stories/2005111519650300.htm、二〇〇五年一二月七日アクセス)。

(24) Government of India, 10th Lok Sabha Debates (Proceedings), May 13, 1993.

(25) ヒンディー語で「清掃労働者、清掃人」の意味。なお、議事録本文では 'Safe Karamcharis' と記載されているが、前後の文脈上から察して、'Safai' の誤記であると思われる。

(26) 主要な全国コミッションには、「マイノリティのための全国コミッション（National Commission for Minorities）」、「指定カーストと指定トライブのための全国コミッション（National Commission for the Scheduled Castes and Scheduled Tribes）」、「女性のための全国コミッション（National Commission for Women）」がある。

(27) たとえば、自由化政策前にあった一八の公営企業は、その後、半数に縮小された［Thorat and Senapati 2006: 8］。

(28) 中央政府を含む公職には職級制度がある。上からA、B、C、Dグループに分けられ、それぞれ管理職オフィサー、管理職アシスタント、専門・技術職、不熟練労働（肉体労働、清掃など）がある。どのカテゴリーにも同じ割合の留保枠が設けられているにもかかわらず、上位二つのグループは常に留保受益層出身者が不足気味で規定枠を割っている（近年、徐々に上昇しつつあるが、充足されるには程遠い）。それにたいして、下級のCとDグループでは規定枠をはるかに超える留保受益層の占有率が目立つ。

(29) 正確には、インド政府はカーストの存在を支持していないため、公文書のなかで、直接「清掃カースト」の記述はみられない。

その代わりに、「清掃労働者（*sweepers, safai karamcharis*）」という職業集団名称を用いて、特別措置の対象を特定している。しかし、不可触カーストと特定の職業（清掃や皮なめし）との結びつきが、不可触民差別の大きな特徴になってきたことは明らかであり、実質的には「清掃労働者＝清掃カースト」として解釈される。

なお、このような不可触民に固有の業種にたいする特別措置は、一九六〇年代末から福祉政策に加えられた。労働環境の調査委員会が設置され、就業条件や技術的改良の提言がなされた。

(30) 政策支援を享受するためには、政府が指定する各地域の行政組織を通じて、「屎尿処理人」、「清掃人」であることの登録を規定の手続きに従って自ら申請する必要がある。

(31) 政策における「屎尿処理人」の定義をめぐる問題は、すでにＮＣＳＫの年次報告書でも指摘されている。

(32) 全国人権コミッション（National Human Rights Commission、ＮＨＲＣ）は、一九八〇年代から司法を中心に関心の高まったマイノリティの人権保障の問題を背景として、「人権保護法」（一九九三年）のもとで一九九三年に設立されたコミッションである。年次報告書のほかにも個別のイシューに関する出版物を多く刊行している。ホームページ http://nhrc.nic.in/ を参照のこと（二〇一一年三月二二日アクセス）。

(33) インド憲法の第二四六条と第七附則において、法令分野を連邦政府、州政府、連邦政府および州政府の三つに分類した各管轄事項表が列挙されている。基本的に、連邦管轄事項に掲げられる法令分野に関しては国会が、州管轄事項に関しては州議会が、連邦政府および州政府の共通管轄事項については国会ならびに州議会の両方が立法権を有する。

(34) GOI, 2000, *Report of the National Commission for safai Karamcharis: Forth Report 1999-2000*: 1.

(35) NHRC, "States urged to eliminate Manual Scavenging" (http://nhrc.nic.in/disparchive.asp?fno=636、二〇〇九年一〇月三日アクセス).

(36) NHRC, 2007, "Review Meeting on Eradication of Manual Scavenging" (http://nhrc.nic.in/disparchive.asp?fno=1396、二〇〇九年一〇月一日アクセス).

(37) 月収二〇〇〇ルピー以上を保証できる仕事が転職先として望ましいとされる。

（38） GOI, Press Information Bureau, 2004（http://pib.nic.in/release/release.asp?relid=1030、二〇〇九年一〇月一日アクセス）.

（39） 時限付き委員会であるＮＣＳＫの任期も延長され、二〇一〇年三月三一日までとされた。GOI, Press Information Bureau, 2009, “National Commission for Safai Karamcharis – Extension in tenure for one year beyond 31.3.2009 (i.e. upto 31.3.2010)”（http://www.pib.nic.in/release/release.asp?relid=48015、二〇〇九年一〇月三日アクセス）.

（40） Prashad［2000: chapter 5 & 6］は、ガーンディーとガーンディー主義者に特徴的なパターナリスティックの問題を指摘している。

（41） 対照的に、一九九三年以降に導入された「一九九三年禁止法」と「清掃人のための全国コミッション」などの措置は、一九九一年のアンベードカル生誕百年祭の前後の時期に高揚したダリト運動を背景としている。

第5章

バールミーキ住民の社会経済的状況

本章は、デリーの調査地における清掃カースト世帯の就労および生活状況を取り上げる。第3章の分析でも確認されたように、カーストは格差の要因になっている。この事実は、SCと非SCのあいだだけでなく、SCに含まれるカースト集団間においても観察される。デリーの場合、教育と就業分野においてバールミーキが最も後進的な状況に置かれていることが明らかにされた。さらに重要な点として、統計上、清掃従事者に占めるバールミーキ出身者の割合が著しく高く、その傾向はいっそう強まっている状況が指摘された。

バールミーキの人びとにとって限られた産業である公共の清掃部門では、近年、民営化へシフトする動きも加速しており、常雇いのポストが削減傾向にある。このような生活に直結する変化は、彼らの生活にどのような影響を与えているのだろうか。以上の疑問にもとづき、バールミーキの人びとの就労・生活状況の実態を把握することは肝要な作業であると考える。これにより、国勢調査では詳らかにされない、具体的な清掃労働者の内訳（雇用形態など）、教育レベル、他州からの移住状況、カースト内婚（同じカースト内部での結婚）の状況なども把握することが可能であろう。

都市部のカースト調査をおこなうことに関して、調査者が直面する問題についても少し述べておきたい。住民の情報がある程度明らかになっている農村部と比較して、人口が急増し、他州からの移民も多いデリーのような大都市において個人のカーストを特定する作業は非常に困難である。サンプリング調査などの量的調査の手法をとらず、インフォーマントから住民のカースト情報を得て、バールミーキ住民の集住する地区を三カ所選定し、世帯戸別訪問調査（合計一三五世帯）をおこなった。以上の経緯により、本調査の結果は調査対象の実態把握という点でいくつかの問題を抱えているものの、今後の研究を進展させるためにも不可欠な予備調査となりうるものである。

1　デリーに住む――物価高騰と住宅不足

マクロな経済指標をみるまでもなく、デリーの物価は上昇の一途をたどっている。それは年に一－二回訪れる程度の筆者でもホテルやレストランの値上がりから容易に実感することができ（大体において、サービスの質の向上をともなわない）、その変動の大きさに驚いている。留学していた二〇〇六年から二〇〇八年に間借りしていた屋上部屋（暑いデリーでは、階が上がるほど家賃が安くなる）は、安全面と立地面において優れた、外国人でも住みやすい環境の整った高級住宅街に位置していたこともあり、家賃は高めの毎月一万二〇〇〇ルピー（約二万四〇〇〇円）であった。それが二〇一〇年には八万ルピーにまで値上がりしていた。もはや大学の寮以外に、留学生がデリー市内で安全に、長期滞在できる場所はほぼなくなってしまっている。

ところで、筆者がデリーの滞在先として高級住宅街に住んでいたことは先に述べたが、この事実を調査後半になるまでインフォーマントに伏せていた。なぜなら、住所は社会経済的ステイタスと結びついて理解されているからだ。正確な数値を把握しているわけではないが、デリーで暮らしていると、ある程度、地域の階層、宗教、カースト、出身地の特徴について「なんとなく」わかってくる。「あのコロニーはポッシュ・エリアでバラモンが多いよね」、「〇〇コロニーはムスリムが多いから『危険』だよ」など、こうした「助言」をインフォーマントからしばしば受ける。オートリキシャ（三輪タクシー）の運転手に、行き先の調査地名を告げると、「えっ？　あんなところに知り合いがいるのかい？」と怪訝な顔をして聞き返されることも度々あった。筆者は学生という身分でありながら、インド人学生の平均的家賃（大部分は一〇〇〇ルピー以下の格安な大学寮に住む）よりも桁違いに高い住宅街に住んでおり、また清掃職員の月収以上の家賃を支払っていることを知ってからは、罪悪感でますます躊躇した。インフォーマントとの関係に影響が出るのを恐れて、最初は「大学の寮に住んでいる」と言っていたが、調査時間が夜遅くまで延びるようになると家まで送ってもらう回数も多くなり、最後は「日本人駐在員の家に下宿させてもらっている」という言い訳をしていた。

調査地と自分の住む地区の環境が同じ市内でありながら「別世界」といってよいほど異なるため、帰宅するたびに感じる心理的負担は大きかったように思う。調査地では電気、水道設備は基本的に整備されているものの、実際に多くの不便が生じている。水は朝と夜の数時間しか供給されず、泥や砂利が混ざっていて水質が悪い。昔からの手押しポンプの井戸水が貴重な水源として首都のデリーでも併用されていることに筆者は驚かされた。(1) 大雨が降るモンスーンの時期や暖房器具の需要が高まる冬場には停電が頻繁に起こり、調査地では電気のない日が長く続いた。そういうとき、住人は狭い部屋で木炭を燃やして、夕飯の支度をしたり、就寝前の暖をとったりした。木炭は、電気やプロパンガスに代わる安価な燃料として現在でも使われている。物価高騰に対処するために、調査地では可能な限りの節約が試みられている。

筆者の調査時点で、世帯主の月収は、常勤の公務員一人につき五〇〇〇から七五〇〇ルピー程度で、定職を持たない人は二〇〇〇から三〇〇〇ルピーであった。そこから家賃、食料、電気、水道といった生活必需品を差し引くと、ほとんど手元に残らない。子供の教育に投資する余裕はなく、残金は娘の持参金や宗教儀礼に回される。二〇〇七年には、電力事業の効率化を図るために「盗電を防ぐ」という名目で、市内の至る所に電気メーターと黄色いケーブルが新設された。調査地の人びとは、恨めしそうにケーブルを見上げながら「あのせいで電気代が二倍に上がった。三〇〇〇ルピーも隔月支払わなければいけない。まともな仕事もないわれわれはどうすればいいんだ」と憤る。

日常の出費のほかに、よく聞かれる不安は家に関してであった。清掃部門で働く職員は職場から近いようにデリー市内中心部の公務員宿舎に住むことができる。世帯のうち、一人でも職員がいれば入居資格があるという。筆者の調査では、デリーのバールミーキの人びとの居住パターンは三つ確認された。第一は公務員宿舎であり、代々清掃職員に就くことでずっと住み続けるパターンである。第二に、住んでいたスラムの撤去により再定住地区（resettlement colony）の土地を得て家を確保するパターンがあり、第三は公務員宿舎に住んだ後、退職を機に貯金とSC向けに割当てのある住宅支援政策を利用して市内に公団住宅を購入するというものである。本書後半部で取り上げるバールミーキの運動とのかかわりでいえば、指導層は居住の第三パターンによって資産を確保している人びとが多い。

一九七〇－八〇年代は、第二と第三のパターンで市内に家を持つことが比較的可能であったが、近年は土地投機熱で地価が急騰しており、低所得者層のバールミーキには手の届かない金額だという。デリーの生活状況は厳しさを増している。そのようなか、第一のパターンである公務員住宅は持ち家ではないものの職場から近く、子どもの通学にも便利であり、バールミーキの人びとが代々清掃職員を選択する動機づけになっている。

2　調査地区（コロニー）の概況

本調査は三つの地区（現地ではひとまとまりの居住区を「コロニー」とよぶのが一般的である）を対象に、バールミーキ住民の世帯戸別訪問調査（合計一三五世帯）をおこなった（図表5－1）。複数の地域を対象にすることで、

図表5－1　調査世帯の概要

略称	コロニー名	特徴	ディストリクト	被調査世帯数
A地区	バープー・ダーム・ニューデリー市職員向け集合住宅	公務員集合住宅	ニューデリー	35
B地区	ダクシンプーリー・エクステンション	スラム住民の再定住地域	南	47
C地区	ローヒニー・セクター20	公務員集合住宅、および振興開発地域	北西	53
				計135

（出所）筆者作成。

断片的ではあるが、デリーの清掃カーストの全体像をつかむことを意図している。なお、資料の制約上、本章で参照している国勢調査は説明のない限り二〇〇一年の数値である。

以下、各コロニーの概要を述べたい。A地区はデリーのほぼ中心に位置する。大統領官邸、総合庁舎、議事堂に近く、A地区周辺には中央政府、デリー市、ニューデリー市に勤務する職員向けの集合住宅が立ち並んでいる。住民に占めるSC人口比（二二・二％）はデリー全体の平均値（一六・九％）よりも高く、SC出身の多くが公務員として同地に集住していることが推測される。興味深い特徴として、同地域のSCのカースト構成は、全ディストリクトのなかで唯一、バールミーキがチャマールを凌いで最多数を形成しており、SCの公務員がバールミーキ出身者で多く占められている。

A地区はニューデリー市自治体（NDMC）の職員宿舎として一九六九－七〇年に建設された。地区内部には、四階建ての一九棟が建ち並ぶ。各棟は約一五戸のフラットで構成され、合計二八八戸である。住民の人口は、同地域の平均世帯人数から察するに、少なくとも一四四〇人以上と見積もられる。（写真5－1）

居住資格にはNDMC職員であることを条件にしているため、各戸に少なくとも一人のNDMC職員がいなければならない。戸主の月給から約二〇％が家賃として差し引かれ、退職まで住むことができる。実は、A地区では家屋の所有権を

写真5－1　A地区の外観
建物の改修工事がなされず老朽化している（2008年3月）

写真5－2　A地区敷地内のヴァールミーキ寺院（左）
右はヒンドゥー寺院でリンガ像が祀られている（2007年11月）

写真5－3　ガーンディーの語録と三猿が描かれている石碑を洗ったばかりのNDMC清掃職員（臨時雇い）、アショーク
石碑の上半分は汚れを洗い流す前、下半分は洗い流した後（2007年11月）

写真5－4　ハリジャン社会向上委員会の代表チョウハーン
会議派宛の所有権回復の陳情書を手にしている（2005年10月）

めぐって当局と住民のあいだに意見の相違があり、建設当初から大きな問題となっている。これは建設時に政権与党であった会議派と清掃カーストとの関係を示すものであり、さらにガーンディーの清掃カースト観が流用される事例であると思われるため、筆者による住民からの聞き取りを元にA地区のエピソードを添えたい。

A地区の名称「バープー・ダーム（*Bāpū Dhām*）」とは、ヒンディー語で「ガーンディーの宿る場所、住処」を意味する。このことから、地区の設立経緯にガーンディーとの何らかの結びつきがうかがえる。折しも一九六九年は、ガーンディーの生誕百年祭を祝う運動がガーンディー主義者たちにより高まっていた時期であった。A地区は、SC支援政策の一環として、貧しい下級公務員（とくに清掃職員）の生活改善を目的に設立された。一九七〇年四月九日、地区の落成式には、当時の首相インディラ・ガーンディー（一九一七－八四年）[2]、大統領のギリー（一八九四－一九八〇年）を含む主要な会議派議員が出席した。

A地区には、当時の会議派とバールミーキ住民の様子を示す興味深い石碑が残されている。石碑は二つあり、一つは地区入口のヴァールミーキ詩聖を祀った小さな寺院の横に、もう一つは地区敷地内の奥に建てられている。ヴァールミーキ寺院の境内に置かれている四角柱の石碑には、碑文と絵が刻まれている。三つの側面に不可触民制に関するガーンディーの語録と、残りの側面には三猿（「見ざる、聞かざる、言わざる」の意匠）が描かれている[3]（写真5－2、写真5－3）。ガーンディー語録からはヒンディー語で以下の三文が引用されている。

なんぴとも、生まれながらの不可触民ではありえない。万人に炎の輝きが秘められている。それゆえに、不可触民をある特定の集団とみなすことは間違っている。

人間とは、他人の苦しみ、痛みを理解できるものである。手を差し伸べることをすれば、傲慢さは感じられもしないだろう。

敬虔な心を持つ者は最悪の寺院に参拝する場合でさえも、神の気配を感じることができるであろう。

ガーンディーは不可触民制をヒンドゥー教最大の汚点とみなし、その廃止に向けての運動（ハリジャン運動）を一九三〇年代半ばから展開させた（第4章を参照）。かれの不可触民解放思想を引き継いだ会議派政府が、一九六九年のガーンディー生誕百年祭の記念事業としてA地区を建設した当時の状況がこの石碑から読み取れる。さらに奥の石碑には、当時の政府がバールミーキに求めていた「責務」を推察しうる碑文（英語）も刻まれている。英語で次のように記されている。

あなたの家をきれいに保ちなさい。軒先が清潔であれば、街全体も必ず清潔となるであろう。

――大統領ギリー

当時の大統領ギリーのメッセージとして刻まれた文には「清潔な（clean）」の語が三回使われており、清掃職員に向けたメッセージであることは明白である。つまり、A地区は清掃人のためにつくられたといえる。

筆者の調査を通じて、実際に入居者の大部分が清掃職員であることがわかった。かれらはA地区が建設される前、北に数キロ離れた「マンディル・マルグ（Mandir Marg）」の名称で一般に知られるNDMC職員住宅と周縁に当時あったスラムに住んでいたという(4)。マンディル・マルグの住民も清掃職員で占められるが、ちなみにこのコロニーは一九四六年にガーンディーがハリジャン運動のアピールの場として一時滞在をしたことでも有名である(第6章で後述)。

A地区住民の主張によれば、一九六〇―七〇年代は政府によるスラム一掃計画が強制的におこなわれた時期であり、デリー中心地からスラムが撤去された。NDMCの清掃職に就いていた人びとにたいしては、移転先としてかれらの職場から近いA地区を政府は提供した。ここで混乱を招いたのが、一九七〇年の落成式の大統領ギリーの「この土地を貧しいあなたたちに捧げよう」というスピーチと移住を勧める当局の態度であった。「自分たちの家がもらえる」と解釈して、移り住んできた人びとがほとんどであったと、設立当初からの住民チョウハーンは述べる。チョウハーンは、NDMC清掃部門の衛生監督補佐を退職し、A地区住民の所有権回復運動の組織「ハリジャン社会向上委員会(*Harijan Samaj Sudhar Samiti*)」(一九七〇年設立)の代表として当局との交渉にあたっている(5)。NDMC、会議派政党にたいする住民の要求運動は続けられている(写真5―4)。

B地区が属する南ディストリクトは、デリーで二番目に人口の多い地域である。人口構成は多様で、様ざまな宗教コミュニティ(ヒンドゥー教、シク教、イスラーム教)、階層から構成される。北エリアには高級住宅街が広がり、退職した政府高官や会社役員、ニューリッチとよばれる所得水準の高い人びとが住んでいる。B地区のバールミーキ住民(とくに女性)には、徒歩圏内の高級住宅街で清掃の仕事をするパターンが多くみられた。一九六〇―七〇年代にかけておこなわれたスラム一掃政策で強制退去を命じられた人びとの再定住地区とその周縁部に政府から認可を受けたスクオッター(squatter)とよばれる「不法」占有地域が広がっている(スラムにも政府の認可の有無があり、認可を受けたスラムには電気・水道が敷かれているようである)。デリーのスラムに住むSC(二四二二世帯)を対

写真5－5　B地区の外観
（2006年5月）

写真5－6　B地区の周縁部に位置する政府から認可を受けたスラムの住民
（2006年5月）

象にした調査［Antony and Maheswaran 2001］によれば、カースト的なネットワークがデリーへ移住する際に重要な役割を果たしていること、社会集団ごとの集住パターンがスラム内部でも形成されていることが明らかにされている[6]。

B地区は、インディラ・ガーンディー政権期のスラム一掃計画（Jhuggi-Jhompri Removal Scheme、一九六二－七七年に実施）によって住処を失ったスラム住民のための再定住地区として、一九七五－七七年にかけて建設された［Singh 2004: 58］。地区内部は一九のブロックに分かれ、約六九四五戸から構成される。人口は、少なく見積もっても四・一万人以上と推測される[7]。地区周辺には政府から認可を受けた二つのスラムが接している。スラム住民たちは政府からの退去命令に怯えながら生活を送っている。（写真5－5、写真5－6）

最後に、C地区は現在デリーで開発が最も進められている地域のひとつである。メトロ建設と路線の拡張にともない、その沿線に高層の集合住宅や商業施設が次々と新設され、所得水準の高いミドルクラスが移り住みはじめている[8]。また、デリー市自治体（ＭＣＤ）の職員住宅も存在し、そうした居住区に不可触民出身者が集住している。

ＭＣＤ職員住宅と一般住宅が混在するC地区は、一九九四年に建設された。SC出身者の入居には特別枠があり、「弱者層向け住宅支援プログラム（Ambedkar Awas Yojna、一九八九年開始）」を通じてフラットを比較的安く購入することができる。調査時点で、六四〇戸はすでに建設・入居済みであった。C地区の人口は、当該地域の平均世帯規模（五人）から見積もると約三二〇〇人以上と見込まれる。（写真5－7）

調査は質問紙を用いて実施された。設問はおもに次の三項目に関するものである。第一に、世帯主の基本情報（年齢、性別、宗教、同居家族の構成、婚姻状況、学歴、移住歴）、第二に就業情報（とくに清掃に関連する雇用状況）、最後にその他（カースト内外の付き合い、政策の受給の有無、デリーでの被差別経験など）である。調査は、二〇〇六年七月から二〇〇九年三月にかけて断続的におこなわれた（聞き取りに関しては、前述の期間外に実施した調査資料も参照する）。

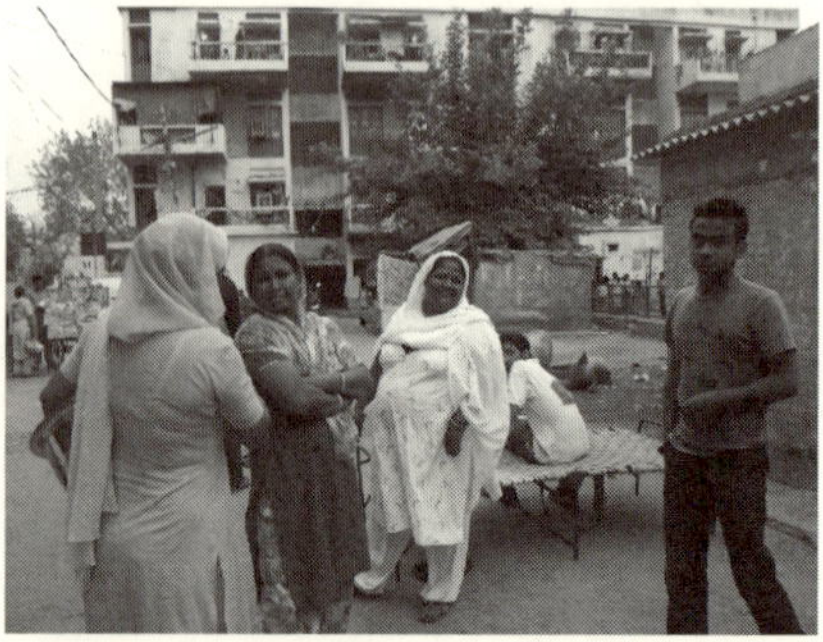
写真5－7　C地区の外観（2008年3月）

3　バールミーキ住民の基本情報

(1)　宗教

本節では、まず基本情報（宗教、教育レベル、世帯構成、移住歴）に関する回答結果を順に述べる。

まず、宗教については、三つの調査地区において、ほぼすべての被調査世帯の人びとが「ヒンドゥー教」（一三三戸、九八・五％）を信仰していることが確認された。[9]しかし、興味深いのはその回答方法である。ヒンドゥー教徒であると伝える際に、かれらの多くは「私たちは仕方なくヒンドゥー教徒なのです（*Ham log majbūr hindū haiṅ*）」という消極的表現をする。この「マジュブール（*majbūr*＝仕方のない、余儀なくされる）」という語は他の質問においても頻繁に登場する。自らをヒンドゥー教徒であると認めながらも、断定的に述べることを躊躇するバールミーキの人びとの答えは、かれらの置かれている従属的状況への自覚を示唆しているのではなかろうか。（図表5－2）

(2) 教育

次に、世帯主の教育状況を述べる。インドの教育制度は、連邦、州、州以下の行政区分の管轄によってそれぞれ異なる。大まかにみれば、「初等教育（小学校五年＋中学校三年）」、「中等教育（高等学校二年＋上級高等学校二年）」、「高等教育（一般大学三年、医科・工科大学四年）」の制度から成る。進学の際に重要となるのは、一〇年生と一二年生のときに受験する全国共通試験であり、この試験の成績に応じて上級学校への振り分けがおこなわれる。

本調査は初等教育から高等教育までを学年ごとに細分化したことで、国勢調査で確認されたバールミーキの相対的に低い識字率の内実を明らかにすることを試みた。

全体的にみると、「九－一〇年生」の中等教育レベル修了者が三四人（二五％）と多い結果となった。「就学歴なし」の二四人（一八％）および「六－八年生」の二四人（一八％）が同比で、「就学歴なし」から「九－一〇年生」までが全体の七五％を占めることがわかる。なかには、「大学以上」修了者も一〇人（七％）確認された。また、回答した世帯主の子供の大部分が就学中であることも聞き取り調査で判明し、若い世代の初等・中等教育は拡充傾向にあるといえよう。

地区別で興味深いのは、A地区で「不明、回答なし」という返答が目立ったことである。[10] その理由は回答者の記憶が曖昧なことや、「回答したくない」と拒否したことによるものだが、なぜA地区で多くみられたかは不明である。ここではさらに詳しく論じることはできないが、教育の進展に影響を及ぼす環境要因を今後検討していくことは重要と考えられる。（図表5－3）

(3) 世帯規模

同居家族と居住者数の設問では、核家族（夫婦とその未婚の子から成る家族）または拡大家族（親の核家族と既婚子の核家族が縦に結合する家族）の観点から、家族形態の把握を試みている。インドでは「ジョイント・ファミリー」とよばれる、複数の家族が同居する慣習があること、現在のデリーで大きな社会問題となっている住宅不足の状況に鑑み、調査開始時点では多数の同居家族数が予想された。

しかしながら調査地区に関しては、予測に反して核家族の多い状況が確認された。全体でみると、「核家族」は七六世帯（五六％）、「二家族」は四〇世帯（三〇％）、「三家族以上」は一七世帯（一三％）であった。居住者数は、同じく全体で「五人以下」の六二世帯（四六％）、「六－九人」の五五世帯（四一％）に集中しており、同居家族数の傾向とも重なる結果が得られた。（図表5－4）

(4) カースト内婚

カーストの社会関係（カースト内外の婚姻やネットワーク）については統計資料が存在せず、その動態を把握することは今日においても至難の作業である。しかし、カースト内婚（同じカースト内での通婚）は、カースト存続の根本にかかわるものであり、本調査の設問に取り入れた。

図表5－2　地区別、宗教に関する回答結果

宗教	A地区		B地区		C地区		全体	
	世帯数	地区内の割合	世帯数	地区内の割合	世帯数	地区内の割合	世帯数	全体の割合
ヒンドゥー	33	94.2%	47	100%	53	100%	133	98.5%
シク	1	2.8%	0	0%	0	0%	1	0.7%
アド・ダルム	1	2.8%	0	0%	0	0%	1	0.7%
合計	35		47		53		135	

（出所）筆者作成。

図表5－3　地区別、世帯主の学歴に関する回答結果

教育レベル	学年	A地区		B地区		C地区		全体	
		人数	地区内の割合	人数	地区内の割合	人数	地区内の割合	人数	全体の割合
	就学歴なし	2	6%	14	30%	8	15%	24	18%
初等	1－5年生	2	6%	10	21%	7	13%	19	14%
初等	6－8年生	4	11%	10	21%	10	19%	24	18%
中等	9－10年生	9	26%	10	21%	15	28%	34	25%
中等	11－12年生	3	9%	1	2%	5	9%	9	7%
高等	学部以上	1	3%	2	4%	7	13%	10	7%
	不明、回答なし	14	40%	0	0%	1	2%	15	11%
	合計	35		47		53		135	

（出所）筆者作成。

図表5－4　地区別、同居している家族数および居住者数に関する回答結果

		A地区		B地区		C地区		全体	
		世帯数	地区内の割合	世帯数	地区内の割合	世帯数	地区内の割合	世帯数	全体の割合
同居している家族数	1	13	37%	26	55%	37	70%	76	56%
同居している家族数	2	17	49%	9	19%	14	26%	40	30%
同居している家族数	3以上	4	11%	11	23%	2	4%	17	13%
同居している家族数	不明、回答なし	1	3%	1	2%	0	0%	2	1%
同居している家族数	合計	35		47		53		135	
居住者数	5人以下	17	49%	17	36%	28	53%	62	46%
居住者数	6－9人	14	40%	19	40%	22	42%	55	41%
居住者数	10人以上	3	9%	9	19%	3	6%	15	11%
居住者数	不明、回答なし	1	3%	2	4%	0	0%	3	2%
居住者数	合計	35		47		53		135	

（出所）筆者作成。

結果は非常に明確であった。いずれの調査地区においても、出自カーストを重視する、という回答結果が得られ、全調査世帯（一三五世帯）のうち一世帯を除く一三四世帯が同じバールミーキ出身者と結婚したと答えている。[11]「ほかに誰がわれわれと結婚を望んでいるというのか」と「笑い」とともに返答したり、「自分と同じコミュニティの人間と結婚する方が安全で結婚生活もうまくいく」として、「安全・安心」を挙げたりする回答が目立った。異カーストの人びとによる差別意識を感じとりながらも、デリーのバールミーキのあいだでは、カースト内婚が「当然のこと」として強く支持されていることが明らかになった。

そのほかに得られた回答には、カースト内婚が慣習化している現状を認めながらも、同時に、「子どもたちには別のコミュニティと結婚してほしい」と付け加える回答者も少なくなかった。

また、カースト内部の結婚であっても、高学歴や安定した職種（公職の中・上級職、弁護士、医師、教員などの専門職）を条件に、高学歴のバールミーキ出身者を伴侶に期待するケースが増えていることも聞き取りから確認された（第6章で論じる）。これは、カースト内部で階級分化が生じていることを示唆しており、カースト動態を検討するうえでも重要な現象である。

(5) 移住歴

最後に、出身州の設問結果から回答者の移住歴のパターンを把握する。全体的には、北インド諸州の出身者が際立つ結果となった。割合の高い順に、「UP州」が四五世帯（三三％）、「ハリヤーナー州、パンジャーブ州、独立前のパキスタン」が三七世帯（二七％）、「デリー」が三四世帯（二五％）であった。また、被調査世帯の四分の三がデリー外からの移住者であることも判明した。南インド出身者は確認されなかった。

ここで興味深いのは、三地区において異なる移住パターンが観察されたことである。A地区では「ハリヤーナー州、パンジャーブ州、独立前のパキスタン」（三四％）と「UP州」（二九％）が最も多く、B地区は「UP州」（四九％）、C地区は「ハリヤーナー州、パンジャーブ州、独立前のパキスタン」（三八％）と「デリー」（三四％）という結果であった。聞き取りを通じて、回答者間に共通の村の出身者、すなわちデリーに移住する前から付き合いのあるケースも認められた。デリーの他の地域に親族が住んでいる状況もしばしば伝えられた（たとえば、C地区の住民の兄弟家族がB地区や他の地区に居住しているなど）。以上の点は、デリー移住者の出身地域およびカーストにもとづくネットワークを通じて都市に移住するパターンを示唆するものである。[12]（図表5－5）

4　清掃労働の非正規化と「女性化」

清掃カーストと清掃業との関連性について、第3章で明らかにされたことは、組織部門で働く清掃職員の大多数がバールミーキ出身で占められるという偏った傾向であった。このようなカースト構成の排他性は、ある程度、統計資料から確認できたが、ではバールミーキ・カースト内部の実態はどうなっているのであろうか。そこで、本調査では調査地区におけるバールミーキの清掃従事者の雇用状況に関する聞き取りをおこなった。以下にみる就業データの集計数は、世帯主のみならず同居家族全員を反映したものである。

各地区の全就業者二三九人（男一六九人、女七〇人）のうち、清掃労働者を組織部門[13]と非組織部門に分けて示したのが図表5－6である。

回答結果から二つの特徴を指摘することができる。第一に、組織部門の就業状況では清掃業への集中があらため

図表5−5　地区別、出身州に関する回答結果

		A地区		B地区		C地区		全体	
		世帯数	地区内の割合	世帯数	地区内の割合	世帯数	地区内の割合	世帯数	全体の割合
出身州	デリー	5	14%	11	23%	18	34%	34	25%
	ハリヤーナー州、パンジャーブ州、独立前のパキスタン	12	34%	5	11%	20	38%	37	27%
	ウッタル・プラデーシュ（UP）州	10	29%	23	49%	12	23%	45	33%
	ヒマーチャル・プラデーシュ州、ウッタラカンド州	1	3%	1	2%	1	2%	3	2%
	ラージャスターン州	5	14%	7	15%	2	4%	14	10%
	マディヤ・プラデーシュ州	1	3%	0	0%	0	0%	1	0.7%
	不明、回答なし	0	0%	0	0%	0		0	
合計		35		47		53		135	

（出所）筆者作成。

図表5−6　部門別、全就業者に占める清掃労働者の割合

	A地区		B地区		C地区		全体	
	男	女	男	女	男	女	男	女
組織部門の清掃労働者数と全就業者に占める比率(%)	30（79%）	5（83%）	15（68%）	10（100%）	20（57%）	11（73%）	65（68%）	26（84%）
非組織部門の清掃労働者数と全就業者数に占める比率(%)	4（24%）	4（100%）	5（16%）	18（90%）	1（4%）	9（60%）	10（14%）	31（80%）
両部門における清掃労働者数と割合の合計(%)	34（62%）	4（90%）	20（37%）	28（93%）	21（36%）	20（67%）	75（44%）	57（81%）

（注）現役のみ。死亡、退職者は除く。
（出所）筆者作成。

て確認された。いずれの地区でも就業者の半数以上（五七－一〇〇％）が清掃職に就いている。他方、清掃職以外の職種では次のような結果が得られた。組織部門の場合、中・下級公務員（事務職、運転手、警備員）が二八人（二二％）（男二五人、女三人）、上級公務員、専門技術職（教員、弁護士、医師）が八人（六％）（男五人、女三人）であった。

第二の特徴としては、清掃労働者の「女性化」が挙げられる。たとえば、組織部門を性別でみた場合、女性（八四％）が男性（六八％）よりも非常に高い割合で清掃業に集中していることが明らかとなった。こうした状況は、非組織部門でも同様である（女八〇％、男一四％）。非組織部門では、男性就業者の清掃職への偏向が激減している。清掃職以外の職種としては、ピオン（peon）とよばれる下級事務員、運転手、警備員、日雇いの建設労働者、工場労働者、露天商が多くみられた。それと対照的なのが非組織部門の女性就業者である。デリーのような都市部では、一般家庭において通いの清掃人を雇う習慣がよくみられるが、安全性を考慮して男性よりも女性の清掃人が好まれる傾向にある。調査地区の女性バールミーキの多くは、徒歩圏内の高級住宅街で働いている。そうした事情が調査結果にも反映されていると考えられる。

おおよその月収については次のように確認された。組織部門の常雇いの清掃職で五〇〇〇－七五〇〇ルピー（手当、積立金、税金込）、臨時雇いで二〇〇〇－三〇〇〇ルピー（手当なし）、日雇いは一日一五〇ルピーが平均額である。それにたいして、非組織部門の清掃業（通いの清掃人）の月収は、一家屋あたり五〇〇－七五〇ルピーが相場のようである。生活に必要な収入を確保するために、大部分の清掃人は複数の家屋を掛け持ちしている。各種手当や休日は当然与えられていない。休んだ分は、日割りで月収から差し引かれる。

さらに、組織部門における就業者（清掃従事者とその他の職種も含む）の実態を詳しくみるために、雇用ステイタ

図表5－7　各地区の組織部門就業者における臨時雇いの割合

	A地区				B地区				C地区			
	男		女		男		女		男		女	
組織部門就業者（常雇い）の人数	31	82%	5	83%	16	73%	6	60%	25	71%	8	53%
組織部門就業者（臨時雇い）の人数	7	18%	1	17%	6	27%	4	40%	10	29%	7	47%
合計	38		6		22		10		35		15	

（注）現役のみ。死亡、退職者は除く。
（出所）筆者作成。

ス（常雇い／臨時雇い）の観点から集計したのが図表5－7である。この設問は、近年急速に加速している公共サービスの民営化がバールミーキの人びとにどのような影響を及ぼしているのかを推測するうえでも目安となりうる。

地区によって臨時雇いの割合はかなり異なるが、組織部門従事者のおおよそ五人に一－二人は臨時雇いであることがわかる。NDMC職員住宅のA地区は、原則として正規就業者に居住資格を与えているため、非正規就業者の割合は比較的少ない。

ここで注目すべきは、A地区を除いた地域では全体的に女性労働者の非正規雇用が目立っていることである。二〇〇〇年以降、清掃部門の民営化が進められているデリーの現状を考慮するならば、今後も雇用の非正規化が拡大していくことが予想される。実際に、本調査中にもインフォーマントから清掃業の民営化への反対、臨時雇用の正規化を求める声が多く聞かれた。民営化を推進する政府にたいして清掃職員による激しい抗議活動もたびたびおこなわれている(14)。このような調査結果から、組織部門で働く者にとっても、雇用の不安定性は身近な問題となっていることがわかる。

雇用形態に関連して、現在の自治体の清掃部門の状況を補足しておきたい。清掃労働者は下級公務員（Dクラス）に位置づけられるが、職務に応じて役職が序列化されている。清掃部門の内部資料を入手できていないため、詳述することはできないが、インフォーマントの聞き取りから次のことが確認された。清掃部門の労働者は大きく分けて、「衛生監督（sanitary inspector）」と「一般の清掃労働者（sweeper）」から構成される。「衛生監督」に就く者は労働組合の執行部も兼任している場合が多い。雇用形態は、①常雇い、②臨時雇い（雨季限定の季節雇いも含む）、③その他の日雇いに分かれる。通常、清掃職を希望する者は、まず③から始めて、②に「昇格」し、最終的に①のステイタスに至るまで平均して一〇－一五年間を費やさなければならないという（ただし、年数を経ても必ずしも常雇いになるとは限らない）。

このような不安定な労働環境に加えて、清掃労働者にとって大きな問題となっているのは職場で要求される賄賂の存在である。就職の手続き、異動、家族の清掃労働者が死亡・負傷した場合に認められる補償的雇用の手続きなどのあらゆる場面で賄賂を支払わなければならない。たとえば、季節雇いや日雇いの職を得るだけでも五万ルピー、職場の異動には五〇〇〇ルピー、死亡による引継手続きには一万五〇〇〇ルピーの相場が要求される(15)。こうした賄賂の額は労働者の収入をはるかに超えており、労働者の生活を逼迫させている。賄賂のための借金問題は、清掃労働者の生活に深刻な影響を与えているといわざるをえない。

賄賂が解消されない問題との関連で、住宅事情についても再度補足しておきたい。近年のデリーでは、住宅不足の問題が悪化している。バールミーキのような社会経済的弱者層は、住居を確保する目的で他の業種よりも就職の見込みが高い自治体の清掃職を希望していることがインフォーマントとのやりとりで判明した。清掃部門の雇用をめぐる競争は年々激化しており、仕事を得るうえで縁故関係（コネ）と賄賂が主たる決定要因となってしまっているのが現状である。参考までに、調査地区（A地区以外）の家所有の状況を示したのが図表５－８である。

続いて、世代間にわたる清掃職との関連を示すのが図表５－９である。調査の設問では、回答世帯の身内で清掃

図表5－8　地区別にみる家所有の状況（持ち家／借家）

	B地区		C地区	
持ち家	37	79%	25	47%
借家	5	11%	24	45%
政府未認可の家	4	9%	1	2%
不明（未確認）	1	2%	3	6%
合計	47	100%	53	100%

（注）A地区は市の職員住宅のため除外。
（出所）筆者作成。

図表5－9　地区別、清掃就業者のいる（いた）世代の数と割合

	A地区		B地区		C地区		全体	
3世代	8	23%	3	6%	0	0%	11	8%
2世代	17	49%	16	34%	25	47%	58	43%
1世代	6	17%	16	34%	18	34%	40	30%
なし	4	11%	12	26%	7	13%	23	17%
不明（未確認）	0	0%	0	0%	3	6%	3	2%
合計	35	100%	47	100%	53	100%	135	100%

（注）現役、退職者含む。
（出所）筆者作成。

職に就いたことのある世代数（「なし」から「三世代まで」）を尋ねた。結果から、全体で「二世代」（四三％）が最も多く、次に「一世代」（三〇％）となった。清掃就業者のいる世帯は全体の八一％に相当することが確認された。この割合は地区ごとに異なっている。たとえば、A地区では「二世代」（四九％）に続き、「三世代」（二三％）が多い。祖父母・親・子の三世代で市の宿舎に住んでいるケースがみられる。以上の状況から、バールミーキ内部に職業の多様性があまりみられず、清掃職とのつながりが世代を越えて長期的に維持されている傾向が指摘されよう。

C地区の回答結果で特徴的だったのは、中級政府職や弁護士、経営者の回答者も含まれたことである。回答世帯主の一三％が学部以上の学歴をもつことから、今後若い世代の異業種への進出が期待される。

今回の調査では、各地区にみられる回答結果の違いの原因について詳しく論じることができなかった。A地区は公務員宿舎、B地区はスラムからの再定住地区、C地区は自治体の職員住宅と一般住宅の混住であることを考慮すると、異カースト住民との交流の可能性、教育や雇用における機会の有無などの状況についても、今後の検討課題としていきたい。

以上、デリーで筆者がおこなった世帯調査にもとづき、北インドの代表的な清掃カーストであるバールミーキの社会経済的状況を検討してきた。国勢調査では詳らかにされないカースト内婚の状況のほか、就業形態、移住パターンについても確認された。

「伝統的」職種との関連では、組織部門における清掃業への集中傾向が依然として高いこと、ジェンダー別にみるとバールミーキの女性労働者は組織・非組織部門の双方で清掃業に集中していることが判明した。また、公職の清掃員である限り、安定した労働・生活環境がある程度保障されていると推察できるが、一九九〇年代から本格的におこなわれた経済自由化への政策転換の影響により、清掃部門の雇用状況は変動期にある。常勤のポスト数は減少し、調査地区のバールミーキ清掃労働者の五人に一－二人の割合で臨時雇いであることが明らかになった。被差別の原因とされてきた清掃業からの離脱は、バールミーキの社会移動の要と考えられるが、実際のところ抜本的な変化が起きているとはいえない。さらに、清掃部門の雇用の不安定化という新たな問題も浮上している。

カーストの存続に深くかかわるカースト内婚の慣習も依然として強く維持されていることが調査から確認された。婚姻に関しては、異カーストとの交流がほとんどみられない。ただし、同じカースト内部の結婚であっても、高学歴と高収入の職種を条件として挙げる層も出現しつつあり、カースト内部の階級差も生じている。中間層以上のバールミーキの動向は、同カーストの変容を検討するうえでも重要であり、注視していく必要があろう。本書の第6章と第7章では、個人のインタビューと運動組織の参与観察に基づき、具体的に検討する。

注

（1）デリーの水供給について、二〇一一年の国勢調査によると水道が八一・三%、手押しポンプまたは掘り抜き井戸が一三・七%、その他四・九%となっている。http://censusindia.gov.in/2011census/hlo/Data_sheet/India/Drinking_Water.pdf（二〇一五年八月二三日アクセス）。

（2）初代首相ジャワーハルラール・ネルーの一人娘にあたる。父ネルーのもとで政治活動に従事し、一九六六年首相に就任。

（3）三猿の意匠は世界的にみられるが、インドの場合、ガーンディーの教えに由来するともいわれている。ガーンディーは常に三匹の猿の像を身につけ、「悪を見るな、悪を聞くな、悪を言うな」と教えたと伝えられ、「ガーンディーの三猿」としてインド人に馴染み深い。

現在、この石碑の状態は悪く、損傷が激しい。碑文や図柄の大部分が砂で覆われて読みづらく、水で汚れを洗い流して内容を確認した。

（4）コロニーの住人、元NDMC清掃部門衛生監督補佐のミーナからの聞き取り（二〇〇五年一〇月一日バープー・ダーム）。

（5）二〇〇五年一〇月一日バープー・ダームにて聞き取り。

（6）隣のパンジャーブ州では不可触カースト単位で別々に集住するカースト的な都市空間（caste segregation）の形成［Judge and Bal 2008］、デリーの西、ラージャスターン州でも同様の現象が報告されている［Sharma 2003］。

一般に、人口移動が頻繁で、狭い地域に異なる出自の人びとが混在する都市環境は、村落社会で維持されてきたローカルなカーストの結びつきを解体し、不可触民差別やカースト意識を緩和させるといわれてきた。前述の研究は、それとは反対の状況を示唆している。

（7）帰属するワード（ward）の平均世帯規模六人に六九四五戸を掛けて算出。

（８）　経済指標の例として、Ｃ地区の車の所有率は二五・一－三五％で相対的に高い。他方、Ａ地区の属する第九ワードは五・一－一五％、Ｂ地区の第六一ワードは五％未満となっている。

（９）　Ａ地区では、「シク教」（一世帯）と「アド・ダルム」（一世帯）という回答もみられた。アド・ダルムとは「インドの原住民」の意で、一九二〇－三〇年代にパンジャーブのチャマールを中心とした不可触民の解放運動。指導者のマングー・ラームは、中世のバクティ思想を受け継ぎ、平等主義を説いた。

（10）　教育の設問に関しては、本人の記憶が曖昧であるか「回答したくない」との理由により、「不明」の回答が目立った。この傾向はとくにＡ地区で際立っている（一四世帯、四〇％）。

（11）　例外の一世帯はＡ地区の住民である。「恋愛結婚で相手はラージプートです」と上位カーストの名前を挙げている。

（12）　デリー人口に占める移民の出身州に関して、主要な出身州は北インドに集中している。ＵＰ州（二二九万六三六七人）、ビハール州（七二万五五六五人）、ハリヤーナー州（五五万五一七三人）となっている（二〇〇一年国勢調査）。

（13）　組織部門には、中央政府、デリー市自治体（ＭＣＤ）、ニューデリー市自治体（ＮＤＭＣ）、デリー市水道局（ＤＪＢ）、軍、病院、教育機関、銀行、全国規模のＮＧＯなどが含まれる。

（14）　以下三点の新聞記事を参照のこと。"MCD to regularise over 2,500 safai karamcharis," *The Indian Express*（電子版）, Jul 03 2010（http://www.indianexpress.com/news/mcd-to-regularise-over-2-500-safai-karamchar/641588/ 二〇一一年一〇月一五日アクセス）；"Better working conditions for safai karmcharis," *The Hindu*（電子版）, July 2, 2010（http://www.thehindu.com/news/cities/Delhi/article496933.ece 二〇一一年一〇月一五日アクセス）；"Traffic blocked in VK by MCD employees," *Times of India*（電子版）, Jul 3, 2010（http://timesofindia.indiatimes.com/city/delhi/Traffic-blocked-in-VK-by-MCD-employees/articleshow/6122030.cms 二〇一一年一〇月一五日アクセス）.

（15）　Ｃ地区のインフォーマント（元デリー市自治体（ＭＣＤ）清掃労働者組合の女性活動員）からの聞き取り（二〇〇五年一〇月三日）。

第6章　清掃カースト出身者の内なる葛藤と抵抗のかたち

1　ダリト性（dalitness）への接近

先の章では、近年の経済発展から取り残されるデリーの清掃カースト（バールミーキ）の社会経済的状況が浮き彫りになり、またガーンディーの思想的影響を受けた福祉政策およびガーンディー主義者のＮＧＯ活動には様ざまな問題点があることも確認された。被差別性を帯びる清掃業と特定のカーストとのつながりが長いあいだ存続し、その解消が容易でないという事実は、こうした文脈において理解することができる。同時にこの事実が、いまを生きるバールミーキの人びとにスティグマとして刻まれ、生きづらさをもたらしていることにも目を向ける必要があるだろう。そこで本章以降では、ダリト（いわゆる不可触民）の出自ゆえに経験する困難とそれを生き抜こうとする内なる葛藤に焦点を当てたい。カースト問題は都市部に生きるダリトの生活世界のなかでどのように現象しているのだろうか。そしてその変化の新しい兆候は、差別性をともなう職業から「自由」になった人びととの経験にこそ見出せるのではないかと考える。ここでみられる現象の興味深いことは、似たような被差別的状況に置かれたとしても、それにたいする抵抗を表立って示すとは必ずしも限らないという点である。清掃労働への忌避感やＳＣ／バールミーキの出自を他人（ときには自分の子ども）に伝えない、などの葛藤を抱えながらも、その時々に応じて様ざまな「選択」をする。こうした「選択」は、とくに進学、結婚、就職などのライフステージの節目において現出することを本章では明らかにする。第7章で検討する、公益訴訟の運動モデルには回収されない抵抗や反発のかたちをインタビューから読み解くことにより、バールミーキの人びとがどのような葛藤を抱え、被差別状況にたいする反応を選択しているのかを描写する。

スティグマやアイデンティティにかかわるダリトの内的世界を知る手がかりとして、ダリト出身作家の文学作品は重要である。ダリトの出版活動（ダリト文学）は二〇〇〇年代以降に活況を呈し、一般に知られる機会の少なかったダリトのカースト意識、被差別経験とその克服による「サクセス・ストーリー」も主題化されている［Moon 2002; Khandekar 2013; Shyamlal 2001; Valmiki 2003］。インド諸言語以外の言語に翻訳された作品の書き手のなかには、世界的に注目されるダリト作家も現れ始めている。清掃カースト出身のヴァールミーキの自伝『残飯（*Joothan*）』（［1997］2003）は、オリジナルのヒンディー語から英語に翻訳されてインド国外の読者を得ている(1)。

こうした旺盛な出版活動の背景には、一九六〇－七〇年代にボンベイ（現ムンバイー）で興起した社会変革を求めるダリト・パンサーの運動がある。アンベードカルを信奉するラージャー・ダーレー（一九四〇－）、ナームデーオ・ダサール（一九四九－二〇一四）をはじめとするダリト・パンサーの活動家の多くは、カースト批判をテーマにした文学作品を生み出した。運動の中心地がマハーラーシュトラ州だったことにより、マラーティー語による発信が大方であったが、現在はインド各地の諸言語で出版され続けている。書き手の大半は、留保制度の浸透による高学歴で公職に就いている（あるいは退職した）ダリト男性であり、作品中に地位達成の過程で経験してきた被差別のエピソード、出身コミュニティとのあいだで揺れ動くアイデンティティの様相を描いている。

ダリト文学作品中に描かれる被差別性、被抑圧性は、ダリトに独特な個別的要素である。これに関して、ナーラーヤン［Narayan 2005］は重要な点を指摘している。ＵＰ州におけるダリトの政治社会状況の調査に依拠して、「ダリト性」とよびうる被抑圧的状況の自覚・意識は、ダリトに生まれつき備わっているものではないとして次のように述べる。

われわれは、ダリト性というものが、ダリトにたいする歴史的な不正によって生じる当然の結果と考えてはならない。周縁化されたあるいはサバルタン集団に関する学術的研究は、しばしば次の欠陥を抱えている。それは、被害者意識・状態（victimhood）が必然的に抵抗を生み出すと単純に思い込んでいることである。…（中略）…私は初期の研究で、ダリト性が動員やディスコースを通じて、どのように「構成され、創造されているか（constructed and produced）」を示してきた。そこには「生まれつきの（natural）」ものなどなにもない。［Narayan 2005: 126、「　」強調は著者（ナーラーヤン）による］

自然発生的ではない被差別性への意識とその（再）構成という視座は、ダリトのみならずほかの被差別コミュニティ研究においても共有されうるテーマである。(2) 筆者のインタビュー調査で、「あなたがバールミーキ出身者という理由で、差別を受けたことがありますか」と尋ねると、大体は「あった（ある）」と答えるが、その対処方法については「バールミーキだから仕方がない」と「笑って」受け流す人や、(3) 幼少期に学校へ通えなかった経緯を詳細に語る人、教師や生徒から受けた嫌がらせを苦痛に満ちた表情で語り、自宅でコミュニティの子弟向けの塾を始めた人、(4) 就職差別や職場での差別を糾弾する運動を始めた人もいる。同じ被差別集団に属するという理由だけで、すべての成員が均質的な被差別意識を共有しているわけではない。さらに、似たような被差別経験を抱えているとしても、必ずしも全員が抵抗運動に参加するとは限らない。調査のあいだ、筆者はこれらの疑問をずっと頭のなかでめぐらせていた。

次節以降では、ダリト性がライフステージの様ざまな節目（就学、就職、結婚など）に現出する様相を具体的に記述する。また高学歴のバールミーキの語りのなかで先鋭に表れる「ロール・モデル意識」は、続く第7章で検討する運動を導く原動力になっていることもあらかじめ強調しておきたい。かれらの抵抗のかたちをフィールドから描写する（インタビュー対象者は図表6－1を参照、敬称略）。

2　働く――清掃労働への恥じらい

各章の議論でも度々取り上げてきたように、カーストと職業の関係は清掃カーストをみる限り現在でも根深いものである。とくに清掃は、カーストの差別的側面を容易に連想させる。筆者がバールミーキの人びとと会話をしていてまず気づかされるのは、自分と家族、親族全員が清掃業とのかかわりをいかに断ち切っているか（断ち切ろうとしているか）を筆者に理解してもらおうとする強い熱意である。

筆者が観察する限り、コミュニティには職業による階層的序列意識が形成されている。なかでも「清掃労働に従事している／いない」は、最初の大きな線引きとなる。とりわけ高学歴のバールミーキ層が結婚相手を決める際に懸案される重要な事項のひとつであり、この見方は個人にたいしてだけでなく、家族あるいは親族全員に及ぶことが多い。コミュニティ内部では基本的に、清掃労働を敬遠し、かかわりを恥じらう態度がみられることから、清掃への差別観が再生産される。ガーンディーの「理想的なバンギー」、つまり清掃カーストは清掃の専門家になるべきだとする考えは、当事者によって明確に否定されているのである。

清掃に就く人びとはさらに雇用先の「組織部門／非組織部門」に分かれ、組織部門はさらに「常雇い／臨時雇い」、「衛生監督／一般の清掃従事者」、「道路清掃／建物内の清掃／ごみ処理場の作業／列車の清掃／公衆便所の清掃など」、「労働組合での役職」といった指標も重視される。非正規であっても、政府系部門で働くことの方が上位

	名前	性	生年	宗教	学歴	職業	父親の職業	出身地	カースト関連の運動とのかかわり（指導者／参加者／なし）
11	シュックラー	男	1947	「仕方なくヒンドゥー」	PhD; LLB	公務員（インド法務局 ILS）退職後、最高裁弁護士	公務員（中央公務職の清掃員）？	UP 州	あり（指導者）
12	スニール	男	1967	ヒンドゥー	BA	元デリー準州議会議員	両親ともに公務員（鉄道省の清掃員）	UP 州	あり（指導者）
13	ダース	男	1927	改宗仏教徒	BA; LLB	公務員（中級事務職）を退職後、最高裁弁護士	公務員（郵便局の清掃員）	ヒマーチャル・プラデーシュ州	あり（指導者）
14	プラヴェーシュ（レーカーの夫）	男	1971	ヒンドゥー	BA	英語塾経営者	公務員（政府系学校の教員）	UP 州	あり（参加者）
15	ラーイ	男	1945	クリスチャン	MA（PhD取得の勉強中）	公務員（全インド公務職上級ポストIFS）を退職後、社会活動家	判事	UP 州	あり（指導者）
16	ラジェーシュ	男	1969	ヒンドゥー	BA	元デリー準州議会議員	自営業者、レスリングの選手；祖父は警備員	デリー	あり（指導者）
17	ラーム	男	1940?	ヒンドゥー	BA	公務員（全インド公務職上級ポストIAS）を退職、兄も元IAS	自営業者	パキスタン側のパンジャーブ	なし
18	ラメーシュ	男	1948	ヒンドゥー（ヴァールミーキ詩聖崇拝を拒否）	BA	公務員（デリー市警副長官）を退職	公務員（下級事務職）	UP 州	なし
19	レーカー	女	1973	ヒンドゥー	PhD	NGO 職員	公務員（鉄道部門の技師）	UP 州	あり（参加者）
20	ヴィジャイ	男	1939	「仕方なくヒンドゥー」仏教への改宗を検討中	BA; LLB	公務員（中級事務職）退職後、デリー高裁弁護士	公務員（鉄道省の清掃員）	パンジャーブ州	あり（指導者）

図表６－１　バールミーキのインタビュー対象者

	名前	性	生年	宗教	学歴	職業	父親の職業	出身地	カースト関連の運動とのかかわり（指導者／参加者／なし）
1	アルン	男	1962	ヒンドゥー	MD	政府系機関の医務部長	公務員（中級事務職）、祖父は公務員（NDMC 清掃部門の衛生監督）	デリー郊外の村	なし
2	アルヴィンダル	男	1965	シク	BA	元デリー準州議会議員	元国会議員、元ビハール州知事	パンジャーブ州	あり（指導者）
3	アロック	男	1968	「仕方なくヒンドゥー」	BA	社会活動家、画家	公務員（MCD 下級事務職）	ハリヤーナー州	あり（参加者）
4	ヴァールミーキ	男	1950	改宗をしていないが「仏教」を申告	inter-college	公務員（防衛省機関のエンジニア）を退職後、作家	農業労働者	UP 州	あり（指導者）
5	ヴィール	男	1953	「仕方なくヒンドゥー」	高校卒業	公務員（MCD 清掃部門の衛生オフィサー、清掃労働組合指導部）を退職後、元デリー準州議会議員	公務員（中央公務職・清掃員）	UP 州	あり（指導者）
6	ウィルソン	男	1966	クリスチャン	MA?	社会活動家	公務員（自治体の清掃職員）	カルナータカ州	あり（指導者）
7	クマール	男	1960?	ヒンドゥー（ヴァールミーキ詩聖崇拝）	BA?	公務員（州公務職上級ポスト PCS）を早期退職後、社会活動家	農業労働者、清掃人	UP 州	あり（指導者）
8	ゴーパール	男	1940?	ヒンドゥー	BSC; MA; LLB	公務員（全インド公務職上級ポスト IPS）を退職	公務員（下級事務職）	デリー郊外の村	あり（参加者）
9	サンジャイ	男	1987	ヒンドゥー	BA（在学中）	学生	祖父、父ともに公務員（NDMC の清掃員）	デリー	なし
10	シャーンティ（ラメーシュの長女）	女	1985	ヒンドゥー	MA	日本の自動車メーカーの専属通訳	公務員（デリー警察副長官）	デリー	なし

とされる。

非組織部門の清掃人は、作業内容（個人家屋の掃除／下水道の掃除／乾式便所の清掃など）によって様ざまであるが、そのなかでも屎尿処理（Manual Scavenging、MSとよばれることが多い）は最も蔑視される仕事である。

筆者が調査目的を説明すると、「（MSを指して）あの仕事をしている人たちのことを調べたいの？　私たちはまったく違いますよ」といってインタビューを拒まれることや、「身内に清掃の仕事をしている人がいるかだって？　あなたはなぜ、清掃のことばかり聞くの？　ほかに質問はないの？」と突き放される場面にも度々遭遇した。筆者はこうした経験から、バールミーキの人びとにとって、いかに清掃の話題が被差別の出自を思い起こさせ、不快なイシューであることかを実感させられた。「清掃カースト」としてラベリングされてきたことの自覚と、それへの強い反発が読み取れる。

公務員（州公務職上級ポスト）を早期退職した、社会活動家のクマール（五〇代半ば）は、次のようにカーストと職業の関係性を否定する。

職業とサマージ（*samaj* カーストの意）を混同すべきではありません。すべての清掃人がヴァールミーキ〔クマール氏は熱心なヴァールミーキ詩聖崇拝者のため、パンジャーブ語の発音ではなく元のサンスクリット語で『ヴァールミーキ』と発音することを希望している〕というわけではないのですから。他のコミュニティも清掃業に参入しています。ヴァールミーキを清掃人（scavenger）と同一視しないでほしいのです。職業は何回でも変えられます。でも、サマージは生まれてから死ぬまでずっと一緒です。私がヴァールミーキである理由は簡単で、父がヴァールミーキだったからです。宗教

だってそうです。ヴァールミーキを清掃人としてみるから、すべてが正しくみえないのです。（二〇一三年一二月二六日）

クマールのこの語りからは、これまで「清掃カースト」としてレッテルを貼られてきたことへの強い拒否、反感が読み取れる。同時に、清掃労働とのつながりを断ち切ったうえで、バールミーキ・カーストを肯定的に語っていることは興味深い。ヴァールミーキ詩聖については本章後半部で取り上げるが、クマールは「私たちのサマージがもっと発展するためには、輝かしいヴァールミーキ詩聖の子孫であることを知ることで誇りをもち、一生懸命に勉強して尊敬される仕事に就かなければなりません」と主張し、詩聖崇拝の受容と、「自助努力の末にゆたかさや社会的地位を獲得」するというダリトのエリートに典型的な立身出世物語を語り、カーストに刻まれた負のイメージを払拭すべきだと訴える。

はじめのうち、クマールは筆者を寄せ付けないところがあった。警戒心が強く、筆者がこれまでインタビューをした人物や参加したバールミーキ関連の行事を根掘り葉掘り知りたがった。仕事や社会活動など現在のことについては英語で饒舌に語るが、自分の経歴や母村に話題を向けると一転、「私の生い立ちですか？　たった一行です。貧しくて抑圧された家族（poor and downtrodden family）に生まれました」と言葉少なに態度が変わるのが印象的であった（生年、家族構成、具体的な村の名前、学校名などの情報は現時点でも確認できていない）。

限られた情報によると、クマールはデリーにも近いＵＰ州西部の農村部に生まれた。土地なし農民だった両親は、地主の農作業を手伝うかたわら、地域の家屋の掃除をして生計を立てていたという。クマールも幼少期は、両親の仕事を手伝っていた。両親について次のように語る。

父も母も無学（uneducated）でした。二人とも子どもの教育に関心をもっていませんでしたが、兄妹で私だけが大学院まで進学したのです。父なんて、実際に私がどんなにレベルの高い学校に行っているのか知りませんでしたよ。ある日、村の上位カーストのサードゥ（ヒンドゥー教の修行僧）が父に「お前の息子の学歴は何だ？」と聞いたんです。そうしたら父は両手を広げて「たくさん勉強した（*bahut parhā*）！」と答えました。ハッハッハ（笑）。それくらい息子の教育について知らなかったのですよ。（二〇一四年一月四日）

クマールの語りからは、家族が教育とは無縁の生活を送っていた様子が伝わってくると同時に、息子の教育に無関心だった父との過去を「笑い」によって茶化しながら生きる「たくましさ」も現れている。

村での暮らしを聞くと、「特別に話すことなんてないです」といいながら、次のような言葉が続く。

クマール：村では結婚式や盛大な会合があると、そこで余った食べ物をもらうのが私の家族の「幸せな時間（happy time）」でした。私たちがそれをもらえば、上位カーストの人びともハッピーになるんです。私たちはかれらを尊敬しましたし……その気持ちがわかりますか？　昔は私が村で他人の車を掃除していました。それが今ではどうです？　他人が私の車、家の掃除に来るんですよ。ミラクルですよね。

筆　者：その話をお子さんに教えたことはありますか？

クマール：とんでもない！　一度もありません。話せば息子に悪影響を与えるかもしれません。

（二〇一四年一月四日）

ダリトが残飯を貰い受ける慣行は、不可触民差別を象徴する事例として多く語られる［Valmiki 2003］。クマールの語りから、ダリトが残飯をあてにせざるをえない貧困状況に置かれていただけでなく、貰い受ける行為によって上位カーストとダリトの差別－被差別的関係を再生産していることに自覚的であったこともうかがえる。アンベードカルは解放運動のなかで、残飯を貰う慣習をボイコットするように訴えたとされるが、それは暴力の報復を受けかねない「命がけの」抵抗であった。

クマールは、ヴァールミーキ詩聖に関する会合を定期的に主催している。二〇〇八年にはデリーで三日間の「国際ヴァールミーキワークショップ」を開催し、国内各地からバールミーキ出身の政治家、研究者、運動家が参加したほか、海外に移住したバールミーキの人びとも多数招聘されていた。グローバルなネットワーク形成に力を注いでいるという。「特別に話すことはない」といいながらも、息子に教えたくない過去をクマールに語らせたのは何か。その何かがおそらく、クマールの活動の原動力になっているように思われる。清掃の過去と断絶しても、差別的な「清掃カースト」のカテゴリーから逃れられない内なる葛藤が垣間見られるのではないだろうか。

次にみるのは、前述のクマールと同じく清掃労働からの離脱を強調し、弁護士の当人は清掃労働から距離を置いているが、清掃労働者の生活改善運動に取り組むことで出自カーストとのつながりを保持しようとする事例である。ヴィジャイ（七〇代前半）は、パンジャーブ州の都市ルディヤーナーに生まれ、政府系カレッジを卒業後、就職を機にデリーへ移住した。公務員（中央公務職中級事務職）を退職して、デリー高裁の法廷弁護士をするかたわら、コミュニティの社会活動に参加している。ヴィジャイも、クマールと同様に清掃業からの断絶を強くアピールする。

父はインド国鉄の清掃部門で働いていました。母も私が幼いころに軍の施設で清掃の仕事をしていましたが、私が学校に通い始めてからは父の強い反対で清掃の仕事を辞めました。私には七人の姉妹がいますが、誰ひとり清掃の仕事をしていません。妻と息子二人もそうです。絶対にさせるものですか！（二〇〇八年七月六日）

ヴィジャイは第5章で取り上げた調査地のA地区の元住民である。調査時は退職前に購入した南デリーの公団アパート住宅を二戸所有していたが、一九六二年にデリーに来た当初はしばらく官舎に入れず、当時A地区に住んでいた妻の親戚のフラットで暮らしていたという。先述のクマールがコミュニティの信仰活動に熱心で、清掃問題から距離を置いていたのにたいし、ヴィジャイは清掃労働者の集住地区に住んでいた経験から、かれらの労働環境に関する切実な問題（雇用の非正規化、賄賂など）に通じていた。それゆえに、職業訓練校としての自動車修理工場の設立、法律相談の手助け、第7章で紹介する留保政策の改正要求などの生活保障にかかわる実態的な改善を優先させなければならないという立場であった。A地区住民の所有権回復運動にもかかわり、文書作成や当局との交渉の場に立ち会っているのもそうした考えにもとづいているように思われる。

A地区の調査で筆者の印象に残ったのが、「折り合いをつける」というバールミーキ住民の生きる姿であった。かれらにしてみれば、心情的には差別される要因の清掃職から離れたいが、常勤であれば市内中心地の官舎に住み、子どもを学校に通わせて何とか家族を養うことができる。「現在の仕事に満足していますか？」という筆者の質問にたいして、「しなければならない（*karnā hae*）」と短くいい切って、二、三世代にわたり清掃職に就く人びとが多くみられた。(5)

A地区で清掃職員の祖父と父、近くの住宅街に通う清掃人の母に育てられたサンジャイ（二〇代前半）は、カレッジに通う学生である。筆者が「卒業したらどんな仕事に就きたいの？」と尋ねると、「公務員」と即答した。さらに「お父さんと同じ清掃職しかなかったらどうする？」と意地の悪い質問をすると、「すぐには答えを出せないけど……それしかないのなら仕方がないよね」、そしてこの言葉に続けて「昔は清掃員になるのは簡単だったみたいだけど、今は競争が激しいし、賄賂も払わなければならないから大変だよ」と述べた(6)。サンジャイの語りから、カレッジレベルまで進学しても就職の機会が限られている状況が察せられた。またカレッジで出自カーストによる差別の経験はないが、友人仲間は同世代のA地区住人との付き合いが多いことも確認された。次節では、ダリトの人びとが最初に出自を意識させられる場としての学校、教育に関する語りをみてみよう。

3　学ぶ――出自を知る、留保制度を足がかりにして

バールミーキのような低カーストの人びとにとって、出自を明かすことは通常「厄介で、面倒なこと」だと考えられている。調査地においても、「このコミュニティ（this community、*yeh samāj*）」と直接カースト名を口にしない傾向がある。それは自宅の室内であっても変わらず、先述のヴィジャイと筆者が調査の話をしていて次第に熱が入って声が大きくなると、「ちょっと！　静かにしてちょうだい。外に聞こえるわよ」と隣の部屋から奥さんがよく飛んできた。

こんなこともあった。ある日、筆者がヴィジャイ宅でお昼ご飯を食べているときに、近所の住人が立ち寄った。珍しい日本人をみて、「ヴィジャイさんとはどういうご関係ですか？」と尋ねられ、自己紹介をしようとすると、奥さんは私を遮って、「主人の仕事でコンピューターの手伝いに来てもらっているの」と素早く答える場面があっ

た。後に確認すると、住人にはヴィジャイのカーストが知られていないという（正確には、SCであることは知られているが、どのカーストかは明かしていないとのこと）。「私たちがバールミーキだと知ったら、その瞬間私たちへの敬意が失せてしまう。向こうはそれを隠そうとするけれど、わかるのよ」と懸念する。

こうした懸念はヴィジャイの妻に限らない。実際、多くのインフォーマントから似たような経験を聞かされた。出自に関する悩みは、住み慣れたコロニーを離れて学校教育という集団生活を始めるときに、おそらく初めて経験する問題である。しかし、そこで生じる事態にたいしてどのように向き合うのか、またはどのようにしてそれを乗り越え、自己を確立するのかという過程は個人によって様ざまである。

ラジェーシュ（四〇代前半）は、元デリー準州議会議員である。デリー大学在学中から政治活動に参加し、会議派の若手活動家を中心とする下部組織（Delhi Pradesh Youth Congress）の代表を務め、三四歳でデリー準州議会議員（SC留保選挙区）の初当選を果たした。二期（二〇〇三年、二〇〇八年）を務めたが、前回二〇一五年の選挙では汚職撲滅をスローガンに掲げて急速に支持を集めた庶民党（AAP）の候補者に敗れている。

ラジェーシュの家族は貿易関連のビジネスをしており、財政的に恵まれた環境で育てられた。両親は学校に通ったことがなかったが、教育の重要性をよく理解し、五人の息子と二人の娘は全員教育を受けた。政治家になったのはラジェーシュ一人である。がっしりした体格のラジェーシュの家系には、父を含めてレスラーをしている人もおり、祖父はガーンディーの護衛を務めていた。幼い頃から勉学とスポーツに秀でて、学級長や学年長に選ばれる目立った子どもだったという。最初の転機は思春期に訪れた。

一〇年生の時です。私はそれまで自分がSCで、バールミーキ出身であることを知りませんでした。両親も黙っていました。通っていた学校は私立の英語教育で、誰もカーストのことは気にかけていませんでした。でも、一〇年生のクラスでSCの生徒だけに配られる書類がありました。私は何のことかわからなかったので、SCの欄には「NA（該当なし）」と書いて提出しました。その後、校長先生から父に連絡があり、「あなたの息子さんは自分がSC出身であることを知らないようです」と伝えたそうです。その日に、私は父から自分のカーストについて聞きました。私はとても動揺して、一晩中泣いていました。その翌日に教室で感じたことをよく覚えています。隣の席の女の子が私をみる視線が気になり始めました。今思えば、彼女は何気なくみていただけでしょうが、当時の私は「あぁ、彼女は私がSCだということを知っているんだ。だから冷たい目でみているんだ」と思いこまずにはいられませんでした。（二〇一〇年二月二四日）

ラジェーシュが受けた衝撃は大きく、彼の人生観を変えた。自分の出自を知ることで深く傷ついたが、父親から「お前がSCであることに変わりはないが、立派な人間にならなければならない。周りを見返すために、勉強やすべてのことにおいて一番になるよう努力しなさい」と鼓舞されたという。ラジェーシュのように経済的に恵まれた家庭のバールミーキ出身者には、親からカーストを一切知らされずに育てられるケースも珍しいことではない。しかしそのような場合でも、学校の入学手続きや奨学金の応募時には各種証明書が求められ、その際に自分がSCのバールミーキであることを知ることになる。

カレッジに進学してからは政治活動にのめり込み、デリー大学学生自治会選挙で会長に選ばれたことをきっかけに、会議派のもとで政治家の道をめざすようになった。その後もバールミーキであることを理由に、ポスト昇格の推薦を取り下げられる事態にも直面したが、その都度父親の言葉を思い出して自分を奮い立たせてきたと語る。

政府機関の医務部長のアルン（四〇代後半）は、現在の職業にたいしてだけでなく、地域の住民活動における自身の役割にも誇りを感じていると語る。

私の住んでいるアパート（デリーメトロの拡張により建設されている新興の集合住宅地）の戸数は二六〇あります。その住民福祉協会（resident welfare association）の代表を務めていますが、代表選挙で私が一番に選ばれたのですよ。みんなから尊敬されるので、とても幸せです。（二〇一〇年三月一八日）

アルンは、父の代にUP州の農村からデリーに移住した。祖父が教育に熱心だったこともあり、アルンの父とかれの二人の兄は一〇年生まで教育を受けることができた。父は進学を希望していたが、家族に経済的余裕がなく、デリーで中央政府の事務職に就いた。教育の重要性と将来性を強く信じていた父の支援で、アルンと二人の弟も教育を受け、希望する職業に就くことができたという（一人は民間航空のエンジニアで、もう一人はNDMCの衛生監督に就いている）。アルンの長男は、名門のインド工科大学デリー校でコンピューター・エンジニアをめざして勉強中である。妻は敬虔なヒンドゥー教徒（サイ・ババ信仰）で同じバールミーキ出身である。アルンは徹底して出自を隠すというわけではないが（進学や就職でSC留保制度を利用する際には、必ず証明書などでSCカーストの出自を表明しなければならないため）、自ら進んで公表したり、カースト団体の活動に参加することはほとんどない。アルンが強調するところによれば、バールミーキがインド社会で尊敬されるためには教育を受けることが不可欠で、その後は自助努力で能力を高める必要性があるという。

このように、「教育こそがコミュニティを向上させる唯一の方法」という語りは、前述のアルンのように、バールミーキ出身者で社会的上昇を果たした人びとすべてに共通している。教育機会の獲得に関して、留保制度を含むＡＡ政策を憲法規定へ入れるために指導的役割を果たしたアンベードカルへの賛辞は絶大である。アルンは自身の成功について次のように語っている。

いまの自分があるのは、偉大なアンベードカル博士のおかげなのです。リザベーション（留保制度）がなければ、医学大学に入ることなどできませんでした。私は成績上位者でしたが、一番ではありませんでした。ジェネラル（留保なしの一般枠）の同級生はとてつもなく優秀だったので、いつも引け目を感じていました。そんな時に、同じＳＣ出身の上級生から自信をもつための「マントラ」を教えてもらい、読んでおくべき本や勉強の仕方を学ぶ手助けをしてもらっていました。カレッジでの差別はありましたが、どんな環境でも差別はあるので、それに直面する覚悟を身につけました。ジェネラルの生徒と同じかそれ以上の成績を出せるように努力しました。（二〇一〇年三月一八日）

アルンの語りから、かれの成功は①留保制度とそれを考案した②アンベードカル、さらに③自助努力によって得られたとの見方が読み取れる。

ラーム（七〇代半ば）は、元インド行政職（ＩＡＳ）[7]のオフィサーであり、バールミーキ出身者の初代ＩＡＳになった人物として、コミュニティでもよく知られている（ラームの兄も元ＩＡＳである）。慎重な人柄で、インタビューを実現するまでに三回ほど断られた。ラームは、印パ分離独立前のパキスタン側のパンジャーブ州出身で、父親の代にデリーに移住した。裕福な家庭ではなかったが、五人兄弟と五人姉妹のうち、ほとんどがＩＡＳなどの上級公務員か一般公務員に就いたという。ラームは上位カーストの妻と結婚し、二人の子どもがいる。息子は名門のインド工科大学を卒業後、バンガロールのＩＴ関連企業で働いており、娘はファッション工科大学（National Institute of Fashion Technology）を卒業し、米国留学の準備中である（なお、子どもたちの高学歴状況を述べる際に、ラームはかれらが自発的にＳＣ留保枠を利用しなかったことを強調している）。ラームの語りは、ＳＣ全般に関するもので、バールミーキに特定される内容にはあまりふれなかった。ＳＣの地位向上に関しては、先述のアルンと同じく、教育の重要性を主張する。

ＳＣが向上するには、教育しかありません。高い教育を受ければ、その他のことは自然とついてくるはずです。私の職場では、一切、差別的な体験はありませんでしたよ。ＩＡＳに入れば、昇進は個人の業績次第です。私は高いポストに就いていたので、誰も表立ってはいいませんでしたが、内心では出身カーストが低いことを認識していたでしょう。（二〇一〇年三月一七日）

ＩＡＳの採用にはＳＣ留保枠がある。とはいえ、他の公務員試験の状況と比べても非常に難関で、ＳＣ内でもレベルの高い競争がおこなわれている。しかし、アルンの事例から確認されるように、競争試験を勝ち抜きＩＡＳになったとしても、カースト意識はつきまとうのである。最後に、筆者が「人びとからカースト意識が消えるのは、いつだろうか」と質問したところ、「あと四－五世代を経ないとなくならないだろう」との答えが返ってきた。

バールミーキの人びとがカースト意識、被差別意識を語る時によく聞かれる言葉として、「深く根づいている（deeply rooted）」がある。その意識は深く、複数の世代にわたって地位や職業にかかわらず、スティグマとして刻まれている。バールミーキの人びとの語りからは、そうした意識を引き受けながらも、学歴や尊敬される職業の獲得を足がかりに、長い目で将来に希望を託そうとする姿がみえてくるのではないだろうか。

4　ロール・モデル意識の生成

社会的上昇を果たした不可触民にみられる特徴として、先行研究では次の二点が指摘されてきた。一つは、身元を隠しつつ新しい集団への「同化」と、被差別的過去から疎遠になろうとする動きである。そうした人びとは、「ハリジャン・エリート（harijan elite）」とよばれている［Mendelsohn 1986; Mendelsohn and Vicziany 2000; Sacchidananda 1976］。ハリジャン・エリートという場合、批判的な意味合いが込められることが多い。たとえば、ＡＡによって獲得した政治・社会・経済的権益を「身内」で排他的に占有する傾向が強いと非難をしばしば浴びている。こうした批判は留保制度をはじめとするＡＡ反対者の立場を形成している。たしかに、現行のＳＣ優遇政策は一部の不可触民を利するもので不可触民全体の向上につながっていないとの問題を抱えている。しかし、国勢調査の結果から明らかなように、不可触民とその他の社会集団とのあいだに格差が存在していることは否めず、「代表性の確保」という点において優遇政策は効果的な政策と考えられ、さしあたり継続的実施が必要であると思われる。

「ハリジャン・エリート」と対照的な二つ目の特徴は、地位の上昇後も出自集団との関係を保持し、カースト構成員のための教育普及や社会的、政治的活動に積極的にコミットメントするふるまいである。この動向に関して、公的・民間部門でホワイト・カラー職種のＳＣ出身者にインタビューを実施したNaudet［2008］の研究は、興味深い指摘をしている。そこでは、社会的上昇後も出身カーストとの関係を強化する人びとの内面に、「道義的責任

(moral imperative)」の意識が強く作用していることが描写されている。[8] 加えて、この意識には不可触民が置かれている独特な状況も背景にあることが指摘されている。それは、不可触民が物理的な貧困状況から抜け出せたとしても、それは過去の地位の抜本的変化をもたらすわけではないというインドの状況である。つまり、カースト自体がなくなるわけではない、カーストから逃れられないというインド社会の状況こそが、不可触民に残された選択として、徹底的に身元を隠すのか、あるいは公にして「誇り」の意識へと転換させるのかを決定させているともいえよう。

「道義的責任」に類似する表現では、大衆社会党の母体組織であるバムセフ(All India Backward and Minority Communities Employees Federation、略称BAMCEF)の設立者のカンシー・ラームが掲げた活動スローガンがある。「社会にお返しをする(pay back to society)」は、バムセフ以外にもダリトの活動家やバールミーキのカースト団体参加者からも聞かれる。カースト団体の活動を主張する際のキー・フレーズとなっている。[9]

前述に加えて、「ロール・モデル」という言葉にも注目したい。一昔前のカースト内の常識では望むべくもなかった大学進学や、弁護士や医師などの専門職に参入して社会的上昇を果たしたバールミーキのなかには、自身をコミュニティの「ロール・モデル」と認識して社会活動に取り組む者が少なくない。自信と誇りをもって、「正しい」生活習慣の実践こそ、コミュニティに良い影響を与えられるとの主張がなされる。もっとも、このロール・モデル語りはカースト団体の活動に関与する/しないにかかわらず、人びとに広く受け入れられている。

たとえば、退職したばかりの元デリー市警副長官のラメーシュ(六〇代前半)は筆者とのインタビューで自らの半生を次のように語っている。

私はＵＰ州ブレンシャール県の村で生まれました。五年生まで村の学校に通っていましたが、村での生活はつらく、嫌な思い出しかありません。私たちのカーストは、奴隷のように地主に仕えさせられていました。家が貧しかったのでいい服を着られず、いつもクラスメイトの視線が気になっていました。しばらくして父が連邦政府に就職したのを機に、自分もデリーで父と一緒に住みたいと頼み込みました。六年生入学の許可を得られたので、デリーで教育を受け続けることができました。デリーでは村のような差別を受けることもなく、順調に勉学に集中することができました。有名なデリー大学商学部のカレッジ（Shri Ram College of Delhi University）に進学できたことは、とても名誉なことです。卒業してからデリー警察の就職試験を受けて合格しました。就職後も昇進試験に励み、現在の地位を得ることができました。今思えば、村での厳しい経験が将来の成功に向けて自分を鼓舞し続けていたのだと思います。（二〇一〇年二月二二日）

ラメーシュは現在、出身カーストの政治・社会活動にはかかわっていないと述べる。母村には親戚が住んでいるが、最近はほとんど帰ることがないという語りから、出身コミュニティとは意識的に距離を置いている姿勢が読み取れる。子どもの結婚式に話が及ぶと、「自分の村の人は招待しませんでした。もしよべば、お酒を飲んで式場で暴れるなど、ふるまいが悪く、デリーの隣人たちからの印象を悪くしてしまいますから」と応え、コミュニティの生活習慣を批判する語りが続く。

私は礼儀正しく、飲酒も喫煙もしません。さらに厳格なヴェジタリアン（菜食主義者）の生活を実践することで、社会のあらゆる人びとから尊敬されているのだと思います。しかし、大半の貧しいバールミーキは違います。かれらが発展から取り残されるのは、三つの理由によると考えています。第一には、無学であること。多くのバールミーキは自分たちの子どもを教育していません。第二に、有害な生活習慣です。かれらは習慣的にお酒を飲み、肉を食べます。とくに豚肉を食べるので、精神が発達しないのです。第三の理由は、悪い慣習のせいです。たとえば、冠婚葬祭などの儀式に借金をしてまで費用をかけてしまうから子どもの十分な教育ができないのです。教育は発展のために最も大切です。もしかれらが教育を受ければ、私のように良い仕事と優れた精神を自然と得ることができるでしょう。(二〇一〇年二月二二日)

ロール・モデル意識は、社会的上昇を果たした者に共通してみられる現象である。カースト団体の活動の場では、「ロール・モデル」、「道義的責任」、「社会にお返しをする」などが繰り返し語られることで、メンバーはそのような意識に自覚的になる。したがって、積極的に活動へコミットメントしてゆく動機づけにもなっていると考えられる。

とはいえ、そこにはメンバーの意欲や結束力を高めることとは別に、問題も孕まれている。コミットメントする活動範囲はおおむね出身カーストに限られるという閉鎖性がある。その結果、同じカースト以外の人びととの連帯意識を抑制することになりかねない。前記の動機づけは、カースト内では肯定的にとらえられるが、他のカーストに対しては排他的になりうる。「道義的責任」という口実によって、カーストの排他的行為が正当化される問題もあるだろう。今後は、こうした意識がどのように普遍性をもちうるのかという観点からも検討されなければならない。

5　結ばれる——高学歴バールミーキのカップル

カースト内の通婚慣習は、カースト存続の根本にかかわる。最近の若い世代には恋愛関係を経て両者の合意のもとに結ばれるケースも増えているようだが、基本的には親族がアレンジする見合い結婚が主流である。そこでは、結婚相手の条件として自分と同等あるいは上位のカースト、学歴、職業などが重視される傾向がみられる。

第5章の調査結果では、調査地区のバールミーキ住民のほぼ全員が同じ出身者と結婚している状況が確認された。[10]その理由として、低いカーストのバールミーキと結婚を望む他のカーストは稀であることのほかに、「安心だから」という意見も聞かれた。C地区の会社員・未婚女性のシャーンティは、「自分で相手を選ぶよりも、親が相手とその家族・親族を事前に調べてくれるので、結婚後に問題を抱えるリスクが少ない」と説明する。この「安心、リスクが少ない」という考え方は、中間層のバールミーキの人びとにもある程度共通しているようである。本節では、C地区の高学歴女性の経験からバールミーキの結婚事情を取り上げる。見合い結婚の形式をとりながらも、女性が選ばれる立場から選ぶ立場へと変わりつつある姿もとらえる。

C調査地区で両親、二組の兄夫婦と住むシャーンティ（二〇代後半）は、デリー郊外にある日本の大手自動車メーカー工場で専属通訳者として働く。前述のラメーシュ（元デリー市警副長官）の娘である。デリー大学修士課程を卒業し就職した直後から、父親が中心になって知人のつてやインターネットの見合いサイトを通じて結婚相手を探しているというが、なかなか「ふさわしい」相手が見つからない。だが、シャーンティは始めからお見合い結婚を望んでいたわけではなく、学生時代から両親に黙って交際を続けていた男性がいた。

私には以前長く付き合っていた男性がいました。同じ大学の先輩です。お互い結婚を考えて交際していましたが、出身地もカーストも違うため、お互いの親には内緒にしていました。かれも日本語学科の学生でしたので、電話をするときは家族に悟られないように日本語で会話をしていたんですよ。おかしいですよね（笑）。

かれが卒業して公務員試験に受かったときに、結婚の許しをもらうために、かれの実家（ビハール州のある村）に二人で行きました。でも、かれのお母さんは私がバールミーキ出身だと知って怒り、反対されて認められませんでした。かれのカーストはバラモンですが、私の家族の方が都会育ちでずっと裕福です。父は大きいポストについていますし……。それなのに私のカーストが低い、バールミーキだからとんでもないといわれてしまった。私は学歴も仕事もあるのに、なんでこんな目に合わなければならないんだろうと思いました。それからしばらくかれに親を説得してもらうように頑張ってもらいましたが、結局認めてもらえず、自然に疎遠になりました。（二〇一〇年二月二二日）

シャーンティは過去の恋愛経験から、異カースト出身者との結婚の場合、経済的立場よりもカースト出自が優先されることを実感したという。父親の高いポストの影響で、「カーストについて、とくに気に掛けることもなくデリーで過ごしてきた」というシャーンティにしてみれば、交際相手の親からの明確な拒絶反応は受け入れがたいものであった。この経験を機に、シャーンティは見合い結婚の相手探しを父親に委ねるようになった。先述の「安全でリスクが少ない」というのはこうした背景にもとづいている。

次に、同じC地区出身者の事例から、見合いを経て結ばれた高学歴カップルの語りに耳を傾けてみよう。

筆者がレーカー（三〇代後半）に初めて会ったのは、二〇〇六年一二月のメーラトだった。バールミーキ関連の集まりで、地元の指導者が建設したバールミーキの学生寮開校の記念式典が開かれていた。レーカーの後の義父となる人物がその行事の主催者であった。レーカーはC・C・シン大学（旧メーラト大学 Chaudhary Charan Singh University）で博士号を取得したばかりで、スピーチを依頼されたという。その時は筆者と簡単な自己紹介で終わったのだが、偶然にも、数年後にデリーで再会し、すぐに彼女の名前を思い出すことができた。バールミーキ出身の女性には稀有な高学歴の持ち主だったからである。

レーカーはＵＰ州の都市メーラト出身である。父親は公務員（インド国鉄の技師）で、親族に清掃労働者が一人もいないことを誇りにしている。教育熱心だった父親は、二人娘の進学を支援した。これまで差別を感じたことはあまりないが、博士課程で希望していた教授に指導を断られたときに、「避けられている」と感じたという（博士論文の研究テーマはＵＰ州のバールミーキの社会活動）。

レーカーは三四歳のときに、二歳年上の同じカースト出身者と結婚した。インド女性の初婚年齢の平均一八・〇歳［和田 二〇一五：一九－二二］を考慮すると、レーカーのケースは珍しいといえる。とくにバールミーキのような低カースト女性は、二十歳前に結婚する傾向が目立つ。レーカーは結婚に至る状況を次のように語る。

結婚について、両親は基本的に本人の意思を尊重してくれました。でも、姉が嫁いだ後、博士課程が終わったらどうするんだ？」と両親はだんだん心配するようになりました。とくに三〇歳を過ぎると、父は「これ以上経ったら、誰ももらってくれないよ」と言い始めました。それで、私も勉強がひと段落するのをめどにデッドラインを決めて、結婚への準

備を始めることにしたのです。（二〇〇九年二月一九日）

レーカーは勉学を支援し、娘の希望を理解する親をありがたく思う一方で、必ず結婚しなければならないというジェンダー規範のはざまで悩んだ。実際に、父親の人脈で結婚相手を同じカースト内で探そうとしたが、相手側の要求と折り合いがつかず話がまとまらなかった。高学歴のバールミーキ男性は、上位カースト出身者を嫁に希望する。レーカー側は、同じバールミーキで、学歴と仕事をもち教養のある男性を条件にしていた。

相手探しが難航していたところ、レーカーが三四歳になったときに、同じC・C・シン大学出身のプラヴェーシュ（三〇代後半）を父親の親戚を通じて紹介される。プラヴェーシュはレーカーと同じくメーラトで生まれ、学部まで過ごしていた。父親はメーラトの政府系小学校の教員で、就職を機にヒマラヤ地域から移住した。祖父と父はコミュニティの政治活動に参加し、地元のバールミーキのカースト団体の代表を務めているという。教育熱心な父の影響を受けて、プラヴェーシュの兄は一八歳でイギリスに留学し、プラヴェーシュはUP州の大学に進学し、現在はC地区で英語塾を経営している。レーカーと知り合った当時の状況を振り返り、次のように語る。

私はデリーで一八年間ずっと一人で暮らしてきました。結婚はしないだろうと思っていましたが、レーカーの写真をみて心を惹かれ、会うことにしました。私たちの場合はちょっと変わっていて、花嫁側が花婿の家を訪問しました。そこでお互いの自己紹介をして、それから毎晩携帯電話で話すようになりました。結婚する前に、私たちは毎晩一時間も話していました。おかげで相手のことをよく知ることができたし、結婚後もスムーズに共同生活を送っていますよ。（二〇〇九年二月一九日）

レーカーとプラヴェーシュの事例は、親同士が取り決めた見合い結婚でありながらも、「二人で携帯電話で話す」ことで、結婚前に相手を知る余地を作り出している。おそらくこれは高学歴のバールミーキに限定されると思われるが、女性の「主体性」が垣間見られる事例ではないだろうか。なお、レーカーは第7章で論じる運動団体（清掃人運動）のメンバーとして現在働いている。

6　祈る――ヴァールミーキ詩聖崇拝にみる共属意識のゆらぎ

前節まで、おもにライフステージにおける様ざまな葛藤のあり方をみてきた。わかりやすい「抵抗」として回収されないこうした日常的実践は、実は「バールミーキ」というカースト名とその起源となっているヴァールミーキ詩聖崇拝にもみることができる。そこで最後に本節では、バールミーキのカースト集団としての「歴史」をめぐる起源伝説に着目し、共属の歴史意識がどのようにして集団のアイデンティティ形成に重要となるのかを考察する。これによって、今日カースト構成員によって支持されている起源の伝承や神話は、それ自体で成り立ってきたものではなく、構成員（と構成員以外）の能動的行為の結果として構築されてきたこと、それらにもとづくアイデンティティは可変的で不安定なことが明らかにされよう。

周縁化されたマイノリティのアイデンティティに関して、かれらが取り入れる戦略の一つに、否定的で差別的な呼称を肯定的自己認識へ転換させる思考と実践がある。たとえば、アフリカ系アメリカ人の「ブラック・イズ・

ビューティフル」の運動スローガンに掲げられた「ブラック」意識、被差別部落の「水平社宣言」がそうである。野口はこれを「誇りの戦略」と名付け、「身元隠し戦略」に対抗するものとして位置づける［野口 二〇〇〇：二三八－二六三］。こうした積極的自己表明は、同じような立場の人びとと連帯することにより、集合的アイデンティティを生成することにもつながる。共通のアイデンティティを基礎に団結を図ることで、支配側の価値体系へ挑戦し、抑圧的な社会関係の変革を志向する運動へと展開する可能性をもちうる。

(1) バールミーキ・アイデンティティの展開

前章でバールミーキ住民の社会経済的状況を述べてきたが、宗教の設問に対して「私たちは仕方なくヒンドゥー教徒なのです」という消極的自己表明がみられた。回答からは、かれらがヒンドゥー教徒であることを自認しつつも、それに躊躇する様子が認められる。ヒンドゥー教徒のなかで従属的状況に置かれていることへの反発、不同意が表れている。この否定的自己表明とコントラストを成すのが、その直後に続く返答である。かれらの多くは「私たちはバールミーキです（*Ham log bālmīki haiñ*）」と言い直す。「バールミーキ」という積極的表明は、ヴァールミーキ詩聖（*Vālmīki*）[11]の伝承に自分たちのカースト起源を重ね合わせたことによるものである。[12]「ヒンドゥー教徒」や「ダリト」ではない、「バールミーキ」という名乗りの選択には、他の不可触カーストからの区別化を図ろうとする意志も読み取ることができよう。このように、今日のデリー、北インドの清掃カースト内部では、「バールミーキ」と自称することによる積極的な自己表明、コミュニティ意識が形成されつつある。

では、「バールミーキ」の自称はいつ頃から使われ始めたのだろうか。時代は一九世紀後半から二〇世紀初頭の北インド、パンジャーブに遡る。当時は、イギリスの植民地政策を通じてインド人が宗教ごとに区分され、人口集団として数値化されつつあった。その動きを決定的に加速させたのが一九〇九年のモーリー＝ミントー改革とよばれる宗教別分離選挙制度の導入であった。これを機に、不可触民の宗教帰属をめぐる問題が表面化し始める。外国勢力の支配がインド全域に及び、社会が変動期に入ると、不可触民のあいだではヒンドゥー社会の被差別的状況から脱するために他宗教へ改宗する動きが活発化していた。清掃カーストのなかにもキリスト教やシク教に集団改宗する人びとが現れた。

これを危惧したヒンドゥー教改革団体の活動家が、北インドで不可触民をヒンドゥー教徒に取り込む運動を展開したことは第4章で既述した通りである。なかでも、アーリヤ・サマージ（AS）の活動は有名である。パンジャーブ地域の清掃カースト（チューラー）に入り込み、ヒンドゥー教の「布教」をおこなったASの活動家にアミーチャンド・シャルマー（Amichand Sharma）というバラモンがいた。一九三六年に出版した冊子『*Śrī Bālmīki Prakāś*』をチューラー・コミュニティに配布し、チューラーの先祖はヴァールミーキ詩聖に由来すると説いた。その後、チューラーの人びとにヴァールミーキ詩聖をコミュニティの起源とする伝説が広く浸透していった。その状況は、当時の国勢調査の結果に反映されている。一八八一年の国勢調査によると、チューラーの人びとは自分たちが信奉する師として「ラール・ベーグ（Lal Begh）」、「バーラー・シャー（Bala Shah）」などイスラーム教の聖者名を掲げていた。しかし次第に、「バーラー・シャー」から「バール・ミーク（Bal Mik）」、「バールミーキ」へ読み替えられていく。一九三〇年代には、チューラーは「バールミーキ」、「ヒンドゥー教徒」と国勢調査でも同定され、そのような自他認識が形成された［長谷　一九九四；Ibbetson 1916; Leslie 2003; Prashad 2000; Saberwal 1976］(13)。

パンジャーブのチューラーを中心にヴァールミーキ詩聖崇拝が浸透すると同時に、カースト集団としてのバールミーキの位置づけも国勢調査などによって制度化された。このような潮流のもと、詩聖崇拝の運動も以下の活動に

写真6－1　デリーのヴァールミーキ詩聖生誕祭（マンディル・マルグ通り）の様子
壇上には北インドから招かれたサードゥと中央には詩聖の肖像が飾られている。

写真6－2　ライトアップされた寺院に参拝するバールミーキの人びと

写真6－3　おさがりをみんなで受ける

（3枚とも2005年10月デリー）

より確立されていった。

まず、ヴァールミーキ詩聖を祀るバールミーキ寺院が北インドで建立され始める。ならびに、「バールミーキ・サバー（*Balmiki Sabhā*）」と称されるカースト団体がアーリヤ・サマージの影響下で結成された。一九一〇年にジャランダル（パンジャーブ州）、二六年にはデリーで組織化された。

現在でも毎年一〇月下旬になると、北インドのバールミーキの人びとは「ヴァールミーキ生誕祭（*Maharishi Valmiki Jayanti*）」

を祝う。[14] この時期は、ヒンドゥー教の大祭であるダシャラー祭とディーワーリー祭のちょうど中間に重なり、デリーのヴァールミーキ詩聖寺院には北インド中から聖者を信奉するバールミーキの人びとが集まる。この時期が近づくと、バールミーキの団体の主催による文化イベントや集会が北インドの各地で開かれている。筆者は、二〇〇五年から〇七年にかけての三回の生誕祭を観察してきた。デリーだけでも、この詩聖寺院は大小合わせて五〇〇－七〇〇もあるという。メインの会場は、デリーの中心に位置するマンディル・マルグ通りの寺院である。生誕祭の際には、北インド各地から宗教家が集まり、詩聖崇拝の儀式をおこなう。当日の夜にはヒンドゥー教の神々の山車が引かれ、夜中の一二時頃にプラサード（おさがり）を参加者全員で受ける。小さい子どもから高齢者まで、非常に多くのバールミーキが家族連れで寺院を訪れている。聖者崇拝は寺院の建立や生誕祭を定期的に開催することで、伝説を共有するチューラー以外の清掃カーストにも拡大していった。

(2) ガーンディー、大財閥ビルラーとデリーのヴァールミーキ詩聖寺院

デリーにヴァールミーキ詩聖寺院（*Valmiki Sadan Mandir Marg*）が建立されたのは、一九三七年頃である。[15] この寺院に関して、ガーンディー、そしてかれと親交のあった大財閥ビルラー（G. D. Birla、一八九四－一九八三）にまつわる興味深いエピソードを記しておかなければならない。これにより、バールミーキとガーンディー、カースト・ヒンドゥーとの特有なつながりを知る手がかりが得られよう。

G・D・ビルラーはガーンディーの独立運動を資金面で支えていた財閥としてもよく知られているが、かれはデリーのヴァールミーキ詩聖寺院建立の財政的支援をおこなった人物である。後述するように、ガーンディーがこの寺院をかれのハリジャン運動の拠点としたことを考慮すれば、ビルラーの寄進の背景にはガーンディーの要請が

写真6－4　デリーのヴァールミーキ詩聖寺院の外観（2009年8月デリー）

あったからではないかと推察できる。ヴァールミーキ詩聖寺院が建てられたほぼ同時期の一九三八年、ビルラーはわずか五〇〇メートルほど離れた同じ通りにラクシュミー・ナーラーヤン寺院（ビルラー寺院の名称で親しまれている）を建立している。この寺院は今日のデリーで最も有名なヒンドゥー教寺院であり、多くの参拝者と観光客を集めている。

つまり、同じ時期、同じ通りに二つのヒンドゥー教寺院が建てられたわけである。これはなぜだろうか。もっとも、両方ともにヒンドゥー教寺院であるが、そこに集う参拝者の違いは歴然としている。ビルラー寺院にはあらゆる階層のヒンドゥー教徒が参拝するのに対して、ヴァールミーキ詩聖寺院に集うのは例外なくヴァールミーキ詩聖の信奉者、すなわちバールミーキとその他の清掃カーストの人びとに限られている。この事実から察するに、おそらく一九三七－八年に二つのヒンドゥー教寺院が同じ通りに建立された理由は、不可触民（とくに清掃カースト）とカースト・ヒンドゥーの参拝者が同じ空間に居合わせないようにするための「配慮」ではなかったか。さらにこのことは、当時、ガーンディーがハリジャン運動の一環として実践していた不可触民の寺院立ち入り運動の限界を示すという点でも理解することができる［Prashad 2000: 102-107］。

次に、ヴァールミーキ詩聖寺院とガーンディーとの関係についても述べておきたい。すでに述べてきたとおり、ガーンディーは自らの運動の根本的目標の一つに不可触民解放を掲げていた。かれらを「ハリジャン」とよび、奉

写真６−５　ヴァールミーキ詩聖寺院のガーンディーが使用していた部屋
一般に開放されている。室内には、ガーンディー、詩聖、ブープ・シン（1957 年の清掃人ストライキで警官の発砲により死亡した青年）の肖像画。（2010 年 8 月デリー）

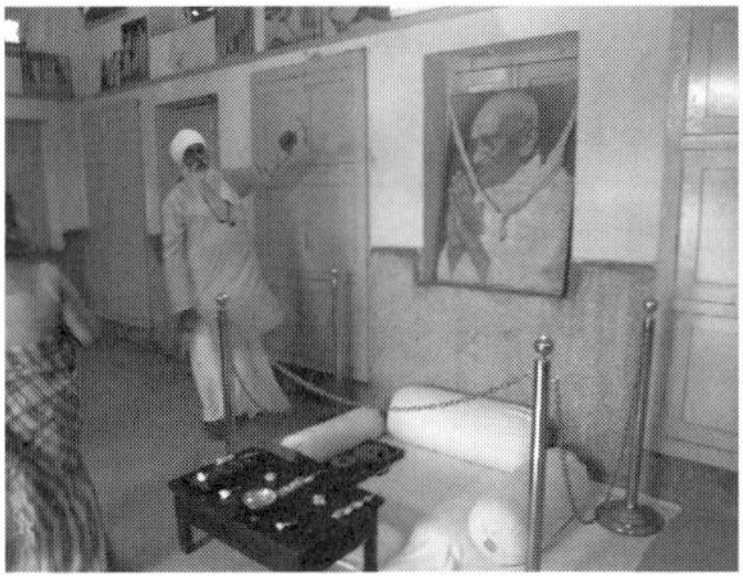

写真６−６・６−７　ガーンディーが使用していた机とチャルカーを案内する寺院管理者（2010 年 8 月デリー）

仕活動を効果的にアピールできる場として選んだのがデリーのヴァールミーキ詩聖寺院であった。一九四六年四月から一九四七年六月のうち、合計二四四日間滞在したという。寺院の敷地内には、ガーンディーが使用していた部屋が現在もそのままに保存されている。ガーンディーの使った机、ペン、眼鏡、チャルカー（手動で糸を紡ぐ機器）[16]が展示されている。さらに周囲の壁にはガーンディーを訪問していたネルーとその他の会議派指導者、「クリップス使節団」で有名なS・クリップス（Stafford Cripps、一八八九－一九五二）、インド総督のマウントバッテン（Louis Mountbatten、一九〇〇－七九）など著名なインド人ならびにイギリス人の政治家や活動家の写真が飾られている。寺院はカースト・ヒンドゥーが不可触民とのつながりをアピールする場であっただけでなく、政治的局面を決定する重要な空間でもあったことは、今日ほとんど知られていない。(17)

(3) 寺院の「歴史」認識

以上、ヴァールミーキ詩聖崇拝とその成立について、先行研究や筆者の現地調査に依拠して述べてきた。その際に、寺院建立の経緯をめぐって先行研究とバールミーキの人びととのあいだで見解が異なることに気づかされた。関連文献によれば、寺院が建立されたのは一九三七年頃で、ビルラーの寄進によることが記されていたが、バールミーキの人びとは少し違った語り方をしている。たとえば、寺院の管理人兼サードゥ代表のクリシュナ・ヴィッディヤルティ（Saint Krishna Vidyarti）は、筆者に境内とガーンディーの部屋をひととおり案内した後、寺院の「歴史」について次のように語っている。

このお寺は、カッチャー（土づくりの意）だった時期も含めると一五〇年の歴史があります。一九三七年に修復されて現在の状態になりました。お寺がカッチャーだった当初、ここにはバールミーキたちがコミュニティのために開いた小さな学校がありました。ガーンディーがここに滞在しようと決めたときに、学校を閉鎖しようという意見がありましたが、ガーンディーが自分も先生として教育（衛生教育）に参加すると提案し、その後もしばらく学校は残りました。（二〇一〇年八月八日、強調線は引用者）

サードゥの語りの特徴は、「一五〇年」という寺院の歴史性とそこにバールミーキの主体的役割を見出していることである。「一九三七年」は修復された年と認識し、それ以前から寺院が存在していたことで「一五〇年の歴史」を強調する。これは同じ通りにあるビルラー寺院より古いことも示すものである。加えて、「バールミーキたちが開いた学校」を語り、コミュニティの結束力に焦点を当てる。ガーンディーがそこに「参加」する部外者・よそ者として認識されているのは興味深いことである。

本書では、バールミーキの人びとの主観的意味を捉えるという目的にもとづいて、過去の唯一の「事実」や「真実」を検証する実証主義的立場よりも、むしろ人びとが現在の時点で何を「現実」と考えているか、過去をどのように語るのかを重視している。前述のサードゥの語りからは、ガーンディーやカースト・ヒンドゥーの影響下で詩聖崇拝をおこなうバールミーキではなく、主体的で、積極的なバールミーキの姿が読み取れるのではないだろうか。

(4)　詩聖崇拝をめぐるカースト内の対立

以上、ヴァールミーキ詩聖の伝説にみる清掃カースト（バールミーキ）の「歴史」、それに由来するバールミーキ・アイデンティティのあり方を検討してきた。そこでは、清掃カーストの人びとのみならず、ヒンドゥー教改革団体（アーリヤ・サマージ）、ガーンディー、ビルラーなど様ざまな立場からの「働きかけ」がみられた。今日のヴァールミーキ詩聖崇拝は、そうした歴史のダイナミクスのなかで形成されたものと理解する必要がある。

最後に、この詩聖崇拝をめぐる清掃カースト内部に意見の対立が生じていることも強調しておきたい。当然ながら、ヴァールミーキ詩聖との同一化はすべての清掃カーストの人びとに受け入れられているわけではない。出自カーストは出生により決定されるゆえに「バールミーキ」であるとしても、詩聖を信奉するか否かは別問題である。とりわけ仏教に改宗した人びとは、「ヒンドゥー教に迎合した名前」にすぎないと否定的態度をみせる。仏教改宗者でアンベードカル主義者のダースは、コミュニティ内のヴァールミーキ詩聖崇拝にたいして、カースト・ヒンドゥーによる不可触民の「ヒンドゥー化」の影響であると批判し、バールミーキという名乗りに反対している[Das 2011: 54-56, 68-71]。ダース以外にも、高学歴のバールミーキには詩聖崇拝に否定的な意見が多い。しかしながら全体的には、学歴・職業・地域にかかわらず両方の立場が認められる。また、ヴァ（バ）ールミーキの姓を名乗る者にも、それが戦略的動機にもとづく場合もありうる。たとえば、『残飯』の著者のヴァールミーキ姓の名乗りに関して、ガングリー［Ganguly 2009］は次のように分析する。

著者が「ヴァールミーキ」という姓を最終的に選んだことは、彼のコミュニティがマジョリティであるヒンドゥー教的価値観に同化することへの是認ではない。むしろそれは、あえて上位カーストにヴァールミーキを「認識できる（recognizable）」ダリトとして取り込ませようとする挑発的でアイロニカルなふるまいなのだ。…（中略）…著者による「ヴァールミーキ」姓の使用は、社会的上昇にともない、上位カーストの中産階級的アイデンティティの陰に身を隠そうと願うようなヴァールミーキ・コミュニティにたいする著者の異議申立ての表れでもある。［Ganguly 2009: 437「　」強調は著者（ガングリー）による］

ヴァールミーキ姓の名乗りについて、筆者はヴァールミーキに直接インタビューをおこなった(18)。「あなたはヴァールミーキ詩聖を崇拝しているのか？」という筆者の問いに対して、かれは室内に置かれた仏像とアンベードカルの像を指して答えた。「いいえ、私が信奉しているのはアンベードカル博士とかれが信奉した仏教だけです」と。このように一見矛盾しているようではあるが、当人にとって、ヴァールミーキ姓を名乗ることとヒンドゥー教以外の宗教や思想を信奉することは対立することなく「共存」して受け入れられているようである。

実際に、こうした「共存」状況は個人にとどまらず、カースト団体にも観察される。バールミーキのカースト団体は、異なる立場を折衷させる手法を取り入れているのである。写真6－8はそれをよく示すものである。

写真6－8　ヴァールミーキ詩聖生誕祭前に開催された集会にて、舞台に掲げられるアンベードカルとヴァールミーキ詩聖の肖像（2007年10月デリー）

写真は、あるカースト団体の会合の際に、舞台の横に掲げられたアンベードカルとヴァールミーキ詩聖の肖像を写したものである。このように、実際の運動では思想面で相反する指導的シンボルをカースト内に取り込むことで、構成員の結束と活動の発展を図っていることがわかる。

以上をふまえ、バールミーキ・アイデンティティを次のようにまとめることができる。今日の北インドにおいて、自称／他称としてのカースト名「バールミーキ」は、従来によく聞かれた「バンギー」、「チューラー」よりも広く定着している。「バールミーキ」の名前の由来とされるヴァールミーキ詩聖伝説とコミュニティの関係性をめぐっては、カースト内に意見の対立が生じている。また、ヴァールミーキ詩聖を崇拝し、寺院に参拝するのはバールミーキ（その他の清掃カースト）に限られている。バールミーキを名乗ることによって、カースト外の人びとのまなざしが差別から尊敬へと変わっているわけではなく、依然として厳しい現実がある。

とはいえ、かれらにとって「バールミーキ」に代わる望ましい名称はほかになく、現状では集団の結束を高めるうえで最も有効な名前であり、集団的アイデンティティとなりえているのは確かである。日常生活においてはバールミーキの人びとの自尊心の拠りどころにもなっている。イギリス在住のバールミーキ移民の信仰生活を対象としたレズリーの研究［Leslie 2003: 76］によれば、「ヴァールミーキ詩聖は、コミュニティの神、グル（師）であり、世界のグルとなっている。また、かれら（バールミーキ）が失ったもののすべて、すなわち世俗的権力、宗教的権威、個人の自尊心と誇りの象徴でもある」として、信奉者の内的世界を捉えている。

このような現状を看過して、バールミーキの事例を安易に「ヒンドゥー化」と断定することは避けられなければならない(19)。ヴァールミーキ詩聖を崇拝する／しないが最重要なのではなく、すでに自他認識として確立されつつある「バールミーキ」という名のもとに、かれらが解放と地位向上に向けてそれをどのように戦略的に活かしているのか、という点に今後は注目する必要があるのではないだろうか。結局のところ、バールミーキのアイデンティティは、矛盾や葛藤、曖昧性を抱えつつも、他者との相互関係の構築プロセスのなかにあると考えられよう(20)。

以上、本章では、ライフステージにおける葛藤のあり方と詩聖崇拝にみるアイデンティティのゆらぎをみてきた。こうした表立った「抵抗」としては回収されない被差別状況にたいする一人一人の日常的ふるまいは実に様ざまである。しかし、どのような反応をみせるにせよ、共通するのは出自カーストゆえに困難や生きづらさを経験しているという現実である。続く第7章では、そのような困難を運動によって克服しようとする人びとの試みを取り上げ、その特徴と課題を考察することにしたい。

注

（1）欧米の大学の授業では、ダリト文学作品を授業テキストに指定しているところもあるという〈ヴァールミーキとのインタビューより、二〇一一年八月三〇日デヘラードゥーン〉。

（2）被差別マイノリティの意識に関連して、自尊心（self-esteem）の生成も重要である。近現代部落史の歴史学者友常勉も交えた研究会において、「カミングアウトは自尊心がないとできない」という指摘がなされたが、筆者の調査経験からも同様の理解をしている（二〇一三年六月三〇日、第二回東京外国語大学拠点現代インド研究センター主催、若手研究者セミナー「〈解放〉のポリティクス――ダリト運動のダイナミクス」）。

（3）バールミーキの人びとのあいだで、自分の出自を「笑う」ふるまいは、たびたび確認された。あるインフォーマントの家族と過ごしていたとき、筆者がちょうど持ち歩いていたダースの著作『私はバンギー』のタイトルをみて、家族全員が「私はバンギーだって⁉」と大笑いされたことがあった。子どもたちはふざけて「マヤマダム（筆者のこと）、ヒンディー語で私はバンギーですといってみて！」と筆者に頼み、皆で笑い合っていた。この出来事で気づかされたのは、大半のバールミーキの人びとは、出自カーストに向けられるまなざしを日常的に笑い飛ばしていたことである。そこには、負のラベルをどのように転化させるのかという工夫を読み取ることもできよう。

（4）「差別のために学校に行けなかった」という場合、上原は部落差別の文脈において具体的に四つの意味（①そもそも教室に入れてもらえない雰囲気だった、②教師や生徒たちに差別されていたので、学校に行けなかった、③差別を原因とする貧困のために、学校へ行けなかった、④差別のために世をすねて、学問なんかいらないという親の方針のため学校に行かなかった）があると述べている［上原 二〇一四：一〇九－一一〇］。それらはダリトの置かれた状況とも重なる。

（5）公務員住宅の手当てが清掃職を選択する大きな理由となっている事情は、清掃職以外の就職が困難な高学歴バールミーキにおいても同様である。“Trapped in the gutter: The street cleaner with four degrees”, http://www.bbc.com/news/world-asia-india-33859315、二〇一五年八月二五日アクセス。

A地区の住民の語りから、「ここはシャーンティ（＝平穏）で、みんなが助け合っている」、「村やデリーのあちこちで物騒な事件が毎日起きているけど、ここだけは安全だよ」というセキュリティの面も同地区に住み続ける理由として確認された。家族構成、清掃職の経験、教育・経済水準を相当程度に共有し、さらに所有権の問題を抱えていることで、コミュニティの結束意識が生まれやすいのではないだろうか。

（6）二〇〇八年三月三〇日A地区にて。

（7）インド行政職（Indian Administrative Service、ＩＡＳ）は、インドの官僚制度で中心的役割を果たす全インド公務職（All India Services、ＡＩＳ）の一職種である。毎年五〇万人以上の受験者から六〇－八〇人程度しか選抜されない超エリート集団。全インド公務職には、ＩＡＳのほかに、インド警察職（Indian Police Service、ＩＰＳ）、インド森林職（Indian Forest Service、ＩＦＳ）などがある。

（8）不可触民出身者のふるまいに関して、公的・民間部門の労働者に差異のあることも指摘されている。公的部門では、留保制度が導入されており、ＳＣ出身者の情報はあらかじめ明らかにされているのにたいして、留保制度がおこなわれていない民間会社では出自を隠し通すケースが多いという［Naudet 2008］。

（9）ただし、ここでいわれている「社会」とはインド社会全体ではなく、帰属カーストの「社会（サマージ／*samaj*）」を指すものと推測される。

（10）同じカースト出身者との結婚（カースト内婚）について、より詳しく述べるならば、各カースト内部にはゴートラ（*gotra*）とよばれる外婚単位の集団が存在し、同じゴートラに属する者や近親者を配偶者に選ぶことを禁じる慣行がある。ゴートラの起源は曖昧で、伝承にもとづくとされる。バールミーキ・カーストのゴートラ名称について、筆者の聞き取りでは、Dulgach, Balgiohal, Jaival, Parcha, Gehewad, Beniwar, Vidlan, Pawar, Tanwal, Chandelia, Tak, Vaid, Chandanlal, Pihar などが多く確認された。

（11）ヒンドゥー叙事詩『ラーマーヤナ』の作者とされる伝説上の詩聖（リシ）。ヴァールミーキの出自をめぐっては、バラモン、低カースト、山賊（dacoit）など様ざまな説がある。ヴァールミーキを清掃カースト（とくに北インドのチューラー・カースト）の師（グル）、あるいは祖先とする伝承があり、詩聖の名にちなんでカースト名を「バールミーキ」に改称した。なお、「バールミーキ」はサンスクリット語の「ヴァールミーキ」をパンジャーブ語で発音したものである。

（12）不可触民による詩聖崇拝はよくみられる現象である。北インドのチャマールに信奉者の多いラヴィダース（*Ravidās, Raidās*）は、バクティ思想の流れをくむ聖人。ＵＰ州の調査村におけるラヴィダース生誕祭の様子は［舟橋　二〇〇七：七一－七四］を参照のこと。

（13）チューラーのヴァールミーキ聖者崇拝に関して、アーリヤ・サマージの到来前からあったのではないかという可能性も先行研究では示唆されている。いずれにせよ、聖者崇拝がアーリヤ・サマージの活動によって強化された側面はたしかに大きい［Leslie 2003: 195］。

（14）州によっては法定休日として認められている（デリーでは認められている）。多宗教から構成されるインドでは、様ざまな宗派にまつわる祝祭日を中央／州レベルで制定している。法定休日の制定化は、それ自体が宗教団体の運動目標となりうるほど重要なイシューとされる。

（15）寺院の成立経緯について、一九三七年以前からすでに同じ場所に寺院はあったという説もある。後述する寺院の司祭によれば、一五〇年の「歴史」が主張されている。

（16）インドの農村経済の自立をめざして、ガーンディーはインドで古くから使われていたチャルカーによる手紡ぎ綿糸と手織り綿布の生産活動を訴えた。チャルカーはガーンディーの民族運動を象徴する存在。

（17）インドの独立前後にかけて、ガーンディーがデリーの滞在先に選んだ場所はヴァールミーキ詩聖寺院のほかに二か所ある。一つはビルラーの私邸「ビルラー・ハウス」であり、一九四七年九月九日から一九四八年一月三〇日までを過ごした。暗殺された場所にもあたる。その後、ビルラー・ハウスは政府によって管理され、一九七三年にガーンディー・ミュージアム（*Gandhi Smriti*）として市民に開放されている。

二つ目の場所は、デリー北部（デリー大学の近く）にあるキングスウェイ・キャンプ（Kingsway Camp）である。一九三二年、ガーンディーはかれの運動組織「ハリジャン奉仕者団」をこの地に設立した。その後、「ヴァールミーキ・バワン（*Valmiki Bhawan*）」に名称が変更され、ハリジャン運動の拠点の一つとなった。ガーンディーが一時滞在したのは一九三四年から一九三八年のあいだである。

(18) 二〇一一年八月三〇日、デヘラードゥーンの自宅にて。

(19) プラシャードのバールミーキ研究［Prashad 2000］は優れた洞察力によるものだが、ヒンドゥー至上主義勢力のバールミーキにたいする影響を過大視しすぎるあまり、一九八四年のシク教徒虐殺をバールミーキ中心の暴徒によるものとする描き方には同意しかねる。これに関しては、コレンダの反論がある［Kolenda 2003］。

(20) バールミーキにみられる流動的で可変的なアイデンティティの動態的側面は、G・H・ミードの象徴的相互作用論、E・ゴフマンのスティグマ論、一九八〇年代以降の社会構築主義の議論とも共通する点が多い。

第7章

清掃カーストの組織化と運動

清掃労働者組合から公益訴訟へ（一九六〇年代－二〇一〇年代）

1　はじめに――「エリート」の登場と拡散するダリト運動

第6章においては、バールミーキの個別インタビューをとおして、「ダリトらしさ（dalitness）」が生まれつきのものではなく、外的環境に応じて構築される様相を説明した。同じような被差別体験を経験しても、上位カーストやヒンドゥー教との差異化、あるいはそれらにたいする抵抗を表立って示すとは必ずしも限らない。出自にまつわる葛藤を抱えながら、その時々に応じて様ざまな「選択」をすることが示されていた。その「選択」は、とくに進学や結婚、就職などライフステージの主要な節目において顕著に現れる。さらに高学歴で社会・経済的地位のあるバールミーキのあいだでは、身元隠しをせず、指導者として出自カーストと積極的にかかわろうとする姿勢や、「ロール・モデル」意識が生成され、「ロール・モデル」を自認する人びとも存在する。そこでは、運動のかたちで抵抗を示そうとしているのが大きな特徴である。

本章では、そうした人びとを「エリート・ダリト」と捉え［舟橋・鈴木 二〇一五b：二六］、近年におけるダリト運動の活性化を牽引するエリート層として注目する。「エリート・ダリト」に類似する用語として、一九七〇年代後半から、SC留保制度の研究でしばしば指摘されてきた「ハリジャン・エリート」があるが、両者は運動に参与するか否かという点において異なると考えられる。ハリジャン・エリートは、SCの一部の人びとにみられる、比較的裕福な父祖（土地所有、公職が多い）をもち、留保制度を通じて社会・経済的上昇を果たし（高学歴、公的部門での雇用、企業・経営者など）、「身内」で政治・社会・経済的権益を占有する傾向を指して用いられてきた。ハリジャン・エリートを論じる研究の多くは、かれらの、出自コミュニティから疎遠になり、隔絶化を図る側面を強調する傾向があった。すなわち、運動へのかかわりはほとんど重要視されていない。他方、「エリート・ダリト」と称しうる人びとは、留保制度によって地位上昇を企図する点はハリジャン・エリートと共通していながら、積極的に出自カーストを明かし（実際には、退職を機に運動へ身を投じる場合が多い）、権利意識が強く、教育の重要性や制度を活用する意義を主張する。

このような傾向を、本章では、バールミーキの事例から分析する。まずは、運動体としてのカースト団体の歴史的変遷を振り返りながら、新旧の清掃カーストの運動の特徴を浮き彫りにしたうえで、二〇〇〇年代以降に展開されている運動を紹介し、「新しい」運動の可能性と今後の課題を検討していきたい。

「エリート・ダリト」の出現に関連して、このほかの注目すべき現代ダリト運動の動向として運動の「多様化」、「個別化」が挙げられる。「ダリト」という自らの置かれてきた従属的立場を表明する呼称が、運動において本格的に普及し始めた背景には、一九六〇年代から七〇年代に顕著となった、教育を受けたダリト出身の作家による出版活動の増加、さらにアンベードカルの出身地であるマハーラーシュトラ州を拠点に盛り上がりをみせた運動組織ダリト・パンサーの成立（一九七二年）がある。ダリト・パンサーは、五〇年代からアメリカで席捲していた公民権運動とその急進的組織ブラック・パンサーの影響を大きく受け、バラモン的な価値体系やカースト抑圧への対決姿勢を鮮明に、独自のアイデンティティの確立を企図した［Dangle 2009］。その後、不可触民自身による運動は「ダリト運動」と称されるが、実際のダリトのあいだには、「マハール」、「マーング」、「チャマール」、「バールミーキ」などカーストごとに分断される傾向も強くみられる。文学運動を契機として発展したダリト・パンサーもその例外ではなかった。文学作品を通じてカースト批判や社会の変革を主張する手法は画期的な試みであったが、指導者間のイデオロギーの違いや派閥争いが次第に露わになり、活動拠点であったマハーラーシュトラ州以外の地域、およびマハール・カースト以外のダリトの支持を広範囲に獲得することができなかった。カースト間の分裂が根深いことを示唆した。

ダリト・パンサー勢力の失速後、実際に一九九〇年代以降、カースト単位で個別のイシューを掲げる運動はいっそう進行している。こうした動向は、ネガティブにみれば、統一性の欠如や分散化と捉えられるかもしれない。しかし、ポジティブな観点からは、運動の「拡充」、すなわちオルタナティブな社会変革をめざすビジョンを模索する端境期の状況とも考えられるのではないだろうか。さらに、この動きを推進しているのが、先に述べた各コミュニティ内部の「エリート・ダリト」である。

このような視点から、本章はデリーを中心とするバールミーキの運動を取り上げ、ダリト運動が個別化していく傾向を素描しようと試みるものである。バールミーキは、これまでの章でも述べてきたように、ヒンドゥー教で不浄とされる清掃・汚物処理に従事してきたことから、ダリト内部でも蔑視や忌避感が強い。相対的に社会・経済的地位が低く、運動で存在感を示すことはあまりない。実際に、ダリト運動研究においても、バールミーキにアプローチする研究は非常に限られている［Sharma 1995; Shyamlal 1999］。その理由として、経済的に困窮し、教育レベルの低いバールミーキが独自の運動を組織する可能性を研究者が等閑視してきたことも否定できない。(1)

しかし、「研究の少なさ＝運動の少なさ」は必ずしも自明ではない。近年の社会運動研究で意識されているのは、制度化を経て、安定したようにみえる運動や運動の結果が計測可能なデータとして焦点化されてきた一方で、いまだ運動の形をとっていないような現象、変化の兆し、運動の可能態をどう理解するのかということである［メルッチ 一九九七：新原・牛山 二〇〇三］。運動の成否という二分法的思考に陥ることなく、運動の「兆し」の段階を考察することにより、多様な運動が生まれるインド社会の変化に迫ることができるのではないだろうか。

バールミーキの運動の変遷をたどることで、宗教的救済や既存の政治勢力への依存から、次第に法廷の場に運動拡大の可能性を見出していることが明らかにされる。政治、文化、経済面で、バールミーキの前進する道が閉ざされてしまったあとで、唯一頼ることのできる場所が法廷であったことは認識する必要がある。バールミーキの人びとは、なぜ法廷闘争という戦術を取り入れたのだろうか。さらに、ポスト・コロニアルな状況の根本的課題のひとつとして、カーストが人びとの主要なアイデンティティとして機能し続けている現状を、留保政策の改正を支持する事例を手がかりに考えてみたい。

2　運動体としてのカースト団体

筆者は二〇〇〇年初頭からデリーのバールミーキを対象に調査を開始して以来、カーストを基盤に活動する組織に注目してきた。組織は都市自治体の清掃労働組合から政治的・宗教的色彩を帯びたものまで多種多様である。目立った大規模な集会が開かれるのは、とくに不可触民制に起因する差別や清掃カーストを標的とする暴力事件にたいする抗議活動[(2)]、政府への異議申立てのほか、カーストにかかわる記念日や祝祭時に集中している。ここでは、バールミーキの組織の変遷を追う前に、カーストの「実体化」、「政治化」の現象として注目されてきたカースト団体（caste association）の特徴を概観しておきたい。

一般に、カースト団体とは、帰属カーストの政治・社会・経済的向上を目標に掲げ、同種ないしは類似のカーストが旧来の狭い結合の範囲を越えて、州レベルといったような広域的規模で結集することによって形成される、いわば二次的なカースト・ネットワークと考えられる［小谷 二〇〇三：一三〇］。植民地期の一九世紀後半に遡り、植民地政策（とくに国勢調査によるカースト調査）に対応するために、現地の人びとが「意図的に」結成したとされる。したがって、植民地以前に在地社会で機能していたと考えられている「村落パンチャーヤト」や「カースト・パンチャーヤト」などの村落共同体を基礎とする集団組織との連続性は実証されていない。また、出生によって決定される狭い内婚集団などの一次的集団とも区別される必要がある［Carroll 1978；藤井 一九八九］。一九世紀後半頃には、北インドのカーヤスタの「カーヤスタ・ダルマ・サバー」（一八七三年設立）のほか、クルミー、ラージプート、カトリーなどの有力カーストは、続々とカースト団体を結成した(3)。

一九世紀から独立前にかけて成立したカースト団体の動向については、史資料が乏しく、解明されていない点が多いが、地域差が認められること、組織的特徴として分裂と統一を繰り返すなど、必ずしも堅固に編成されていたわけではなかったことがうかがえよう。

イギリスによる支配からの独立後、憲法制定をはじめとする制度改革や社会福祉政策の導入、さらに近年の経済発展により、カーストをめぐる状況は変容した。出身カーストを同じくする人びとのなかにも、貧富の差や社会的地位の変化が生じている。このような状況のもと、カースト団体は次第に影響力を失っていった。もはや、組織として機能していくことが困難になり、メンバーたちの社会・経済的地位を向上させるという目的や存在意義を失っていった。一九七〇年代以降、次第に影響力を失い、個人はカースト団体以外のネットワークを介して各々の状況を改善せざるをえなくなった［田辺 二〇一〇：四三五］。

しかし、一九九〇年代に入ると、民主主義の理念や連邦・州・州以下レベルの選挙制度が徐々に民衆のあいだに定着していったことを背景に、人びとの政治参加には高まりがみられるようになった。これにともない、カーストを基盤とする組織がとくに政治領域で「増加」した。その例として、留保政策の改善・拡大をめぐる要求運動や利益団体化するカースト団体が挙げられる。国勢調査や留保制度の実施を受けて、再びカーストという枠組みのもとに人びとが結集する状況は、植民地期のそれと共通性を見出すことができる。つまり、カースト関連の植民地政策が結果としてカースト団体の成立を促したように、現代インドにおいても政策を通じてカーストが公定カーストとして制度化（留保制度の対象として、カーストを「認定」する措置など）されることで、人びともそれに「応答」する。今日のカースト団体の「増加」現象は、こうした潮流に位置づけられよう。[4]

次節では筆者の調査地で観察された事例も取り上げつつ、清掃カーストの組織の特徴と変容の過程を考察する。事例には労働組合も含まれるが、その活動目標に「カースト成員の政治・経済・社会的向上」が掲げられており、カースト団体に共通する特徴といえる。また組織化の草創期にカースト団体の存在が認められる事実は注目すべきである。

3　清掃カーストの組織化とその変遷

本節では独立以降における清掃カーストの組織を対象として、活動の特徴から三つの時期に区分する。まず全国レベルの清掃労働組合が設立される黎明期（一九六〇年代）の後、カリスマ的指導者の登場と会議派の蜜月期（一九七〇－九〇年代初頭）、最後に、強力なリーダーシップの不在による組織の分裂および多様化の時代（一九九〇年代半ば－二〇一〇年代）に至る。[5] なお、本章後半で検討する事例と関連して、ダリト運動全体が高揚した一九九一年のアンベードカル生誕百年祭に、組織の転換期を迎えたことをあらかじめ強調しておきたい。

(1) 清掃労働者の結集（一九六〇年代）

清掃カーストの組織や運動に関する先行研究は少なく、資料が残されていたとしても、その多くが個人によって所有されており、外部の者が入手することは困難である。こうした制約のなか、社会学者シャームラールの研究は貴重な手がかりを与えてくれる［Shyamlal 1999］。著者自身がラージャスターン州ジョードプル市の清掃カースト（カースト名はバンギー）出身ということもあり、カースト団体の会合の参与観察をおこない、関係者から情報を収集している。一九六〇年代から九〇年代初頭にかけて北インドで影響力をもった「全インド清掃労働者会議（All India Safai Mazdoor Congress、以下、清掃労働者会議）」は、与党会議派への選挙協力と引き換えに、福祉政策を通じてバンギーへの便宜を図っていた。次に、シャームラールの研究と筆者の聞き取り調査に依拠して、清掃労働者会議の展開をみることにしよう。

一九六〇年代に入ると、マハーラーシュトラ州のバンギーのあいだで小規模のカースト団体が出現し始めた。「全インド・ヴァールミーキ・サバー」、「北インド・ヴァールミーク・サング」、「ハリジャン奉仕委員会」の組織名に、「ハリジャン」や「ヴァールミーキ」の語が見出せることから、ガーンディーが主導した不可触民解放運動や、詩聖崇拝の影響を認めることができる。

六三年に、前述の組織を含む複数のバンギー団体が寄り集まって、ボンベイ（現ムンバイ）で最初の会合が開かれた。清掃カーストの社会・経済的向上の実現に向けて、全インドレベルでの組織化とカースト内の連帯意識を強化する必要性を主張した。しばらくはマハーラーシュトラ州内の活動にとどまっていたが、会議派の支援を受けて六六年に初の全国集会を実現させた。元国防大臣V・K・メーノーン（V. K. Krishna Menon、一八九六–一九七四）が開会宣言をおこない、ラージパット・ラーイ（Lala Lajpat Rai、一八六五–一九二八）と個人的につながりのあるヤシュワント・ラーイ（Yashwant Rai）[6]が議長を務めた。「会議派との連携こそが清掃カーストに利益をもたらす」というヤシュワント・ラーイの主張のもと、この時期に清掃カーストと会議派の関係は深化していった。

清掃労働者会議は同じく六六年に、清掃労働組合の全国組織として結成された。この組織名が示すように、清掃人を基盤として、インド全域に分布する清掃カーストの動員を企図した。しかし実際は、メンバーの大多数は北インド出身者によって占められ、ほかの地域の清掃カーストとの連携が十分でないことが懸念された。

この時期では、ガーンディー主義団体の影響がみられたことも重要である。一九六九年はガーンディー生誕百年祭にあたり、「バンギー解放運動」が高揚し、清掃労働の劣悪な環境に社会的関心が高まった。水洗トイレのモデル開発と普及によって、不衛生な環境から清掃人の「解放」を試みるガーンディー主義者の手法は、当時の公衆衛生事業にも取り入れられた。屎尿処理労働に関する調査委員会の設置や、職業訓練など清掃人向けの政策が相次いで打ち出されたのもこの時期である（第４章参照）。

(2)　カリスマ的指導者の登場による会議派との蜜月期、アンベードカル生誕百年祭（一九七〇年代－九〇年代初頭）

パンジャーブ州のマジュビー・カースト[7]を出自とするブーター・シン（Buta Singh、一九三四－）は、清掃カースト出身者では初めて入閣まで果たした元国会議員（一九六四年に会議派入党）である。一九七九年の第一二回清掃労働者会議全国集会（カルカッタ開催）で代表に選出され、このカリスマ的指導者の登場によって組織は拡大し、政治的には会議派への接近をいっそう鮮明にした。そのような傾向に内部から批判もあったが、当時の首相インディラ・ガーンディーの力添えを得たシンは同組織の要求を政策へ反映させることで支持基盤を固めた。七九年の大会では、清掃カースト出身の国会・州議会議員を増やすこと、閣僚への登用など政治分野での活動強化が議論された。

八四年にシク教徒過激派の反中央政府運動を収拾し損ねたインディラ・ガーンディー元首相の暗殺事件により、シンは政治活動の休止を余儀なくされたが、インディラの長男ラジーヴ・ガーンディー（Rajiv Gandhi、一九四四－九一）が首相を引き継いだことで、清掃労働者会議と会議派の関係も保持された。

発足から二五年を経て、一九九〇年代に清掃労働者会議は最盛期を迎える。九一年には、アンベードカルの生誕百年を祝う運動が全国的に高揚し、各地でデモ行進や各種イベントが開催されるなか、清掃労働者会議も政府に要求活動を強化した。

まず九〇年八月一五日の独立記念日に、デリーでダルナ（要求のための座り込み）を開始し、九月二一日に一四項目の決議を採択した［Shyamlal 1999: 102-103］。そのおもな決議内容には、（一）公的な清掃部門の民営化に反対する、（二）組織部門の清掃労働の環境および待遇を改善させる、（三）手作業による屎尿処理作業を非合法化する、（四）非組織部門で働く清掃労働にたいして最低賃金を規定する、（五）非公務員の清掃労働者の最低賃金を規定する、（六）ヴァールミーキ詩聖の生誕祭を法定休日に制定する、などが含まれていた。これらのうち、（三）は、一九九三年に「屎尿処理人の雇用と乾式便所の設置（禁止）法」の立法化によって実現された。さらに同法の監視機関となる「清掃人のための全国コミッション」（一九九四年）が時限付きで設置され、部分的とはいえ一定の成果が得られた（第4章第4節参照）［Shyamlal 1999: 161-163］。

(3) 清掃労働者会議の分裂、運動の多様化（一九九〇年代半ば－二〇一〇年代）

ブーター・シンのカリスマ性と強力なリーダーシップのもと、清掃労働者会議は会議派の傘下に入ることでカースト成員への便宜供与に成功していた。さらに一九九三年禁止法の制定と調査委員会の設置により、活動はピークに達した。

しかし、会議派主導の中央政治が次第に不安定化するにしたがい、清掃労働者会議の状況も下降線をたどり始める。まず、シンの指導力低下に大きく影響したのが、九一年のラジーヴ元首相の暗殺、さらに九三年のジャールカンド解放戦線政党の議員への賄賂事件であった。シンと当時の首相ラーオを含む主要閣僚が事件関与の疑いで起訴され、シンは内閣の座から外された(8)。

シンの失脚後、後継者をめぐる内部対立が激化し、かつての組織力、求心力は急速に衰退していった。メンバー間の抗争が続くなか、シンの次男が収賄容疑で起訴されるなど、組織的問題を抱えている。したがって、現在は以前のような活発さはみられないが、清掃職員の待遇改善を求める活動は続けられている(9)（写真7－1）。その例として、一〇月のヴァールミーキ詩聖生誕祭に加えてバールミーキのあいだで重要な記念日と考えられている七月三一日の「清掃人の日」を取り上げたい。

写真7－1　清掃労働者会議主催による「清掃人の日」の集会（2007年7月31日デリー）

「清掃人の日」とは、筆者のインフォーマントでもあるバンギー出身のアンベードカル主義者、バグワン・ダースの呼びかけにより記念日として定着したといわれる［Das 1956］。あるひとりの青年の死を追悼する日である。一九五七年七月三一日、デリー中心部のマンディル・マルグ通りにあるニューデリー市自治体（NDMC）職員住宅の敷地内でおこなわれていた清掃労働者のストライキの最中に、警官の発砲によってシャヒード・ブープ・シンという名のバールミーキの青年が死亡した。以下では、プラシャードの研究［Prashad 2000: 155-165］と筆者の聞き取り調査によって収集した情報にもとづき、事件の概要を描写する。

一九五〇年代のデリーでは、労働環境・待遇の改善を求める清掃労働者のストライキが頻発していた。当時のネルー首相と当局は、清掃人の厳しい生活環境に「同情」を示しつつも、ストライキが市民生活に影響を及ぼすことを懸念し、ストライキには一貫して否定的な態度をみせていた。

一九五七年七月三一日の午後三時半頃、ＮＤＭＣの官舎では清掃労働者の会合が開かれていた。敷地の脇に駐車していた当局のトラックが一台去り、二代目のトラックも発車しようとしたときに「事件」は起きた。当局の調査報告書によれば、「七〇〇人のストライキ参加者がトラックを取り囲み、そこにいた警官にレンガの塊を投げつけた」。この事態を受けて、警官は「自己防衛」のために発砲した。発砲騒ぎにより、一名の死者と数名の負傷者が出た。

だが発砲事件の事実関係をめぐって、警官とバールミーキ住民側での証言は一致していない。現場を訪れたある国会議員の話では、報告書の証言にあるレンガどころか、石ころさえも見当たらなかったという。事件当日、警官とバールミーキ住民のあいだで激しい口論があったことは確かなようではあるが、その騒乱の後、どのような経緯で、一体誰が警官に発砲許可を与えたのかについては不明なままである。死亡したブープ・シンはＮＤＭＣ職員住宅の住人ではなく、事件当日はそこに住む姉妹を訪問しにパンジャーブ州から来ていた（国会議事堂の周辺でおこなわれていた清掃人のストライキに参加する予定であったという説もある）。折しも当時、国会下院議会では「公益事業保守規則（The Essential Services Maintenance Ordinance、ＥＳＭＯ）」法案が審議されていた。ＥＳＭＯ法は、清掃労働者のストライキを取り締まる内容も含んでいたため、法案の成立をめぐって会議派と清掃労働者組合のあいだで対立が先鋭化していた。

デリーのバールミーキの人びとは、ブープ・シンの死をコミュニティの身代わりと捉え、英雄として手厚く葬儀をおこなったと語り継いでいる。その証拠に、デリーのヴァールミーキ詩聖寺院の境内には、ブープ・シンの肖画が飾られている（第六章の写真６－５）。ダースは一九五七年のエピソードを「清掃人の日」という記念日として定め、毎年その日が近づくと、清掃労働者組合を中核としてカースト関連の諸団体が寄り集まって会合を開き、清掃カースト出身者の議員や行政関係者、弁護士、著名な社会活動家などをゲスト・スピーカーとして迎えている。会合では、清掃労働者の労働改善のほか、カースト成員の地位向上に関する意見交換が交わされ、政府にたいする要求決議が取りまとめられている。

筆者も参加した二〇〇七年の「清掃人の日」集会では、政府にたいして左記の請願書（ヒンディー語）が提出された。内容の大部は、デリー市自治体（ＭＣＤ）の清掃労働者に関するものである。注目されるのは、第４章で取り上げたＮＧＯスラブを批判する内容も含まれている点であり、このことからも、スラブが清掃カーストの人びとに支持されていないことが確認されよう。

「請願書」

1. 清掃労働者会議の指導者二名をＭＣＤの役職に任命すること。
2. ＭＣＤの清掃部門の体制改善のために、自治体行政と清掃労働者会議の協働を促す運営事務室を市庁舎またはアンベードカル・スタジアム内に設置すること。

3. NDMCのように、MCDにおいても清掃業務の交代勤務体制を導入すること。

4. 女性の清掃労働者に早朝勤務の最初の二時間を免除させること。これによって彼女たちは、登校前の子どもの面倒をみることができ、きちんと学校に送り出すことができる。

5. 清掃部門の民営化を中止すること。スラブ(清掃業務を請負っている代表的なNGO団体、第4章第3節参照)の運営権を清掃労働者組合に譲渡すること。

[二〇〇七年七月三一日デリーにて。清掃労働者会議および「インド・ヴァールミーキ・サルパンチ・マハーサバー(*Bharatiya Valmiki Sarpanch Mahasabha*)」による請願書。傍線部、括弧は引用者(鈴木)]

今日でも活動が続けられている清掃労働者会議であるが、その内容をみる限り、清掃労働者への関心が中心的なテーマとなっているようである。ここでは、清掃労働者会議が衰退した内的要因について二点ほど指摘しておきたい。それは独立以降長らく支持してきた会議派にたいして交渉力をもつリーダーを失ったこと、さらには清掃カースト内部に富や地位の格差が生じていたことが挙げられる。構成員が清掃労働者会議に期待する活動も変容しつつあり、組織自体の存在意義が低下したと考えられよう。今日の清掃カーストのなかには、清掃業以外の分野に従事する人びとも出始めている。医師や弁護士などの高学歴で専門職に就く「中間層」ともよべる階層が形成されつつある。これは、清掃労働者会議の設立当時(一九六六年)と比べると、大きな変化である。

こうしたメンバーの変化を反映して、九〇年代半ば以降には従来のアプローチと異なる「新しい」タイプの組織が出現している。以前は清掃労働者会議を典型に、労働組合員をおもな構成員とする傾向が顕著であった。また政

写真７－２　2007年の「清掃人の日」の会場で配布されたパンフレット
ゲスト・スピーカーの紹介や、記念日の概要が記されている（2007年7月31日、デリー）

写真７－３　「清掃人の日」集会の呼びかけポスター（2007年7月30日、デリー）

写真７－４　会合の壇上でブープ・シンの肖像画に献花する参加者（2007年7月31日、デリー）

治的には、会議派を支持することで政策的便宜を図るといったように単一政党への依存度が高く、活動内容は清掃人の労働・生活環境の改善に焦点が当てられていた。しかし、もはや清掃労働問題に限定されない主張が聞こえ始めている。

とりわけ指導層の重要な変化として、高学歴で、いわゆるホワイト・カラーの職業（弁護士、医師、教員、上・中級公務員）に従事する（あるいは退職した）活動家の存在感が増している。このような人びとは、留保制度やその他の指定カースト優遇政策を利用して社会経済的地位を獲得した点で共通しており、教育の価値と政策を活用する重要性を実感している。したがって、かれらの活動は、人権侵害や現行の優遇政策の改正に重点を置く傾向が強い。次節ではそれらを具体的に検討してみよう。

4　運動としての訴訟の始まり――社会正義の実現手段として注目される公益訴訟

一九九〇年代初頭までの清掃カーストの運動においては、清掃労働者会議を典型とする労働組合が主導し、会議派の傘下に入ることで、労働・生活環境の改善を要求する活動がみられた。これにたいして、二〇〇〇年代に登場する組織は、司法に直接働きかける取り組みに力を入れていることが大きな特徴である。

なかでも、公益訴訟（Public Interest Litigation）(10)は最も注目される運動形態のひとつである。公益訴訟は、七〇年代後半から最高裁判所が積極的に取り入れはじめた訴訟形態であり、憲法第三二条および第二二六条で保障された憲法上の救済措置の権利にもとづく。基本権を侵害されている個人・グループを救済し、社会正義の実現に司法が積極的に介入すべきであるとの見解から、令状管轄権をもつ最高裁が、審理ならびに調査委員会の任命や援助の要請をおこなう[11]。人権救済活動に取り組む司法関係者、社会活動家の関心を集め、バールミーキの運動でも二〇〇〇年代から導入されている。以下、デリーの事例を二つ紹介したい。

(1) 人権侵害を告発する事例

清掃人運動（*Safai Karamcharis Andolan*）は、一九九四年に南インドのアーンドラ・プラデーシュ州で三人のＮＧＯ活動家によって結成された人権ＮＧＯである。バールミーキにたいする蔑視の原因とみなされてきた屎尿処理労働を撤廃することによって、尊厳の回復を希求することを目標に掲げる[12]。九三年に施行された一九九三年禁止法は、手作業での屎尿処理とそれを必要とする乾式便所の存在を禁じているが、完全に消滅したとは言い難い。たとえば、アーンドラ・プラデーシュ州政府は州内の乾式便所の存在を否定しているが、二〇〇一年から二〇〇二年に一一州で実施された農村調査によると、乾式便所がいまだに使用されている実態が報告されている［Shah et al. 2006: 113-115］。実際のところ、一九九三年の禁止法を遵守させることは非常に時間のかかるプロセスであり、第４章第４節でも詳述したように、インド国内のすべての州議会による可決手続きが完了するまでには多大な時間を要する[13]。

そこで、清掃人運動はこの問題を摘発し、法律の遵守と屎尿処理労働者の解放（転職プログラムの実施）を実現する手段として、最高裁判所へ令状請求訴訟の形態をとっているのが最大の特徴である。訴訟活動を通じて、屎尿処理労働者にたいする人権侵害の現状を政府とインド社会に広く認識させるのがねらいである。メディアを積極的に利用し、二〇一二年七月にはボリウッド映画スターのアミール・カーンの司会とプロデュースで話題をよんだテレビ番組『真実のみが勝利する（*Satyamev Jayate*）』のなかで取り上げられ、大きな注目を集めた。

清掃人運動の設立者および代表のウィルソン（Bezwada Wilson、一九六六－）は、カルナータカ州出身である。植民地時代に金・銀山の町として開発されたコーラール県で育ち、(14)カーストはキリスト教に改宗したマディガで、いわゆる不可触民に属する。ウィルソンの幼少期には、マディガの大半が屎尿処理労働に従事しており、ウィルソンの父と兄も自治体や鉄道部門で清掃労働をしていた。(15)マディガの若者にとって清掃職以外の選択肢はほとんどなく、ウィルソン自身が高校卒業後に職業紹介所で職を求めたところ、出自カーストを理由に清掃職を紹介されたという。

写真7－5　清掃人運動の全国集会
（2009年2月25日デリー）

学校では級友から嫌がらせを受けたが、家族の強い支えにより大学まで進学する。勉学のほか、一六歳のときには教会の社会奉仕活動に参加する。劣悪な労働環境で働く屎尿処理労働者、さらにはコミュニティ全体を変える決意をし、まずは身内から屎尿処理労働を辞めさせる試みを始めた。しかし、かれの活動に強く反発する者も少なくなかった。屎尿処理は過酷で蔑視される仕事であっても、ほかの仕事を得られないマディガの人びとにとって「唯一」の生計手段とみなされていたからだ。ウィルソンは屎尿処理労働の現状と廃止を訴える手紙を地元の行政や新聞社に送り続けた。しかし、この時はまだ何の手ごたえも得ることはできなかった。

転機は一九九一年前後に訪れる。折しもこの時期はアンベードカルの生誕百年祭にあたり、インド中でダリト運動が高揚していた。アンベードカルの信奉者であったウィルソンも運動に参加し、チットゥールからハイダラーバードまで横断する自転車ラリーに加わった。このとき、清掃人運動の共同設立者となる二人のダリト運動家、ディワカル（Paul Diwakar）とサンカーラン（S. R. Sankaran）と出会う[16]。ウィルソンらは、屎尿処理廃止運動の組織化に乗り出した。

この時期の興味深い点として、先述したように、清掃労働者会議もシンのリーダーシップのもと、清掃人に関する政策実施の要求を強化していたことからも、九一年のアンベードカル生誕祭を契機として、ダリト活動家間のネットワークが拡大し、運動体の「交流」、「連合」の兆しも現れていたのではないかと推測される。

二〇〇三年、ハイダラーバードからニューデリーに本部を移した清掃人運動はインド全域を対象に乾式便所と屎尿処理の全廃に向けて新たに運動を始動させた。公益訴訟を活動の焦点に置き、連邦政府、州政府、その他の公共部門を相手に最高裁および州高裁において係争中である。

(2) 指定カースト留保政策の改正を求める事例

バールミーキのあいだでは、屎尿処理労働による人権侵害の問題を告発する先述の清掃人運動に加えて、同じ公益訴訟の手続きを行使しながらも、現行のSC留保政策に異議を申し立てる試みも存在する。その代表として、二〇〇七年に結成された「留保政策改革のための全国協同委員会（National Cooperation Committee for Revision of Reservation Policy、以下、留保委員会）」がある。SC留保枠を先進／後進グループに分割する要求をおこなっているのが特徴である。弁護士、上・中級公務員（の退職者）を担い手として、メンバーのカースト構成はバールミーキとそのほかの不可触民カースト（先進グループと目されるチャマール以外）から成る。

代表のシュックラー（O. P. Shukla、一九四七－）はインド法務局を退職後、二〇〇四年頃から弁護士資格を活かして留保政策改正の訴訟活動を始めた。デリー大学在学中には、弱者層向けの無料法律相談に参加した経験があり、社会活動への関心は高かった。
留保委員会設立の背景として、SC内部で現行の留保政策に対する「不満」の高まりを指摘することができる。SC集団間は、留保枠の獲得をめぐって非常に厳しい競合関係にあり、バールミーキのような後進グループにとって、高等教育と公的雇用の機会は非常に限られており、現行の政策をいかにして最大限享受できるかが課題となっている。

このような状況を反映して、パンジャーブ州政府は一九七五年から、ハリヤーナー州政府は九四年から、SC留保制度を先進／後進グループに分割（sub-categorization）する方法を導入した（ただし二〇〇六年七月に、両州の高裁は実施の停止判決を下した）。留保制度の分割実施は南部のカルナータカ州やアーンドラ・プラデーシュ州においても大きな問題とされ、議論されている［Rao ed. 2009］。

代表のシュックラーは、留保委員会の可能性を次のように述べる。「まずは教育を受けて、自立することが大事なのです。社会活動はそれがあってこそ成功します。バールミーキは長い間抑圧されてきたので、闘うすべを知りません。最高裁訴訟は高額ですが、私たちは法律の専門家なので、どのように手続きを進めるべきなのかよくわかっています(17)」。

この発言では、「法律の専門家」という自負心から運動の実現性が主張されている。シュックラーに限らず、法律知識を重視する考え方は、二〇〇〇年代以降のバールミーキの運動参加者に共通の特徴である。法律家として不可触民の権利獲得に尽力したアンベードカルの貢献がロール・モデルとされ、弁護士資格を取得する動機づけになっているのである。

さらに「なぜ、公益訴訟という手段を用いるのか」と筆者が尋ねると、シュックラーは次のように述べる。「人材と資金力でも相対的に劣るバールミーキのようなダリトにとって、大規模な動員や政治力を確立することは難しいのです。しかし、裁判所は万人に開かれており、判決の詳細は新聞などのメディアで全国に報道されることから、それほどコストをかけずに済みます。私は司法制度（judiciary）にしか希望をもっていません」[18]。

この発言にみられるように、一般にバールミーキの人びとのあいだで司法にたいする期待は高い。他方、政治と行政への信頼は急速に失われつつあることも指摘しておきたい。この背景には、かつて清掃労働者会議の会議派依存が批判を浴び、組織力を失っていったことも大きく影響している。政治や行政に蔓延る汚職は、バールミーキの人びとも日々経験していることであり、賄賂を支払って仕事や銀行の融資、福祉の手当てを得ることが常態化している。

写真７－６　留保委員会の集会

右から２番目が代表のシュックラー（2007 年 7 月 30 日デリー）

訴訟活動を支持するこのほかの理由として、シュックラーも述べているように、訴訟は路上での示威行動と異なり大規模な動員を必要としないこと、訴訟の進展状況や判決はメディアを通じて非参加者以外にも伝わり、さらにソーシャル・メディアの発展によりコミュニケーションの費用を抑えられることも挙げられよう。こうした利点は、運動の戦術という観点からも重要と思われる。このように法廷を闘いの場とする運動が、法律知識や訴訟手続きに熟知していない一般のバールミーキからどの程度支持を得られるのかについてはやや疑問も残るが、新たな運動のモデルになりうるかどうか関心がもたれている。

二〇一一年、公益訴訟として最高裁に提訴したシュックラーの訴訟は受理され、翌年八月に最高裁は、各州政府にSC留保政策の見直しに向けて調査をおこなうことを要請した。公聴会は断続的に開かれている。

5　おわりに——突破口としての司法の可能性と課題

本章では、いわゆる主流のダリト運動とは異なる動きをみせる清掃カースト（バールミーキ）の動向を検討してきた。そこでは、一九九一年を分岐点として、清掃労働組合の盛衰と、それに代わる公益訴訟の展開がみられた。清掃人運動、および留保委員会の事例から、両者とも司法の場に救済を見出していること、その担い手が留保制度によって社会経済的に上昇を果たした弁護士や上級公務員などであることが大きな特徴である。

バールミーキの運動は、蔑視の根源とされた「清掃労働」の問題を前面に出すことでカースト内部の結束力を高め、労働・生活環境の改善を志向するものであった。清掃労働者会議、清掃人運動、そして留保委員会の事例は、ほかのダリト運動においては実現されにくいバールミーキの権利要求を申し立てる、かれらの状況に根ざした「戦略」として理解することができる。こうした動きのなか、清掃カースト内部では、地域を越えたネットワーク形成が活発化しており、インド全体で類似のサブ・カーストが「バールミーキ」の名のもとに結集する動きがみられる。

しかし同時に、ほかのカーストとの差異化を際立たせている点にも留意したい。カーストを基盤とするイシューを掲げ続ける限り運動は個別化し、また清掃労働者会議の分裂が示唆しているように、構成員の変化次第では組織自体の存在意義を失う可能性もありうる。清掃人運動と留保委員会の活動では、ほかのダリトとの協働をめざす試みも芽生えつつあるが、チャマール・カーストへの対抗心は根強く、デリーの隣、UP州で影響力をもつ大衆社会党の政治運動や仏教への改宗運動との連携はほとんどみられない。カーストを超えた支持層の拡大に向けて、どのような取り組みがなされるのかが注目されよう。

インド公益訴訟の歴史的展開とのかかわりでいえば、最近の動態について、浅野［二〇〇九：一二七－一二八、一三〇］は「弱者層の人権保障を目的として誕生した公益訴訟が、環境や汚職など、一見権利侵害を受けている者が明確に特定しづらい問題や、弱者の保護をうたう政策に対して、公益訴訟の手続きを用いて異議を申し立てるという内容の訴訟がみられる」と、訴訟対象の拡散化・複雑化を指摘する。清掃カーストのような「弱者」の当事者に着目する本研究が明らかにしたのは、「弱者」とされる人びとのなかにも（当然のことながら）変化があり、公益訴訟を活用しようとする近年の動きがあることであった。

運動を研究するわれわれに求められるのは、社会運動が告発してきたインド社会の不均衡な社会構造を批判的に分析することである。そこから新しい社会実践の方向性を探ることが今後いっそう重要となろう。

注

（１）　一九八〇年代前半から政治社会分野で低カーストの存在感が高まるにつれ、その動きを捉える研究は着実に増え続けている［Doron 2008; Jaffrelot 2003; Narayan 2001］。ＵＰ州西部の農村部における低カーストの政治的台頭と支持政党を分析した Pai and Singh［1997］によると、バールミーキは「受動的」で、独自の政治活動はほとんどないと指摘される。

（２）　白昼にバールミーキの集住地区が襲撃され、インド社会に衝撃を与えた事件として、ハリヤーナー州で起きた二〇〇五年八月三一日の「ゴーハーナー事件（Gohana Atrocity）」および二〇一〇年四月一九日の「ミルチプル事件（Mirchpur Atrocity）」が有名である。近年の、ハリヤーナー州とパンジャーブ州では、土地所有層の支配カースト（ジャート、カトリー）と不可触民カースト間の抗争が深刻な問題となっている［Yadav 2011］。

（3）この時期に「急増」したカースト団体成立の現象をどのように捉えるのかは、議論の分かれるところである。藤井によれば、以下の三つに分類される［藤井 一九八九：四四－五二］。第一に、カースト団体を近代化の媒介組織（非宗教化）とみなして、その適応性・柔軟性を肯定的・楽観的に評価する立場があり、第二に、カースト団体を国家と個人を結ぶ仲介組織としてみなす点では第一の立場と共通するが、カースト間の対立問題など具体的事例を検討することで、その発展にはやや慎重な見方を示す立場がある［Kothari 1970; Rudolph and Rudolph 1960］。第三には、カーストの「柔軟性」という観点ではなく、カーストが社会環境の変化に順応できなかったからこそ代替機構としてカースト団体の結成に至ったという立場、つまりカーストの「崩壊」「終焉」とみる研究がある［Carroll 1978］。

（4）インド憲法第一五条では、宗教・人種・カースト・性別または出生地を理由とする差別の禁止が規定されている。ここでは、カーストの存在自体を禁止しているわけではないことに留意する必要がある。また、カーストごとに実施している留保政策、アファーマティブ・アクションなどの特別措置は、第一五条の規定によって、妨げられない（第一五条（四）項）とされる。

（5）バールミーキの組織は、インド独立後に「突如」発足したわけではない。紙幅の関係上、独立前の分析は他稿に譲るが、英領期の一九世紀末から一九三〇年代に、カースト団体の萌芽を認めることができる。この時期の特徴として、当時の北インドで高まりをみせた一連のヒンドゥー教改革団体（アーリヤ・サマージ、ヒンドゥーマハーサバーなど）の活動との関連で、カースト団体の「バールミーキ・サバー」が一九一〇年にジャランダル、一九二六年にデリーで設立された［Prashad 2000: chapter 4；長谷 一九九四：三三〇］。

（6）幼児期をラージパット・ラーイのもとで過ごすという興味深い経歴をもつ（実子あるいは養子だったのかは不明）。パンジャーブとロンドンで教育機会を得る。清掃労働者会議の設立当初から代表の一人を務める。一九七九年まで全国集会の議長を計一三回務めた。

（7）シク教に改宗したチューラー・カースト。

（8）一九九三年の事件のシンにたいする容疑は、二〇〇二年に解かれた。二〇〇四－〇六年にはビハール州知事に就任する。しかし、二〇〇五年の州議会解散の指示をめぐり、最高裁から批判を受けるなど論争を引き起こし辞職する。二〇〇七年には「指定カーストのための全国コミッション」の議長に就く。二〇〇九年の第一五次総選挙では、会議派からの立候補が認められず、無所属でラージャスターン州から出馬するも落選した。

最近のシンは、二男サラブジョット・シン（Sarabjot Singh）の汚職事件で注目されることが多く、目立った政治活動や従来の清掃カースト関連の活動はあまり聞かれない。長男アルヴィンダ（Arvinder Singh Lovely）は、二〇〇八年のデリー州議会選挙で会議派から出馬して初当選を果たしている。筆者は二〇一一年七月一一日にアルヴィンダ議員と面会し、清掃労働者会議の現状についてインタビューをおこなった。それによると、清掃労働者会議は現在でも活動を続けており、アルヴィンダ議員はジェネラル・セクレタリーの役職であった。インタビュー後に構成員リストを送付するとのことであったが、いまだ確認できていない。

（9）デリー市自治体の清掃組合代表のひとりであるB・K・マハールとのインタビューより（二〇一〇年七月二七日、デリーのマハール氏の自宅にて）。

清掃労働者会議の動向について、以下の記事から確認することもできる。“Rs 40,000 as arrears for MCD Sanitation workers”, *Hindusthan Times*, 9 October 2011 (http://www.hindustantimes.com/Rs-40-000-as-arrearS-for-MCD-Sanitation-workers/Article1-755118.aspx、二〇一一年一一月八日アクセス）。

（10）先行研究では、他国の公共訴訟との差異を明らかにするために、固有名詞としての「インド公益訴訟」、「社会活動訴訟」の用語も使われる。インドの公益訴訟について、［佐藤　二〇〇一；孝忠　二〇〇〇；浅野　二〇〇九］を参考にされたい。

（11）最高裁が発行するガイドラインには、公益訴訟の対象として一〇項目が列挙されている。http://supremecourtofindia.nic.in/circular/guidelines/pilguidelines.pdf（二〇一三年一一月一日アクセス）、［浅野　二〇〇九：一二七］。

（12）本節における清掃人運動の記述は、二〇〇六年九月五日から継続している筆者自身の参与観察およびウィルソンを含む活動家からの聞き取りとジャーナリストによる記述［Singh 2014］にもとづく。組織のウェブサイトは以下を参照されたい。http://safaikarmachariandolan.org/index.html（二〇一四年八月二〇日アクセス）。

（13）屎尿処理問題とその慣行権廃止に関する政策を分析した［鈴木　二〇〇五］も参照のこと。

（14）コーラール地域は英領期の一八七〇年に、金・銀山の開発により発展した。危険な作業を要する採掘労働者の多くは地元やタミル・ナードゥ出身のダリトであった。

（15） 二〇〇六年二月六日、デリーの清掃人運動本部にて聞き取り。コーラールの屎尿処理労働者に関して、その六〇%はキリスト教徒が占めるという報告もある［Ramaswamy 2005: 47］。

（16） ディワカルはダリト運動の国際ネットワーク化を企図するＮＧＯ「ダリト人権のための全国キャンペーン（National Campaign on Dalit Human Rights、ＮＣＤＨＲ）」（一九九八年設立）の代表メンバーの一人。サンカーランは元インド行政職の社会活動家。

（17） 二〇一二年八月二九日、デリーのシュックラーの事務所にて聞き取り。

（18） 注（17）に同じ。

第8章

バールミーキの困難と挑戦のゆくえ

世界の歴史において、とりわけ近代以降に人種、宗教、ジェンダーなど様ざまな理由から社会的に排除され、不利益や差別を受ける人びとは常に存在してきた。カースト、不可触民差別はその一形態である。

二〇世紀は、差別の歴史から、反差別運動の歴史に大きく転換した時代といわれる。インドではアンベードカルがダリト運動の礎を築いた。人びとは集会を開き、政府や行政に自分たちの権利を要求した。運動のインパクトは価値観や文化の領域にも及んだ。被差別性を「異なる文化」や「多様性のひとつ」としてポジティブに捉えなおす可能性を打ち出したことも、反差別運動がもたらした大きな成果であった。しかし、その「成果」は、必ずしもすべての被差別コミュニティに希望に満ちた未来を約束してはくれないということも明らかにした。

本書で取り上げた清掃カースト（バールミーキ）の置かれた状況はまさにそのような事例であった。不可触民カースト内部にも差異があり、出自を肯定的に転換させる動きもみられる一方、清掃カーストのように清掃業から離れ、弁護士や医師といった専門職に就いても、スティグマに苛まれることもある。そうした人びとが抱える生きづらさや内なる葛藤をフィールドから分析することを本書では試みたつもりである。現代インドにおけるカースト問題と不可触民制からの解放とは何か。これこそ筆者が清掃カーストの人びとのなかで追求した中心テーマであった。本書の議論を締めくくるにあたり、各章の論点と成果をまとめ、バールミーキの挑戦のゆくえを展望する。

1　各章の論点とその成果のまとめ

第1章では、本書で扱う問題の所在を明らかにするために、カースト研究、不可触民（ダリト）研究、清掃カースト研究の各動向を概観した。まず、「カーストとは何か」という根本的な問いをめぐって夥しい数の研究が蓄積されてきたことをふまえたうえで、アプローチの違いから学説を三つに分けた。第一は、カーストをヒンドゥー教に固有の現象として捉える立場で、カーストによる社会的身分制の歴史と独自性を強調する。こうした本質主義的議論にたいして、カーストの歴史性を批判的に検証することで提議されたのが、第二のカーストを再構築されたものとみなす見方である。それによれば、今日の私たちが理解しているカーストは、インド古来より存続してきた特殊な慣習ではないとする。むしろ、イギリスの植民地支配下において、植民地官僚オリエンタリストたち、そしてインド人らによって再構築されたものであるとの主張により、カースト観の解体が議論された。第三のアプローチは既出の見解をふまえ、近年の現象に注目してカーストをカースト制というシステムのなかで捉えるのではなく、まとまりのある構成単位（unit）、いわば一種のエスニック集団のような文化的・社会的集団として理解する試みである。第三の見方に立てば、「カースト制無きカースト社会」の存在も可能となる。

こうした三つのアプローチは、いずれもカーストの解明に重要な貢献をおこなってきた。それらの成果を確認するとともに、本研究ではある特定の視座を唯一とみなすのではなく、それぞれのカースト論が実際の状況でどのように観察され、接合がみられるのかに考察の重点を置いた。これにより、清掃カーストの事例に象徴される不可触民差別の独特な問題、カースト間にみられる発展格差の実態を見失うことなく、包括的に検討することが可能となった。

不可触民研究においては、とくに不可触民の内的側面が注目され、「不可触民自身は、ヒンドゥー・インド社会での従属的状況をどのように捉えているのか」が主要な論点とされた。これにたいしては三つの応答がなされた。一つは、主流文化に対抗する不可触民独自の価値観の存在に焦点を当てる立場（①断絶論）、二つには、ヒンドゥー教の理念やヒエラルヒーが不可触民に内面化されているとみる立場（②合意論）がある。加えて、①と②の側面を併せもつ立場（③両義的立場論）が示されてきた。これに関しては、本書の冒頭で述べたゴーハーナー事件でのバールミーキの態度を思い起こすことに意義がある。長年にわたり、カーストや不可触民を理由とする暴力や差別行為は慣習的に顧みられなかった。独立後、そうした行為は憲法によって明確に禁じられるようになって久しいが、それでもなお、おこなわれている。従来と大きく異なるのは、ゴーハーナー事件のバールミーキが示したように、暴力を受けた側は沈黙したままではなく、公然と反発し、組織的な抗議活動に発展させる行為主体者となっていることである。調査地区のバールミーキの語りからは、生まれによる運命・宿命論はまったくのところ聞かれなかった。人びとの意識は、脱ヒンドゥー教を志向する①断絶論に向かうかにみえるが、実際には「仕方なくヒンドゥー教なのです」と自らを位置づけ、ヒンドゥー教徒でありながら、そのことを積極的に表明することにとまどいがあるという内面の葛藤がうかがえた。このようなバールミーキの状況を理解するには、③両義的立場が最も有効だと考えられる。この不可触民の内なる葛藤に関する議論は第6章で展開された。

第2章でフィールドの概要を述べ、続く第3章では清掃カーストの問題を俯瞰するために、被差別コミュニティとされる歴史的経緯と地域性から清掃カーストを位置づけた。不可触民をめぐる様ざまな名称のうち、とりわけ一九三〇年代から不可触民への優遇措置を講じるためにイギリス植民地行政が導入したＳＣ概念は重要である。なぜなら、この措置によって不可触民という集団が公に認知される一種の「公的カースト」として位置づけ直され、独立後も踏襲されたからである。ＳＣは、インド憲法による制定と福祉政策の実施に組み入れられることで制度化された。またこの過程において、カーストは職能集団との一体化が強化された。清掃カーストは、まさにこうした状況下で成立した近代的な人口集団と考えられる。近年に注目される「カーストの実体化」という現象も、この時期に遡ることができるのではないだろうか。

さらにSCとして制度化された不可触民、という認識にもとづき、実態面から各社会集団の比較分析をおこなった。デリーの国勢調査の結果を分析し、清掃カーストを含むSC集団と他の社会集団とのあいだにみられる社会経済的状況の格差の存在と、SC内の集団間の発展格差の存在を明らかにした。教育状況を識字率と高等教育修了者および在籍者の割合からみた場合、デリーの清掃カースト（バールミーキ）は主要なSCのなかでも最下位であり、著しい差がみられた。加えて、不可触民に独特な問題として「不浄」な職業からの離脱状況に着目することで、職業移動の度合いも検討した。不可触民に典型的な生業とされる「皮革業」と「清掃業」を比べた場合、対照的な状況が確認された。チャマールは、国勢調査の数値をみる限り、皮なめし産業に従事する人口が大きく減少したことから、生業からの離脱をほぼ達成しつつある状況がうかがえた。なお、デリーのチャマールは教育の指標で最も高い数値を示した集団である。一方、バールミーキをはじめとする清掃カーストは、清掃業に多くとどまっている。むしろ、その傾向はデリーの急速な都市化と清掃労働の需要の高まりによって近年いっそう強化されているようにみえる。こうしたバールミーキの低教育と他の産業への進出の遅れは、従来からの「バールミーキ＝清掃カースト＝不可触民」という見方を一段と強め、清掃カーストの「実体化」が極まる要因にもなっている。

第4章では、前述したようなカースト制に起因する社会経済的不平等の弊害、そして不可触民にたいする暴力や差別行為の解決に向けた政策が、独立以降取り組まれてきたにもかかわらず、冒頭のゴーハーナー事件や第3章の統計資料から明らかにされたように十分に実を結んでいないという現状に鑑み、その原因を思想面から追究した。

まずこれまでのカースト制批判と不可触民解放の運動・思想的潮流を整理し、いずれもその根本的な特徴として①ヒンドゥー教の枠組みのなかで改革を志向するのか、あるいは②ヒンドゥー教から脱して新たな価値観や信仰を希求するのか、によって大きく二分されることが確認された。そのなかでも、独立インドのカーストと不可触民政策に与えた影響の大きさから最も重要と思われる二人の思想家・政治家に焦点を当てて、①の潮流に位置づけられるM・K・ガーンディー、そして②に属するB・R・アンベードカルの提唱したアプローチを考察した。結論からいえば、政策理念として積極的に取り入れられたのはガーンディーのアプローチであり、対抗するアンベードカルのそれは部分的な導入にとどまった。清掃人関連の政策が受益集団の発展に十分寄与していない問題について、本書はその一要因をガーンディーのアプローチ、およびそれを採用した政府に求めて説き明かすものであった。

ガーンディーが提唱した不可触民問題解決のアプローチは、不可触民差別の撤廃には全面的に賛同するが、カースト制については改良論の立場であった。つまり、不可触民制のない改良型カースト制を目指したのである。より正確にいえば、ガーンディーは現行のカースト制度をそのまま肯定したわけではなく、弊害を認め、現在のカースト観は本来のカースト間の歪曲であるとみていた。ヒンドゥー教徒は生まれによって定められた各自の職業を義務として遂行しなければならないこと、ヴァルナ区分に上下・優劣の問題はなく、万人が平等な地位に置かれることが提唱された。カーストは世襲的分業制により社会秩序の安定に貢献すると考えられたのである。不可触民制やカーストによる不平等が存在するのは、本来のヒンドゥー教の姿ではなく、ヒンドゥー教の信奉者が堕落した結果に起因する。したがって、然るべきヒンドゥー社会を回復させるには、個人の改心と正しい行ないが最重要課題とされた。このように、ガーンディーのカースト論は、カースト制を崩壊させるのではなく、それを保持したまま、倫理的調和にもとづく共同体へと再編させる論理に特徴がある。また、不可触民の位置づけに関しては、かれらはまぎれもなくヒンドゥー教徒であり、不可触民の悲惨な状況はヒンドゥー教の最大の汚点であると考える。そこで、ガーンディーの目指す不可触民解放運動とは、不可触民に差別を強いてきたカースト・ヒンドゥーにとっての贖罪行為であり、不可触民への無私の奉仕と差別意識を除去することで不可触民制の問題は解消されるとした。したがって、運動の主導者はカースト・ヒンドゥーであり、不可触民はそうした奉仕の「受益者」になることが期待された。

このようなガーンディーのカースト論、不可触民制の解決法にたいして、真っ向から異議を唱えたのがアンベードカルであった。アンベードカルの基本的立場は、脱ヒンドゥー教である。ヒンドゥー教こそが、カーストや不可触民制の慣習を存続させる元凶であると批判した。不可触民はヒンドゥー教徒の一部ではなく、別個の存在とみなされるべきであり、したがってかれらにたいしてはイスラーム教徒と同様に、コミュニティの代表者をコミュニティの選挙によって議会に選出する政治的権利が与えられなければならないと主張した。さらに、ガーンディーやカースト・ヒンドゥーによる不可触民解放運動の中心から不可触民当事者が排除されている状況を批判し、運動は不可触民が主導すべきであると説いた。ガーンディーの求めるカースト制の改良とモラルの改心のみでは抜本的な解決はもたらされず、すべてはカースト・ヒンドゥーに依存しなければならないことの危うさをアンベードカルは痛感していた。当時のヒンドゥー教徒伝統派や原理主義者たちが不可触民へのヒンドゥー寺院解放運動にたいしてみせた激しい抵抗を目にして、アンベードカルの懸念はいっそう募るばかりであった。それゆえに、カースト・ヒンドゥーの憐憫にすがることなく、不可触民自身が教育を受けて視野を広げ、自分たちの従属的状況を自覚し、自力で社会変革に取り組まなければ真の解決に至らないとアンベードカルは論じたのである。

結局、アンベードカルが不可触民の権利保障のために最重要事項に掲げていた不可触民の政治的権利は、その独立性が大幅に減じられた選挙制度（合同選挙）で決着した。留保議席数を増やす措置が取られたものの、不可触民の集団的位置づけは、ヒンドゥー教徒に統合されるというガーンディーの立場が採用された。これは会議派による不可触民の政治的包摂の目的にも一致していた。ただし、他集団との厳然たる格差が認められることから、ＳＣと認定して特別な支援を与えることが決められた。留保制度を含む不可触民への優遇措置の憲法規定は、インド憲法起草者を務めていたアンベードカルの働きに負うところが大きい。とはいえ、アンベードカルの私案が全面的に採用されたわけではなく、実質的な決定権を握っていた会議派指導者が取捨選択したものが憲法に反映された。導入当初、留保政策は過渡的措置と考えられていたが、六〇年が経過した今日でも要請は高まりこそすれ、失われることはないと考えられ、不可触民の地位改善に一定の役割を果たしてきている。実際、留保制度は不可触民の人びとにとって成功への希少な足がかりと考えられており、その礎を築いたアンベードカルへの崇敬を揺るぎないものにしている。

清掃カーストの政策や初期の運動に影響力を及ぼしてきたのは、圧倒的にガーンディーのアプローチであったといえる。このことは、カースト構成員の中核にアンベードカル信奉者が多くみられるチャマールとは対照的である。清掃カーストがアンベードカルの理念を積極的に取り入れてこなかった（取り入れられなかった）要因の一つには、不可触カースト内のカースト間序列があると考えられる。第7章で論じられるように、他カーストとの連携に可能性を見出せなかった立場であったからこそ、政治的には会議派の傘下に入ることで政策的便宜を確保したり、ガーンディー主義団体からの「支援」を得る選択をとったりしたのではなかったかと推察する。

さらに第4章後半部では、ガーンディー・アプローチの特徴をより明らかにするために、同アプローチを展開するNGO組織「スラブ」に注目した。清掃カースト問題に取り組むスラブは、ガーンディー主義者によって設立され、インド全域で活動している大規模なNGOである。政府との関係も強く、清掃人支援政策の請負機関として発展を遂げてきた側面が強い。こうした特徴はスラブに限ったことではなく、独立後の不可触民政策では会議派政権のもと、ガーンディー主義団体を積極的に取り込んだ事実がある。筆者によるスラブ職員の聞き取り調査から明らかにされたことは、たしかに清掃人の労働環境の改善と教育支援、啓発活動に取り組んでいることは評価すべきであるが、一方で、執行部に清掃カースト出身者が含まれないことから上位カースト主導による活動になっていること、清掃カースト自身の声は充分に反映されているとはいえず、実際にスラブの開発した水洗便所を清掃するのは相変わらず清掃カースト出身者に限られていることなどであった。スラブを事例に、上位カーストの「奉仕」と不浄な職業の近代化により不可触民問題の解決を目指そうとするガーンディー・アプローチの特色と問題点が浮き彫りにされた。

続く第4章第4節では、ガーンディーのアプローチ（と部分的にアンベードカルのアプローチ）を継承したSC優遇政策の基本的特色を確認し、清掃カーストを対象とする支援施策に焦点を当ててその成果を検証した。各分野（①法制度の整備、②経済・教育・社会生活にかかわる支援、③施策の進展状況をチェックするコミッション）での取り組みがみられるものの、受益対象者を屎尿処理労働者に限定したことで、必ずしもすべての清掃労働者が政府の支援を受けていないこと、ガーンディー・アプローチに特徴的な不浄な職業の近代化に特化した内容であること（その結果、カーストと就業構造の一体化の問題は残された）が大きな問題であることがわかった。そのほかにも、法律の実効性、水洗便所の普及の不振、清掃人の転職が著しい成果をあげていないことが確認された。ここで明らかにされた問題には、前節で論じたNGOスラブと同様に、改良的立場のガーンディーのアプローチの特徴と限界が明示されている。

第4章まで、カースト制と不可触民問題の解決を求める政府の取り組みについて、おもに思想面と制度面に着目し、その成果と問題点を議論してきた。そこで明らかになった一連の問題は、発展から取り残される清掃カーストの現状と無関係ではありえない。そこで第5章は、デリーの調査地区で筆者が実施した世帯調査にもとづき、北インドの代表的な清掃カーストであるバールミーキの社会経済的状況を考察した。これにより、国勢調査では詳らかにされない清掃労働者の内訳（雇用形態など）、カースト内／外婚の状況などを把握した。明らかにされたのは、組織部門における清掃業への集中傾向が依然として高いこと、ジェンダー別にみるとバールミーキの女性労働者は組織・非組織部門の両方で清掃業に集中していることであった。また、公務員の清掃職員である限り、比較的安定した雇用と生活環境が保障されると見込まれるが、一九九〇年代から導入された経済自由化への政策転換の影響を受けて清掃部門の状況は変動期にある。常勤のポスト数は減少し、調査地区のバールミーキの清掃労働者の五人に一－二人が臨時雇いであることが判明した。清掃業からの離脱が期待されるほど進んでおらず、また、清掃部門の雇用の不安定化という新たな問題も浮上した。カースト集団の内婚率は依然として高く、異カーストとの交流が深化していないことも明らかとなった。婚姻関係を原則とするカースト制において、結婚は存続にかかわる慣習である。こうしたデリーのバールミーキの状況は、カーストの根本的な構造は維持されたままであるとの結論に帰結する。

このように近年の経済発展から取り残されるバールミーキの社会経済的状況が浮き彫りになり、またガーンディーの思想的影響を受けた福祉政策およびガーンディー主義者のNGO活動には様ざまな問題点のあることも確認された。では、バールミーキの人びとはカーストによる格差や不可触民差別から脱するためにどのような取り組みをおこなっているのだろうか。こうした問いのもとに、人びとの語りや実践から考察したのが第6章と第7章であった。

第6章では、出自カーストゆえに経験する困難とそれを生き抜こうとする内なる葛藤に焦点を当てて、ライフステージの様ざまな節目（就学、就職、結婚など）に現出するダリト性を語りから分析した。社会経済的向上を達成したバールミーキの特徴として、成功に留保制度の活用と自助努力が欠かせないこと、尊敬される地位に就いたとしても人びとのカースト意識は持続しており、自身もその葛藤を内面に抱えていることが確認された。

こうした背景には、SC優遇政策が抱える「矛盾」が考えられる。すなわち、留保制度による支援を受ける際には、必ず証明書（SC certificate）によって自分がSC、バールミーキ出身であることを表明しなければならないという事情がある。留保政策のもとで社会経済的地位を確保してきたバールミーキを含む不可触民の人びとは、政策支援を受け続ける限り、バールミーキ、SCであり続けなければならないという矛盾した状況に置かれているのである。したがって、被差別民によくみられる態度としての徹底した身元隠しはインドの場合、ほぼ不可能である。結局、残された選択肢は、積極的に出自を表明してカースト団体のような組織的活動を展開するか、あるいはできる限り身元を明かさないようにして、留保政策を「敢えて」活用しない自助努力の方向へ向かうことになるのである。しかし、この区分は厳密であるわけではなく、現職中は後者に属していたが、退職後に何らかのきっかけにより、カースト団体の活動に参加し始めるというケースも実際に多くある。いずれにせよ、バールミーキの人びとの語りからは、自他による出自カーストへの意識を引き受けながらも、学歴やより良い職業の獲得を足がかりに、長い目で次世代に希望を託したいと切に願う姿が見出された。また高学歴のバールミーキの語りのなかで先鋭に表れる「ロール・モデル意識」は、続く第7章で検討する運動を導く原動力になっていることも明らかにされた。

肯定的自己認識を獲得するためのヴァールミーキ詩聖崇拝とその共属の歴史意識をめぐっては、カースト内で意見の対立がみられることも事実であった。ヴァールミーキ詩聖を崇拝し、寺院に参拝するのはバールミーキに限られている。新しい名乗りによって、カースト外の人びとからのまなざしが蔑視から尊敬へと転換されたわけではなく、依然として厳しい現実に置かれていることもわかった。とはいえ、かれらにとって「バールミーキ」に代わる望ましい名称はほかになく、現状では自尊心の拠りどころになっていると同時に、集団の結束を高めるうえで最も有効なアイデンティティと考えられている。今後の展開を見極めるためにも、自他認識として確立されつつある「バールミーキ」の名のもとに、かれらが解放と地位上昇に向けてそれをどのように戦略的に活用しているのかという点に注目することの重要性を強調したい。結局のところ、バールミーキのアイデンティティとは、矛盾や葛藤、曖昧さを抱えながら、他者との関係における構築プロセスのなかにあるといえよう。

第7章では、バールミーキの人びとによる抵抗がどのように実践されているのかを論じた。いわゆる主流のダリト運動とは異なる動きをみせるバールミーキの運動は一九九一年を分岐点として、清掃労働者組合の盛衰と、それに代わる公益訴訟の展開がみられた。清掃人運動、および留保委員会の事例から、両者とも司法の場に救済を見出していること、その担い手が留保制度によって社会経済的に上昇を果たした弁護士や上級公務員などであることが大きな特徴である。

バールミーキの運動は、蔑視の根源とされた「清掃労働」の問題を前面に出すことでカースト内部の結束力を高め、労働・生活環境の改善を志向するものであった。清掃労働者会議、清掃人運動、そして留保委員会の事例は、ほかのダリト運動においては実現されにくいバールミーキの権利要求を申し立てる、かれらの状況に根ざした「戦略」として理解することができる。しかし同時に、他のカーストとの差異化を際立たせている点にも留意しなければならない。カーストを基盤とするイシューを掲げ続ける限り運動は個別化し、また公的部門の清掃労働者を中心メンバーとしていた清掃労働者会議の分裂が示唆しているように、構成員の変化次第では組織自体の存在意義を失う可能性もありうる。今後は、カーストを超えた支持層の拡大に向けて、どのような取り組みがなされるのかが注目されている。

2　本研究の含意と残された課題

以上、各章の論点とその成果を整理したうえで、バールミーキの困難と挑戦を展望したい。

まず、本書では、カーストと不可触民差別からの解放において、政府がおもに採用してきたガーンディー・アプローチにはいくつかの問題点のあることが明らかとなった。心情面で差別意識を克服することは、問題の根本的解決において非常に重要であるが、それを強力に推進し、保障する実質的対策がとられなければ、実現の見込みはないものである。また、差別を法律で禁止したからといって差別現象がなくなるわけではないという事実は、歴史によって証明されている。一九五〇年に施行されたインド憲法がとくに注目されるのは、不可触民制の禁止や不可触民の基本権を定めただけでなく、そうした権利が実際にどのような手段によって保障されるのかについても明記したからである。SCとその他のマイノリティにたいする留保制度実施の条文、裁判所による令状発給権を可能にする人権侵害にたいする司法的救済手段を定めた条文なども併記された。これら不可触民の法的保護と保障規定に大きな働きをしたのが、思想的にガーンディーと対立していたアンベードカルであった。そして司法的救済の実践は、まさに第7章で取り上げた運動団体によって公益訴訟という手法を用いておこなわれている。

本書で確認されたように、全般的に清掃カーストの状況は低教育で、清掃業からの離脱もあまり進んでいない。こうした事実は、「バールミーキ＝清掃カースト＝不可触民」という支配的な見方の解体を困難にしている。第6章の語りで登場したような社会進出を果たした人でも、出自による葛藤を抱えて生きている。

このような状況下でも、従来の支配的なカーストの見方から脱しようとする動きも近年目立ち始めている。さらに、その動きがカースト研究、不可触民（ダリト）研究の進展とも深く連動していることに注目したい。宿命的で固定的なものと捉えられていたカースト観が社会構築主義的な見方に変わりつつあり、清掃カーストの人びとの意識の変容（アイデンティティ形成）や、様ざまな運動を出現させる原動力にもなっている。それは、第6章、第7章で取り上げた権利獲得運動、詩聖崇拝とコミュニティ起源史への関心の高まり、自己肯定的なアイデンティティ形成をめぐるカースト内の議論の活発化などにみることができた。

こうしたカーストをめぐる動態的な動きの背景として、独立後に継続して実施されてきた留保制度などのSC優遇政策がバールミーキの人びとにも徐々に浸透しつつあること、成功した者のなかから出自カーストの地位向上、解放運動に参加する者が増え始めたことが挙げられる。インドにおいては身元隠しを貫き通すことは困難な事情も影響して、退職後にバールミーキであることを「カミングアウト」して活動に関与する者も少なくない。第7章で明らかにされたように、独立直後から一九八〇年代までのバールミーキの運動には、ガーンディー主義団体や会議派の影響力が強くみられることが大きな特徴であったが、その流れは急速に揺らぎつつある。第7章の運動組織が力を注ぐのは、留保制度の改善や人権訴訟による救済活動など、アンベードカルが不可触民解放運動で取り組んだことである。思想的には、ガーンディーからアンベードカルへのシフトといってよいだろう。

バールミーキの人びと自身による解放への模索が見え始める一方で、いくつかの問題も残されている。それは、依然としてカーストがなくならないことである。バールミーキに限らず、不可触民の人びとがそれぞれのカーストの枠組みによって権利獲得運動を展開することのジレンマでもある。繰り返しになるが、インドでは不可触民が物理的な貧困状態から抜け出せたとしても、それは過去の地位の抜本的変化をもたらすわけではないという現実がある。つまり、カースト自体がなくなるわけではない。なによりも、このカーストから逃れられないというインド社会全体の構造を問い直すことが必要である。そうした展望と問題が、清掃カーストとされる人びとの解放とは何かを考えることでみえてきたことであった。

最後に、本書では論じきれなかったいくつかの課題を記すことで、研究計画に位置づけたい。本研究では、バールミーキを中心に取り上げて、現代インドにおけるカーストと不可触民問題を検討してきたが、他の不可触カーストとの比較分析を十分に論じることができなかった。とくに、バールミーキと対照的な動きをみせたチャマールとの比較は重要である。資料面での課題としては、アーリヤ・サマージ、ガーンディー主義団体の活動を一次資料から検討し直す作業も重要と思われる。

また、フィールドで観察される新たな動きとして、反カースト運動のグローバル化という現象にも筆者は強い関心をもっている。二〇〇〇年以降、カースト問題をインドの「国内問題」にとどめず、人種差別のひとつとして取り組むべきだという主張がインド国内外に居住するダリト活動家、運動団体によって提議されるようになった［粟屋 二〇一二；Hardtmann 2009; Kumar 2013; Natrajan and Greenough eds. 2009］。そうした国際的な動きに着目し、インドで生起した反カースト運動の歴史をふまえつつ、ダリト移民のカースト意識や運動の発展を考えてみたい。テーマは尽きることがないが、以上を今後の研究課題として取り組んでいきたい。

おわりに

不可触民、清掃カーストとされる人びとの立場からカーストの「リアリティ」を考え、伝える必要性を認識したのは、大学の講義後に受講生から寄せられる質問やコメントを通じてであった。

「カーストというのは、上と下のカースト間の対立だと思っていた。今日の講義を聴いて、不可触民とよばれる人びとのなかにもたくさんのカーストがあり、そこには差別や対立があることを初めて知った」、「カーストは悪い側面しかないと思っていたが、今日の講義で、カーストごとに職業が分かれていることを知り、カーストがあるおかげで独自の文化が継承されてきていることも大事だと思った」、「反カースト運動とはカースト間の格差をなくすものであって、カースト自体の廃止を訴えているわけではないことがわかった」など、受講生の視点は様ざまな問題に向けられている。たしかに、カーストには個人が生きるうえで「足枷」となる差別や格差がある一方、職業、文化信仰、歴史やアイデンティティを共有することで芽生える「絆」のようなものがある。それらを基盤にして、様ざまな運動が繰り広げられていることがカーストの現代的位相である。

本書は、筆者が慶應義塾大学大学院社会学研究科に提出した博士学位請求論文「現代インドにおける不可触民解放の一考察――デリーの清掃カーストを中心に」(二〇一二年三月提出、二〇一三年二月学位授与)を元に、加筆・修正をおこなったうえで刊行するものである。本書のいくつかの章には、これまでに発表した以下の拙稿の成果も含まれている。

初出・底本一覧

・二〇〇五、「周縁化される不可触民――インドの清掃人カーストと慣行権の研究」『人間と社会の探求　慶應義塾大学大学院社会学研究科紀要』六〇：五五－七〇。

・二〇〇七、「被差別民の「解放」をめぐるインド社会とNGOの分析――ニューデリー市、スラブの活動をてがかりとして」『解放社会学研究』二一：一二〇－一四一。（第4章の一部）

・2010, "Indian Government Strategy against Caste Inequality: 'Liberating' Untouchables in the Context of Welfare Schemes," *Journal of Political Science and Sociology* (Global Center of Excellence Center of Governance for Civil Society, Keio University) 21: 65-83.（第4章の一部）

・二〇一四、「現代インドにおける都市下層カーストの就労・生活状況――デリー市の清掃カースト世帯調査に基づく一考察」『中央大学政策文化総合研究所年報』一七：一七五－一九六。（第5章）

・二〇一五、「突破口としての司法――清掃カースト団体の変容と公益訴訟」、石坂晋哉編『インドの社会運動と民主主義――変革を求める人びと』昭和堂、二一九－二四一。（第7章）

・二〇一五、「現代ダリト運動の射程」、粟屋利江・井坂理穂・井上貴子編『現代インド5　周縁からの声』東京大学出版会、二五－四五。舟橋健太と共著。（第7章の一部）

本書の刊行に至るまでに、実に多くの方々にお世話になった。紙幅の関係上、すべての方のお名前を挙げることはできないが、この場を借りて心より御礼申し上げたい。

まずは、インド、デリーのフィールドで筆者と時間を共にした人びとに感謝の気持ちを表したい。皆さんとの出会いがなければ、むろん本研究は成し遂げられなかった。とくに、デリーの世帯調査とカースト団体調査では、Adv. Vijay Prakash さん、Vinay Kumar さん、そして Sushil Valmiki さんとご家族には大変お世話になった。いつも活力に溢れた Vijay さんには、娘のように大事にしてもらった。体力的、精神的に困難な状況でもユーモアを忘れず、筆者が調査を続けられるように力強く支えてもらった。Vinay さんは、おそらく筆者が一番最初に出会ったバールミーキの人である。Vinay さんのオートバイに乗せてもらい、緊張した気持ちで背中につかまりながら初めて調査地区に向かったときの気持ちは忘れられない。妻の Kelas さんを二〇一一年四月に病気で失ったことは、筆者にとっても辛い出来事だった。四女の Renuka さんは暑いなか、いつも筆者の重たい鞄を持ち歩いて調査を手助けしてくれた。片目の視力を失う困難と闘いながらも、修士課程に進学した努力と勇気を心から誇りに思う。Sushil さんには、酷暑期の調査を辛抱強く手伝ってもらった。幅広い人脈の助けを借りたおかげで、実に多くのバールミーキの活動家に出会うことができた。「生きた」ヒンディー語を学ぶ際には、Dr. Renu Chhachhar と Pravesh Chhachhar さん夫妻にお世話になった。調査が捗らないことで焦る筆者を気遣い、Renu さんは「何とかなるでしょう（*Kuch na kuch to hogā*）」とお気に入りのフレーズでいつも励ましてくれた。何度救われたことだろうか。

慶應義塾大学大学院においては、博士課程から指導教授としてお世話になった関根政美教授に感謝を申し上げたい。理論も方法論も未熟な筆者の研究に理解を寄せてくださり、快く指導教授を引き受けてくださった。途中、インド留学ではビザの発給が遅れたことで色々とご心配をお掛けした。博士論文が完成するまでの長い間、辛抱強く温かく見守ってくださった。議論の方向性が定まらないとき、常に的確な指針を示してくださった。副指導教官の鈴木正崇教授には、とくに人類学、南アジア研究においてご指導をいただいた。研究視点の柔軟性や議論の構成方法では、常に新鮮な驚きとともに多くの教えを受けた。

清掃カースト研究の先駆者である大東文化大学の篠田隆教授には、貴重な一次資料をお借りし、清掃カースト研究のご助言をいただいた。東京外国語大学の粟屋利江教授には、同大学学部を卒業してからも、研究会で発表する機会をいただき、長年にわたるご指導に感謝を申し上げたい。日本学術振興会特別研究員の受け入れ教員として、現在所属している人間文化研究機構プロジェクト「現代インド地域研究」東京外国語大学拠点（ＦＩＮＤＡＳ）においても大変お世話になっている。藤井毅教授には、ヒンディー語の授業で厳しくも温かいご指導をいただいた。

インド留学に際しては、ジャワーハルラール・ネルー大学院のProf. Vivek Kumarをはじめ、同大学院とインド・ダリト研究所（Indian Institute of Dalit Studies）の元所長Prof. Sukhadeo Thorat、デリー大学のProf. Abhijit Dasguptaにビザの取得段階から調査に至るまで大変お世話になった。インド社会研究所（Indian Social Institute）の元ディレクターのDr. Jimmy C. Dabbiからは、調査方法のガイダンスを受けた。インド人の先生・研究者の方々は、清掃カーストをテーマに研究を続けることへの助言のみならず、折にふれて、関連する研究書や人びとを紹介してくださるなど筆者の背中を押してくれた。

デリーの留学生仲間の川津千佳さん、木村真希子さん、小嶋常喜さん、小松久恵さん、大工原彩さん、冨澤かなさん、中溝和弥さん、古井龍介さん、ChoonHo Leeさん、JaeEun Shinさん、JiEun Leeさんには、研究・生活面でも励まし合い、常に支えていただいた。慶應義塾大学の関根政美研究会ならびに鈴木正崇研究会の皆さまにも日頃からお世話になった。とくにゼミの先輩であり、留学生活を共にした木村真希子さんには、論文のコメントや研究の相談に乗っていただいた。心より御礼申し上げる。ヤムナー女子寮の狭い部屋で、一緒にご飯を作りながら調査の話を聞いてもらったことは心温まる思い出である。

共同研究に参加し、発表する機会を与えてくださった石坂晋哉さんにも特段の謝意を申し上げる。科学研究費補助金・基盤研究（B）「ポストコロニアル・インドにおける社会運動と民主主義」（代表・石坂晋哉さん、二〇一一年度－二〇一四年度）のメンバーの方々との議論、そして研究を志す真摯な姿勢に大変刺激を受けた。また、基盤研究（B）「現代南アジアにおける法と権利の動態をめぐる研究――国制・権利・法秩序」（代表・山本達也さん、二〇一四年度－二〇一八年度）、ならびに基盤研究（B）「ローカル・リーダーの登場と下層民の台頭からみる現代インド社会の変容」（代表・舟橋健太さん、二〇一五年度－二〇一八年度）においても、分野の異なる研究者の方々と学ぶ貴重な機会をいただいている。

本書の元となる博士論文の現地調査においては、以下の機関から留学奨学金と研究助成をいただいた。こうした支援のおかげで、インドでの長期調査が可能になった。心より感謝を申し上げる。

・りそなアジア・オセアニア財団　調査研究助成（二〇〇五年度）
・平和中島財団　日本人留学生奨学生（二〇〇六－二〇〇八年度）
・慶應義塾大学　大学院高度化推進研究助成金（二〇〇八年度）
・松下幸之助記念財団　研究助成（二〇〇九年度）
・公益信託澁澤民族学振興基金　大学院生等に対する研究活動助成（二〇一〇年度）
・慶應義塾大学グローバルＣＯＥ　市民社会におけるガバナンスの教育拠点　若手短期海外調査研究支援（二〇一一年度）

・日本学術振興会特別研究員（PD）、同科学研究費補助金（特別研究員奨励費）「グローバル化時代のインド・イギリスにおけるカーストとダリト運動の質的調査研究」（二〇一四年度）

本書の編集作業では、慶應義塾大学出版会の皆さま、とりわけ第一出版部編集二課の綿貫ちえみさんには大変お世話になった。こうして博士論文を本として出版できたのは、最後まで全力でサポートしてくださった綿貫さんのおかげである。

本書は、慶應義塾学術出版基金（平成二六年度前期）より出版補助をいただいたことにより出版することができた。審査委員の先生方に心より御礼申し上げる。

最後に、つねに理解者となり支えてくれた家族に感謝の言葉をおくりたい。本書を家族と亡きVijayさん、亡きKelasさんに捧げる。

二〇一五年一〇月

鈴木　真弥

参考文献

和田一哉，2015,「インドにおける性別選択による産み分けの動向」押川文子・宇佐美好文編『暮らしの変化と社会変動（激動のインド 5)』日本経済評論社：3-30.

30-52.
――――, 1994,「社会宗教改革運動におけるカースト観の相克」内藤雅雄編『解放の思想と運動』明石書店：25-79.
――――, 1995,「ダヤーナンド・サラスワティーとアーリヤ・サマージのカースト制度論」『印度学佛教学研究』43(2)：988-993.
――――, 1996,「アーリヤ・サマージのカースト再編運動」『歴史学研究』690.
――――, 2003,『歴史のなかのカースト』岩波書店.
――――, 2007,『インド社会とカースト（世界史リブレット 86)』山川出版社.
舟橋健太, 2007,「仏教徒として／チャマールとして」『南アジア研究』19：60-80.
――――, 2014,『現代インドに生きる〈改宗仏教徒〉』昭和堂.
堀本武功, 1977,「保留議席（指定カースト）の成立経緯とその後の展開」大内穂編『インド憲法の制定と運用』アジア経済研究所：73-106.
――――, 1997,『インド現代政治史（人間科学叢書 26)』刀水書房.
堀本武功・広瀬崇子編, 2002,『民主主義へのとりくみ（現代南アジア 3)』東京大学出版会.
三瀬利之, 2000,「帝国センサスから植民地人類学へ」『民族學研究』64(4)：474-491.
三宅博之, 1995,「カルカッタとハウラーにおける清掃人の社会経済的状況」押川文子編『カースト制度と被差別民⑤フィールドからの現状報告』明石書店：115-162.
武藤一羊, 2003,「グローバル権力と NGO」青木保他編『アジア新世紀 7 パワー』岩波書店：229-242.
メルッチ, A.（山内靖・貴堂嘉之・宮崎かすみ訳), 1997,『現在に生きる遊牧民』岩波書店.
柳沢悠編, 1995,『暮らしと経済（叢書カースト制度と被差別民 4)』明石書店.
山崎元一, 1979,『インド社会と新仏教』刀水書房.
――――, 1994,「カースト制度と不可触民制」山崎元一・佐藤正哲編『歴史・思想・構造』明石書店：23-52.
山下明子, 1986,『インド・不可触民の女たち』明石書店.
山口博一, 1984,「インド政府『後進諸階級委員会報告書』の研究」『アジア経済』25(1)：2-19.
由井義通, 1999,「デリー首都圏（N. C. R.）ノイダの都市開発と住宅供給」『地誌研年報』8：33-57.
李素玲, 1978,「インド憲法の制定過程におけるマイノリティ問題」大内穂編『インド憲法の基本問題』アジア経済研究所：45-72.

――在米インド人看護師のトランスナショナルな生活世』有信堂高文社.
杉本良男, 2008,「アーディ・ドラヴィダ」金基淑『講座 世界の先住民族（ファースト・ピープルズの現在 3 南アジア）』明石書店：143-155.
杉山圭以子, 1995,「首都デリーの政治過程と“周辺化”住民」『思想』850.
鈴木真弥, 2005,「周縁化される不可触民」『人間と社会の探求』60：55-70.
――――, 2007,「被差別民の「解放をめぐるインド社会と NGO の分析」『解放社会学研究』21：120-141.
――――, 2014,「現代インドにおける都市下層カーストの就労・生活状況」『中央大学政策文化総合研究所年報』17：175-196.
――――, 2015a,「突破口としての司法」石坂晋哉編『インドの社会運動と民主主義――変革を求める人びと』昭和堂：219-241.
――――, 2015b,「現代ダリト運動の射程」粟屋利江・井坂理穂・井上貴子編『周縁からの声（現代インド 5）』東京大学出版会：25-45（舟橋健太と共著）.
関根政美, 1994,『エスニシティの政治社会学』名古屋大学出版会.
関根康正, 1995,『ケガレの人類学』東京大学出版会.
――――, 2006,『宗教紛争と差別の人類学』世界思想社.
田辺明生 ,1994,「人類学・社会学におけるカースト研究の動向」山崎元一・佐藤正哲編『叢書カースト制度と被差別民 1　歴史・思想・構造』明石書店.
――――, 2010,『カーストと平等性』東京大学出版会.
内藤雅雄編, 1994,『解放の思想と運動（叢書カースト制度と被差別民 3）』明石書店.
長崎暢子, 1996,『ガンディー（南アジアの肖像 8）』岩波書店.
南埜猛, 1999,「インドにおける都市化・工業化と農民の対応」『地誌研年報』8：87-119.
新原道信・牛山久仁彦, 2003,「市民運動の多様性」矢澤修次郎編『社会運動（講座社会学 15）』東京大学出版会：139-178.
野口道彦, 2000,『部落問題のパラダイム転換』明石書店.
野口道彦ほか, 2006,「バングラデシュにおける清掃労働者の研究」『人権問題研究』別冊 2006, 大阪市立大学人権問題研究会.
長谷安朗, 1994,「シク社会における不可触民」佐藤正哲・山崎元一編『歴史・思想・構造（カースト制度と被差別民 1）』明石書店：307-350.
ピライ, T. S.（山際素男訳）, 1986,『清掃夫の息子』三一書房.
藤井毅, 1988,「インド国制史における集団」佐藤宏編『南アジア現代史と国民統合』アジア経済研究所：23-103.
――――, 1989,「カースト論への視角とカースト団体」『アジア経済』30(3)：

孝忠延夫・浅野宜之, 2006,『インドの憲法』関西大学出版部.
孝忠延夫訳, 1992,『インド憲法』関西大学出版部.
古賀正則, 1999,「インドの NGO の現状と課題」『駿台史学』107：1-50.
————, 2001,「インドの NGO の現状と課題：補論」『駿台史学』111：91-104.
小谷汪之, 1996,『不可触民とカースト制度の歴史』明石書店.
————, 1999,『穢れと規範』明石書店.
————, 2003,「カーストとカースト制度」小谷汪之編『社会・文化・ジェンダー（現代南アジア 5)』東京大学出版会：117-136.
小谷汪之編, 1994,『西欧近代との出会い（叢書カースト制度と被差別民 2)』明石書店.
————, 1997,『インドの不可触民（世界人権問題叢書 19)』明石書店.
斉藤千宏編, 1997,『NGO 大国インド』明石書店.
桜井厚, 2002,『インタビューの社会学』せりか書房.
————, 2005,『境界文化のライフストーリー』せりか書房.
佐々木宏, 2011,『インドにおける教育の不平等』明石書店.
佐藤創, 2001,「「現代型訴訟」としてのインド公益訴訟（I),（II）」『アジア経済』42(6)：2-25, 42(7)：18-36.
佐藤仁美, 2006,「デリー――会議派の大勝」広瀬崇子・南埜猛・井上恭子編『インド民主主義の変容』明石書店.
佐藤宏, 1985,「インド憲法制定過程における不可触民問題」『アジア経済』26(12)：2-24.
————, 2001,「インド――ボランタリズムと国家規制のせめぎあい」重富真一編『アジアの国家と NGO』アジア経済研究所：68-96.
ジェフリー, クレイグ（佐々木宏ほか訳), 2014,『インド地方都市における教育と階級の再生産――高学歴失業青年のエスノグラフィー』明石書店.
重富真一, 2001,「国家と NGO」重富真一編『アジアの国家と NGO』アジア経済研究所：13-40.
篠田隆, 1990,「グジャラート州指定カースト内部の発展格差」『商業論叢』26(1)：125-166.
————, 1992,「屎尿処理人の雇用・労働 条件に関わるインド政府書報告書の研究」『東洋研究』102：51-103.
————, 1995,『インドの清掃人カースト研究』春秋社.
島岩, 1994,「デカン・バクティと不可触民」山崎元一・佐藤正哲編『歴史・思想・構造（叢書　カースト制度と被差別民 1)』明石書店：225-244.
ジョージ, シバ・マリヤム（伊藤るり監訳), 2011,『女が先に移り住むとき

――――, 2012,「インド社会におけるダリト（不可触民）をめぐって」日韓歴史家会議『社会最下層に対する比較史的考察』（第 11 回日韓歴史家会議報告書）日韓文化交流基金：173-195.
アンベードカル, B. R.（山崎元一・吉村玲子訳）, 1994,『カーストの絶滅』明石書店.
井坂理穂, 2002,「サバルタン研究と南アジア」長崎暢子編『現代南アジア 1 地域研究への招待』東京大学出版会：257-275.
上原善広, 2014,『路地の教室――部落差別を考える』筑摩書房.
大橋正明, 1997,「NGO 大国インド, その活動, 歴史, ネットワーク」斉藤千宏編『NGO 大国インド』明石書店：21-53.
――――, 2001,『「不可触民」と教育』明石書店.
押川文子, 1989,「インド社会像におけるカースト――2 つの『後進諸階級委員会報告書』をてがかりに」『アジア経済』30(3)：5-29.
――――, 1994a,「独立後インドの指定カースト・指定部族政策の展開」『アジア経済』22(1)：26-45.
――――, 1994b,「反留保アジテーションとインド社会」『アジア経済』35(4)：25-49.
――――, 1994c,「インド政治とカースト――「後進諸階級」問題を中心に」中兼和津次編『講座　現代アジア 2：近代化と構造変動』東京大学出版会：295-326.
――――, 1995,「独立後の「不可触民」」押川文子編『フィールドからの現状報告（カースト制度と被差別民 5）』明石書店：19-111.
――――, 1997,「原皮流通の変化と「皮革カースト」」小谷汪之編『インドの不可触民（世界人権叢書 19）』明石書店：144-187.
――――, 2013,「教育の現在」水島司編『変動のゆくえ（激動のインド 1）』日本経済評論社：59-93.
小原優貴, 2014,『インドの無認可学校研究』東信堂.
辛島昇ほか編,［1992］2012,『新版：南アジアを知る事典』平凡社.
ガンディー, M. K.（森本達雄・古瀬恒介・森本素世子訳）, 1994,『不可触民解放の悲願』明石書店.
栗原彬編, 1996,『差別の社会理論（講座・差別の社会学 1）』弘文堂.
孝忠延夫, 1996,「インド憲法におけるアファーマティヴ・アクション（1）（2・完）」『関西大学法学論集』45(5)：1236-1296, 45(6)：1631-1690.
――――, 2000,「人権の裁判的保障の制度と現実」『憲法問題』11：20-34.
――――, 2005,『インド憲法とマイノリティ』法律文化社.

Dimensions and Issues (Working paper series 1(2)), New Delhi: Indian Institute of Delhi Studies.

Thorat, Sukhadeo and Katherine S. Newman eds., 2010, *Blocked by Caste: Economic Discrimination in Modern India*, New Delhi: Oxford University Press.

Valmiki, Omprakash, 2003, *Joothan: A Dalit's Life* (translated by Arun Prabha Mukherjee), New York: Columbia University Press.

Verma, Mukut Behari, 1971, *History of Harijan Sevak Sangh 1932-1968: Crusade Against Untouchability*, Delhi: Udyogshala Press.

Vivek, P. S., 1998, *The Scavengers: Exploited Class of City Professionals*, Mumbai: Himalaya Publishing House.

Washbrook, David, 1975, "The Development of Caste Organization in South India 1889-1925," in Baker, C. J. and D. Washbrook eds., *South India: Political Institutions and Political Change 1880-1940*, Delhi: Macmilan: 150-203.

———, 1982, "Ethnicity and Racialism in Colonial Indian Society," in Ross, R. ed., *Racism and Colonialism*, The Hague: Martinus Nijhohh Publishers: 143-181.

Wiser, W. H., 1936, *The Hindu Jajmani System*, Lucknow: Lucknow Pub. House.

Yadav, Bhupendra, 2011, "Mirchpur: Assertion and Rehabilitation," *Economic and Political Weekly*, 46(31): 10-11.

Zelliot, Eleanor, 1988, "Congress and the Untouchables, 1917-1950," in Sisson, Richard and Stanley Wolpert eds., *Congress and Indian Nationalism: the Pre-independence phase*, Berkeley: University of California Press: 182-197.

———, [1992] 2001, *From Untouchable to Dalit: Essays on the Ambedkar Movement*, 3rd ed., New Delhi: Manohar.

浅野宜之, 2009,「公益訴訟の展開と憲法解釈からみるインド司法の現在」近藤則夫編『インド民主主義体制のゆくえ——挑戦と変容』アジア経済研究所：123-154.

アーナンド , M. R.（山際素男訳）, 1984『不可触民バクハの一日』三一書房.

荒松雄, 1993,『多重都市デリー』中公新書.

粟屋利江, 1988,「学界動向——インド近代史研究にみられる諸潮流」『史学雑誌』97(11)：81-99.

———, 2002,「南アジアにおける「公共圏」・「市民社会」をめぐる研究動向」『南アジア研究』14：145-168.

———, 2010,「近代から現代へ」奈良康明・下田正弘編『新アジア仏教史 2 インドII——仏教の形成と展開』佼成出版社：333-381.

Singh, K. S. ed., 1996, *People of India: Delhi*, New Delhi: Manohar.

Singh, Rajeev Kumar and Ziyauddin, 2009. "Manual Scavenging as Social Exclusion: A Case Study," *Economic and Political Weekly*, 44(26&27): 251-253.

Singh, Ram Gopal and Ravindra D. Gadkar eds., 2004, *Restoration of Human Rights and Dignity to Dalits: With Special Reference to Scavengers in India*, Delhi: Dr. Babasaheb Ambedkar National Institute of Social Sciences.

Singh, Satpal, 2004, "Managing basic services in resettlement colonies: lessons from Delhi," *Urban India*, 24(2), the National Institute of Urban Affairs, India Habitat Center, New Delhi: 57-87.

Singh, Vinod, 1990, "Socio-economic structure of Sweeper Community in Vanarasi City," *Indian Journal of Social Research*, 31(2): 184-190.

Singla, Pamela, 2003, "National Scheme of Liberation and Rehabilitation of Scavengers and their Dependents [NSLRSD]: A Failure of Conceptualization," in Lal, A. K. ed., *Social Exclusion*, 261-272.

Srinivas, M. N., 1959, "The dominant caste in Rampura," *American Anthropologist*, 61(1): 1-16.

———, 1966, *Social Change in Modern India*, Berkeley: University of California Press.

———, 1987, *The Dominant Caste and Other Essays*, Delhi: Oxford University Press.

Srinivas, M. N. ed., 1996, *Caste: Its Twentieth Century Avatar*, Kolkata: Penguin Books India.

Suzuki, Maya, 2010, "Indian Government Strategy against Caste Inequality: 'Liberating' Untouchables in the Context of Welfare Schemes," *Journal of Political Science and Sociology*, 21: 65-83.

Tanaka, Masakazu, 1991, *Patrons, Devotees, and Goddesses: Ritual and Power among the Tamil Fishermen of Sri Lanka*, Kyoto: Institute for Research in Humanities, Kyoto University.

Thekaekara, Mari Marcel, 1999, *Endless Filth: The Saga of the Bhangis*, Bangalore: Books for Change.

Thorat, Sukhadeo, 2009, *Dalits in India: Search for a Common Destiny*, New Delhi: Sage Publications.

Thorat, Sukhadeo, Aryama, and Prashany Negi eds., 2007, *Reservation and Private Sector: Quest for Equal Opportunity and Growth*, Jaipur: Rawat Publications.

Thorat, Sukhadeo and Chittaranjan Senapati, 2006, *Reservation Policy in India:*

Sweepers, Pergamon Press.

Sen, Amartya, 2005, *The Argumentative Indian: Writings on Indian History, Culture and Identity*, New York: Farrar, Straus and Giroux.（＝2008, 佐藤宏・粟屋利江訳『議論好きなインド人――対話と異端の歴史が紡ぐ多文化世界』明石書店.）

Shah, Ghanshyam, 1975, *Caste Association and Political Process in Gujarat: A Study of Gujarat Kshatriya Sabha*, Bombay: Popular Prakashan.

————, 2004, *Social Movements in India: A Review of Literature*, New Delhi: Sage Publications.

Shah, Ghanshyam ed., 2001, *Dalit Identity and Politics: Cultural Subordination and the Dalit Challenge*, New Delhi: Sage Publications.

————, 2002, *Dalits and the State*, New Delhi: Concept Publishing Campany.

Shah, Ghanshyam, Harsh Mander, Sukhadeo Thorat, Satish Deshpande and Amita Baviskar eds., 2006, *Untouchability: In Rural India*, New Delhi: Sage Publications.

Sharma, K. C., D. S. Thakar, and Kaur Jaminder, 1989, "Socio-economic Conditions of Scavengers in Himachal Pradesh," *Social Change*, 19(3): 49-53.

Sharma, K. L., 2003, "The Social Organisation of Urban Space: A Case Study of Chanderi, a Small Town in Central India," *Contributions to Indian Sociology (n.s.)*, 37(3): 405-427.

Sharma, Rama, 1995, *Bhangi: Scavenger in Indian Society, Marginality, Identity, and Politicization of the Community*, New Delhi: M. D. Publications.

Sharma, Ursula, 1999, *Caste*, Delhi: Viva Books and Buckingham: Open University Press.

Shinoda, Takashi, 2005, *Marginalization in the Midst of Modernization: A Study of Sweepers in Western India*, New Delhi: Manohar.

Shyamlal, 1984, *The Bhangis in Transition*, New Delhi: Inter-India Publications.

————, 1992, *The Bhangi: A Sweeper Caste, its Socio-economic Portraits: With Special Reference to Jodhpur City*, Bombay: Popular Prakashan.

————, 1999, *The Changing Bhangis in India: A Study of Caste Association*, Jaipur: Sublime Publications.

————, 2001, *Untold story of a Bhangi Vice-chancellor*, Jaipur: University Book House.

Singh, Bhasha, [2012] 2014, *Unseen: The Truth about India's Manual Scavengers*, New Delhi: Penguin Books.

Meerut District," *Economic and Political Weekly*, 32(23): 1356-1361.

Prashad, Vijay, 1995, "The Killing of Bala Shah and the Birth of Valmiki: Hinduisation and the Politics of Religion," *Indian Economic and Social History Review*, 32(3): 287-325.

———, 1996, "The Untouchable Question," *Economic and Political Weekly*, March 2: 551-559.

———, 2000, *Untouchable Freedom: Social History of a Dalit Community*, New Delhi: Oxford University Press.

———, 2001, "The Technology of Sanitation in Colonial Delhi," *Modern Asian Studies*, 35(1): 113-155.

Quigley, Declan, 1993, *The Interpretation of Caste*, Oxford: Clarendon Press.

Raheja, Gloria Goodwin Raheja, 1988, *The Poison in the Gift: Ritual, Prestation, and the Dominant Caste in a North Indian Village*, Chicago: University of Chicago Press.

Raksha, Vishav, 2011, *Untouchability and Social Mobility a Study of Scavengers*, Neha Publishers & Distributors.

Ram, Ronki, 2004, "Untouchability, Dalit Consciousness and the Ad Dharm Movement in Punjab," *Contribution to Indian Sociology (n.s.)*, 38(3): 323-349.

Ramaswamy, Gita, 2005, *India Stinking: Manual Scavengers in Andhra Pradesh and their Work*, Chennai: Navayana.

Rao, Anupana, 2009, *The Caste Question: Dalits and the Politics of Modern India*, New Delhi: Permanent Black.

Rao, M. S. A., 1968, "Political elite and Caste association: A Report of a Caste Conference," *Economic and Political Weekly*, 3(20): 779-782.

Rao, Yagati Chinna ed., 2009, *Dividing Dalits: Writings on Sub-categorisation of Scheduled Castes*, New Delhi: Rawat Publications.

Rawat, Ramnarayan S., 2011, *Reconstructing Untouchability: Chamars and Dalit History in North India*, Bloomington: Indiana University Press.

Rudolph, L. and S. Rudolph, 1960, "The Political Role of India's Caste Associations," *Pacific Affairs*, 33(1): 5-22.

Saberwal, Satish, [1976] 1990, *Mobile Men: Limits to Social Change in Urban Punjab*, New Delhi: Manohar.

Sacchidananda, 1976, *The Harijan Elite: A Study of their Status, Networks, Mobility, and Role in Social Transformation*, Faridabad: Thomson Press.

Searle-Chatterjee, M., 1981, *Reversible Sex Roles: The Special Case of Benaras*

Human Issues.

Mayer, Adrian, 1996, "Caste in an Indian Village: Change and Continuity 1954-1992," in Fuller, C. J. ed., *Caste Today*, Delhi: Oxford University Press.

Menchar, J. P., 1974, "The Caste System upside down, or the not-so-mysterious East," *Current Anthropology*, 15(4): 469-478.

Mendelsohn, Oliver, 1986, "A 'HarijanElite'?: The Lives of Some Untouchable Politicians," *Economic and Political Weekly*, 21(12): 501-509.

Mendelsohn, Oliver and Marika Vicziany, 1998, *The Untouchables: Subordination, Poverty, and the State in Modern India*, New York: Cambridge University Press.

Moffat, M., 1979, *An Untouchable Community in South Asia: Structure and Consensus*, Princeton: Princeton University Press.

Moon, Vasant, [2001] 2002, *Growing Up Untouchable in India: A Dalit Autobiography*, New Delhi: Vistaar Publications.

Narayan, Badri, 2001, *Documenting Dissent: Contesting Fables, Contested Memories and Dalit Political Discourse*, Shimla: Indian Institute of Advanced Study.

———, 2005, "DomiNation: How the Fragments Imagine the Nation: Perspectives from Some North Indian Villages," *Dialectical Anthropology*, 29: 123-140.

———, 2006, *Women Heroes and Dalit Assertion in North India: Culture, Identity and Politics*, New Delhi: Sage Publications.

Natrajan, Balmurli, 2012, *The Culturalization of Caste in India: Identity and Inequality in a Multicultural Age*, London: Routledge.

Natrajan, Balmurli and Paul Greenough eds., 2009, *Against Stigma: Studies in Caste, Race and Justice since Durban*, New Delhi: Orient Blackswan.

Naudet, Jules, 2008, "'Paying Back to Society': Upward Social Mobility among Dalits," *Contribution to Indian Sociology (n.s.)*, 42(3): 413-441.

Nesbitt, Eleanor, 1994, "Valmikis in Conventry: The Revival and Reconstruction of a Community," in Ballard, Roger ed., *Desh Pardesh: The South Asian Presence in Britain*, London: Hurst and Company: 117-141.

Omvedt, Gail, 1994, *Dalits and the Democratic Revolution: Dr. Ambedkar and the Dalit Movement in Colonial India*, New Delhi: Sage Publications.

———, 2002, "Ambedkar and after: The Dalit Movement in India," in Sha, Ghanshyam ed., *Social Movements and the State*, New Delhi.

Pai, Sudha and Jagpal Singh, 1997, "Politicisation of Dalits and Most Backward Castes; Study of Social Conflict and Political Preferences in Four Villages of

Khandekar, Milind, 2013, *Dalit Millionaires: 15 Inspiring Stories*, New Delhi: Penguin Books India.

Khare, R. S. ed., 2006, *Caste, Hierarchy and Individualism: India Reacts to Louis Dumont*, Delhi: Oxford University Press.

Kolenda, Pauline, 1964, "Religious Anxiety and Hindu Fate," in Harper, E. ed., *Religion in South Asia*, Berkeley: University of California Press: 71-81.

———, 1997, *Caste in Contemporary India: Beyond Organic Solidarity*, Jaipur: Rawat Publications.

———, 2003, *Caste, Marriage and Inequality: Essays on North and South India*, Jaipur: Rawat Publications.

Kotani, Hiroyuki ed., 1999, *Caste System, Untouchability and the Depressed* (Japanese Studies on South Asia no. 1), New Delhi: Manohar.

Kothari, Rajni, 1964, "The Congress 'System' in India," *Asian Survey*, 4(12): 1161-1173.

Kothari, Rajni ed., 1970, *Caste in Indian Politics*, Hyderabad: Orient Longman Limited.

Kumar, Raj, 2010, *Dalit Personal Narratives: Reading Caste, Nation and Identity*, New Delhi: Orient Blackswan.

Kumar, Vivek, 2002, *Dalit Leadership in India*, Delhi: Kalpaz Publications.

———, 2013, "The New Dalit Diaspora: A Sociological Analysis," in Sharma, K. L. and Renuka Singh eds., *Dual Identity: Indian Diaspora and Other Essays*, New Delhi: Orient BlackSwan: 227-262.

Lal, A. K. ed., 2003, *Social Exclusion: Essays in Honour of Dr Bindeshwar Pathak* (2 volumes), New Delhi: Concept Publishing Company.

Leslie, Julia, 2003, *Authority and Meaning in Indian Religions: Hinduism and the Case of Valmiki*, Aldershot: Ashgate.

Lynch, Owen M., 1969, *The Politics of Untouchability: Social Mobility and Social Change in a City of India*, Delhi: National Publishing House.

Mahar, J. Michael ed., 1998, *The Untouchables in Contemporary India*, Jaipur: Rawat Publications.

Mahar, Pauline Kolenda, 1967, "Functional Relations of a Bhangi Cult," *Anthropologist*, 2: 22-36.

Marriott, M., 1976, "Hindu Transactions: Diversity without Dualism," in Kapferer, Bruce ed., *Transaction and Meaning: Directions in the Anthropology of Exchange and Symbolic Behavior*, Philadelphia: Institute for the Study of

Hutton, J. H., 1951, *Caste in India: Its Nature, Function and Origin*, Geoffrey Cumberlege: Oxford University Press.

Ibbetson, Denzil, [1916] 2008, *Panjab Castes*, Delhi: Low Price Publications.

Inden, Ronald, 1990, *Imagining India*, Oxford: Basil Blackwell, 1990.

Isaacs, Harold R., 1964, *India's Ex-untouchables*, New York: Harper and Row.（= 1970, 我妻洋・佐々木譲訳『神の子ら――忘れられた差別社会』新潮社.）

Jaffrelot, Christophe, 2000, "Sanskritization vs Ethnicization in India: Changing Identities and Caste Politics before Mandal," *Asian Survey*, 40(5): 756-766.

———, 2003, *India's Silent Revolution: The Rise of the Low Caste in North Indian Politics*, Delhi: Permanent Black.

———, 2005, *Dr. Ambedkar an Untouchability: Analyzing and Fighting Caste*, New Delhi: Permanent Black.

Jenkins, Laura Dudley, 2003, *Identity and Identification in India: Defining the Disadvantaged*, London: Routledge.

Jodhka, Surinder S., 2002, "Caste and Untouchability in Rural Punjab," *Economic and Political Weekly*, 37(19): 1813-1823.

Jodhka, Surinder S. ed., 2012, *Changing Caste: Ideology, Identity and Mobility (Studies in Indian Sociology, v. 2)*, New Delhi: Sage Publications.

Jodhka, Surinder S. and Avinash Kumar, 2007, "Internal Classification of Scheduled Castes: The Punjab Story," *Economic and Political Weekly*, 42(43).

Joshi, Barbara R. ed., 1986, *Untouchable!: Voices of the Dalit Liberation Movement*, London: Zed Books.

Judge, Paramjit S., 2003, "Hierarchical Differentiation among Dalits," *Economic and Political Weekly*, 38(28): 2990-2991.

Judge, Paramjit S. and Gurpreet Bal, 2008, "Understanding the Paradox of Changes among Dalits in Punjab," *Economic and Political Weekly*, 43(41): 49-55.

———, 2009, *Mapping Dalits: Contemporary Reality and Future Prospects in Punjab*, New Delhi: Rawat Publications.

Juergensmeyer, Mark, 1982, *Religion as Social Vision: The Movement against Untouchability in 20th century Punjab*, Berkeley: University of California Press.

Karlekar, Malavika, 1982, *Poverty and Women's Work: A Study of Sweeper Women in Delhi*, New Delhi: Vikas Pub House.

———, 1986, "A Study of Balmiki Women in Delhi," in Dube, Leela, Eleanor Leacock and Shirley Ardener eds., *Visibility and Power: Essays on Women in Society and Development*, Delhi: Oxford University Press.

Dube, Saurab, 1998, *Untouchable Pasts: Religion, Identity, and Power among a Central Indian Community, 1780-1950*, Albany: University of New York Press.

Dumont, Louis, [1966] 1980, *Homo Hierarchicus: the Caste System and its Implications*, Chicago: University of Chicago Press.

Franco, Fernando, Jyotsna Macwan and Suguna Ramanathan, 2004, *Journeys to Freedom: Dalit Narratives*, Kolkata: Samya.

Freeman, J. M., 1979, *Untouchables: An Indian Life History*, Stanford: Stanford University Press.

Fuchs, Stephen, 1951, "The Scavengers of the Nimar District in Madhya Pradesh," *Journal of the Bombay Branch of the Royal Asiatic Society*, 27: 86-98.

Fuller, C. J. ed., 1996, *Caste Today*, New Delhi: Oxford University Press.

Galanter, Marc, 1984, *Competing Equalities: Law and the Backward Classes in India*, Berkley: University of California Press.

Ganguly, Debjani, 2009, "Pain, Personhood and the Collective: Dalit Life Narratives," *Asian Studies Review*, 33: 429-442.

Ghurye, G. S., 1957, *Caste and Class in India*, Bombay: Asia Publishing House.

Gorringe, Hugo, 2005, *Untouchable Citizens: Dalit Movement and Democratization in Tamil Nadu*, New Delhi: Sage Publications.

————, 2008, "The Caste of the Nation: Untouchability and Citizenship in South India," *Contributions to Indian Sociology (n.s.)*, 42(1): 123-149.

Gough, Kathleen, 1973, "Harijans in Thanjavur," in Kathleen, Gough and Hari P. Sharma eds., *Imperialism and Revolution in South Asia*, New York: Monthly Review Press: 222-245.

Guha, Ranajit ed., 1982, *Subaltern Studies 1: Writing on South Asian History and Society*, New Delhi: Oxford University Press.

Gupta, Dipankar, 2000, *Mistaken Modernity: India between Worlds*, New Delhi: Harper Collins.

————, 2005, "Caste and Politics: Identity over System," *Annual Review of Anthropology*, 34: 409-427.

Gupta, Dipankar ed., 2004, *Caste in Question: Identity or Hierarchy?*, New Delhi: Sage Publications.

Hardtmann, Eva-Maria, 2009, *The Dalit Movement in India: Local Practice, Global Connections*, New Delhi: Oxford University Press.

Human Rights Watch, 1999, *Broken People: Caste Violence against India's Untouchables*, New York.

Chaudhary, S. N. ed., *Changing Status of Depressed Castes in Contemporary India (Essays in Honor of Professor S. C. Dube)*, Delhi: Daya Publishing House.

Chaudhary, S. N., 2000, *Occupationally Mobile Scavengers*, New Delhi: Har-Anand Publications.

Chowdhry, Prem, 2009, "'First Our Jobs Then Our Girls': The Dominant Caste Perceptions on the 'Rising' Dalits," *Modern Asian Studies*, 43(2): 437-479.

Cohn, Bernard S., 1987, *An Anthropologist among the Historians and Other Essays*, Delhi: Oxford University Press.

———, 1997, *Colonialism and its Forms of Knowledge*, New York: Oxford University Press.

Conlon, Frank, 1974, "Caste by Association: The Gauda Sarasvat Brahmana Unification Movement," *Journal of Asian Studies*, 33(3): 351-365.

Dangle, Arjun ed., [1992] 2009, *Poisoned Bread* (translations from Modern Marathi Dalit Literature), New Delhi: Orient BlackSwan.

Das, Bhagwan, 2011, *In Pursuit of Ambedkar: A Memoir (With DVD of One-Hour Documentary Feature)*, New Delhi: Navayana.

Deliege, Robert, 1992, "Replication and Consensus: Untouchability, Caste and Ideology in India," *Man (n.s.)*, 27: 155-173.

———, 1993, "The Myths of Origin of the Indian Untouchables," *Man (n.s.)* 28: 533-549.

———, 1999, *The Untouchables of India*, Oxford: Berg.

Depont, Veronique, Emma Tarlo and Denis Vidal eds., 2000, *Delhi: Urban Space and Human Denstinies*, New Delhi: Manohar.

Deshpande, Ashwini, 2011, *The Grammar of Caste: Economic Discrimination in Contemporary India*, New Delhi: Oxford University Press.

Deshpande, Satish, 2014, *The Problem of Caste*, New Delhi: Orient Blackswan.

Development Alternative Information Network (DAINET), 1998, *DAINET NGO Directory*, 1 (Delhi): 194.

Dirks, Nicholas B., 1987, *The Hollow Crown: Ethnohistory of an Indian Kingdom*, New York: Cambridge University Press.

———, 2002, *Castes of Mind: Colonialism and the Making of Modern India*, Delhi: Permanent Black.

Doron, Assa, 2008, *Caste, Occupation and Politics on the Ganges: Passages of Resistance*, Farnham: Ashgate.

Bayly, Susan, 1999, *The New Cambridge History of India: Caste, Society and Politics in India from the Eighteenth Century to the Modern Age*, Cambridge: Cambridge University Press.

Beck, H. and Shaileshkumar Darokar, 2005, "Socioeconomic Status of Scavengers Engaged in the Practice of Manual Scavenging in Maharashtra," *The Indian Journal of Social Work*, 66(2): 223-236.

Berreman, G. D., 1963, *Hindus of the Himalayas*, Berkeley and Los Angeles: University of California Press.

———, 1971, "The Brahmanical View of Caste," *Contributions to Indian Sociology (n.s.)*, 5: 16-23.

Berreman, G. D. ed., 1981, *Social Inequality: Comparative and Developmental Approaches*, New York: Academic Press.

Béteille, André, 1991, *Society and Politics in India: Essays in a Comparative Perspective*, London: Atlone Press.

Bhatt, Anil, 1995, "Voluntary Action in India: Role, Trends and Challenges," *Economic Political Weekly*, April 22: 870-873.

Blunt, E. A. H., 1931, *The Caste System of Northern India*, Oxford.

Briggs, Geo W., 1920, *The Chamars*, Delhi.

Carroll, Lucy, 1978, "Colonial Perceptions of Indian Society and the Emergence of Caste Associations," *Journal of Asian Studies*, 37(2): 233-250.

Chakrabarty, Dipesh, 1992, "Of Garbage, Modernity and the Citizen's Gaze," *Economic and Political Weekly*, 27(10-11): 541-547.

Chandra, Ramesh, 1999, "Rehabilitation of Scavengers," *Economic and Political Weekly*, 34(39): 2635-2636.

Channa, Subhadra Mitra and Joan P. Mencher, 2013, *Life as a Dalit: Views from the Bottom on Caste in India*, New Delhi: Sage Publications.

Chaplin, Susan E., 2002, "Scavengers: Still Marginalized," in Shah, Ganesyam ed., *Dalits and the State*, New Delhi: Concept Publishing Company: 205-240.

Charlsley, S. R., 1996, "Untouchability: What is in a Name?," *Journal of the Royal Anthropological Institute*, 2(1): 1-23.

Chatterjee, Mary Searle and Ursula Sharma eds., 2003, *Contextualizing Caste: Post-Dumontian Approaches*, Jaipur: Rawat Publications.

Chatterjee, Partha, 2004, *The Politics of the Governed: Reflections on Popular Politics in Most of the World*, New York: Columbia University.

Chaudhary, Pratima K., 1988, "Problems of Female Scavengers of Patna," in

二次資料

ヒンディー語文献

Das, Bhagwan, 1956, *Saphāī karmacārī divasa, 31 Julāī*, Naī Dillī: Śrīmatī Ramā Dāsa.

———, [1973] 2002, *Bālmīki jayantī aura Bhaṅgī jāti*, New Delhi: Dalit World Library.

———, [1981] 2007, *Maiṃ bhaṃgī hūṃ*, Delhi: Gautam Book Center.

———, [1996] 1998, *Bābā Sāhaba aura bhaṅgī jātiyāṃ*, Lucknow: Dalit Today Prakashan.

Khudaśāha, Sañjīva, 2005, *Saphāī kāmagāra samudāya*, Naī Dillī: Rādhākrṣṇa.

Tūphān, Ke. Esa, 2010, *Saphāī kā Naraka*, Dillī: Sāhitya Saṅsthān.

Vālmīki, Omaprakāśa, 1997, *Bassa! bahuta ho cukā: saṃvedanā evaṃ śilpa kā adhyayana*, Naī Dillī: Vāṇī Prakāśana.

———, 1999 [1997], *Jūṭhana*, Naī Dillī: Rādhākrṣṇa.

———, 2008, *Saphāī Devatā*, Naī Dillī: Rādhākrṣṇa.

———, 2009, *Aba aura nahīṃ...*, Naī Dillī: Rādhākrṣṇa.

欧文・邦文文献

Ali, Sabir, 1995, *Low-Cost Sanitation in Uttar Pradesh: an Evaluation Study*, New Delhi: Har-Anand Publications.

Anand, Mulk Raji, 1935, *Untouchable*, New Delhi.

Ansari, Ghaus, 1959?, "Legend about Bhangi Origin," *Eastern Anthropologist*, 13(2): 77-80.

Antony, Margaret and G. Maheswaran, 2001, *Social Segregation and Slums: The Plight of Dalits in the Slums of Delhi*, New Delhi: Indian Social Institute.

Appadurai, Arjun, 1996, *Modernity at Large: Cultural Dimensions of Globalization*, Minneapolis: University of Minesota Press.（=2004, 門田健一訳『さまよえる近代――グローバル化の文化研究』平凡社.）

———, 2006, *Fear of Small Numbers Durham*, N.C.: Duke University Press.（=2010, 藤倉達郎訳『グローバリゼーションと暴力――マイノリティーの恐怖』世界思想社.）

Arun, C. Joe, 2007, *Constructing Dalit Identity*, New Delhi: Rawat Publications.

Baviskar, B. S., 2001, "NGOs and Civil Society in India," *Sociological Bulletin*, 50(1): 3-15.

Scavenging with Particular Emphasis on Their Rehabilitation, New Delhi.

Government of Karnataka, 1976, *Report of the Committee on the Improvement of Living and Working Conditions of Sweepers and Scavengers*, Bangalore.

Government of Maharashtra, 1974, *Report of the Committee to Advise Government Regarding Conditions of Work and Employment of Scavengers and Sweepers*, Bombay.

———, 1980, *Report of the Committee for Abolition of Customary Right and Hereditary Rights in Maharashtra*, Bombay.

Government of Punjab, 1987, *Report of Construction of Houses for Sweepers, Scavengers, Flayers and Tanners and for Vimukat Jaties*, Chandigargh.

National Human Rights Commission, 2004, *Report on Prevention of Atrocities against Scheduled Castes.*

国勢調査（センサス）

Census of India 1961, 1971, 1981, 1991, 2001, 2011.

ガーンディー関連

Gandhi, Mahatma, 1958-1984, *The Collected Works of Mahatma Gandhi*, New Delhi: Publications Division, Ministry of Information and Broadcasting, Government of India.（ガーンディーの団体の機関誌『ヤング・インディア（*Young India*）』『ハリジャン（*Harijan*）』も収録）

NGO スラブの出版物

Bindeshwar, Pathak, 1982, *Sulabh Shauchalaya: A Study of Directed Change*, New Delhi: Amola Press and Publications.

———, 1991, *Road to Freedom: A Sociological Study on the Abolition of Scavenging in India*, Delhi: Motilal Banarasidass Publishers.

Singh, S. P., 2000, *Sulabh Sanitation Movement: Vision 2000 Plus*, New Delhi: Sulabh International Organization.

Sulabh International Social Organization, n.a. 1, *A Profile of Dr. Bindeshwar Pathak: Founder, Sulabh Sanitation Movement*, New Delhi.

———, n.a. 2, *People's Commission on Abolition of Scavenging*, New Delhi.

———, n.a. 3, *Sulabh Sanitation Movement: Concerns, Commitments and Contribution*, New Delhi.

参考文献

一次資料

清掃人関連の報告書

Government of Bombay, 1958, *Report of the Scavengers' Living Conditions Enquiry Committee*, Bombay.

Government of Haryana, 1972, *Report of the Committee Appointed to Enquire into the Living Conditions of the Safai Mazdoors Employed by Local Bodies and the Private Scavengers Working in the Haryana State*, Chandigarh.

Government of India, 1995, *Report of the National Commission for Safai Karamcharis: First Report 1994-95*, New Delhi.

———, 1996, *Background Note: Scavengers and the Rehabilitation*, New Delhi.

———, 1997, *Report of the National Commission for Safai Karamcharis: Second Report 1995-96*, New Delhi.

———, 2000a, *Report of the National Commission for Safai Karamcharis: Third Report 1996-97 & 1997-98*, New Delhi.

———, 2000b, *Report of the National Commission for Safai Karamcharis: Fourth Report 1999-2000,* New Delhi (Hindi-version).

Government of India, Department of Social Welfare, 1966, *Report of the Committee on Customary Rights to Scavenging*, New Delhi.

Government of India, Ministry of Home Affairs, 1960, *Report of the Scavenging Conditions Enquiry Committee*, New Delhi.

———, 1966, *Study of Customary Rights and Living Conditions and Working Conditions of Scavengers in Two Towns (Census of India 1961; Monograph series; v. 1, pt. 11-D)*, New Delhi.

Government of India, National Commission on Labour, 1969, *Report of the Committee to Study the Working and Service Conditions of Sweepers and Scavengers*, New Delhi.

Government of India, Planning Commission, 1990/91, *Report of the Task Force for Tackling the Problems of Scavengers and Suggesting Measures to Abolish*

【写真】

図表・写真一覧

【図表】

マ行

ヤ行

ラ行

英数字

サ行

タ行

ナ行

ハ行

索　引

著者紹介
鈴木真弥（すずき　まや）
1976年神奈川県生まれ。東京外国語大学外国語学部南西アジア課程ヒンディー語専攻卒業、Jawaharlal Nehru University, School of Social Sciences, Centre for the Studies of Social Systems, M.A.（Sociology）修了、慶應義塾大学大学院社会学研究科後期博士課程単位取得退学。博士（社会学）。日本学術振興会特別研究員（PD）などを経て、現在、人間文化研究機構地域研究推進センター研究員（東京外国語大学特定研究員）。
専門は社会学、南アジア地域研究。
主な著作に「現代ダリト運動の射程」（共著、粟屋利江・井坂理穂・井上貴子編『現代インド5　周縁からの声』東京大学出版会、2015年）、「突破口としての司法」（石坂晋哉編『インドの社会運動と民主主義』昭和堂、2015年）、「被差別民の『解放』をめぐるインド社会とNGOの分析」（『解放社会学研究』21、2007年）など。

現代インドのカーストと不可触民
——都市下層民のエスノグラフィー

2015年11月30日　初版第1刷発行
2019年10月10日　初版第2刷発行

著　者————鈴木真弥
発行者————依田俊之
発行所————慶應義塾大学出版会株式会社
〒108-8346　東京都港区三田2-19-30
TEL〔編集部〕03-3451-0931
〔営業部〕03-3451-3584〈ご注文〉
〔　〃　〕03-3451-6926
FAX〔営業部〕03-3451-3122
振替　00190-8-155497
http://www.keio-up.co.jp/
装　丁————渡辺澪子
カバー画像——Maya Suzuki 提供
印刷・製本——萩原印刷株式会社
カバー印刷——株式会社太平印刷社

Printed in Japan ISBN 978-4-7664-2282-5